Disfrute gratuitamente **DURANTE UN AÑO** de los eBook y audiolibros de las obras de Editorial Colex*

- ⊘ Acceda a la página web de la editorial **www.colex.es**

- ⊘ Identifíquese con su usuario y contraseña. En caso de no disponer de una cuenta regístrese.

- ⊘ Acceda en el menú de usuario a la pestaña «Mis códigos» e introduzca el que aparece a continuación:

RASCAR PARA VISUALIZAR EL CÓDIGO

Prospectiva administrativa y generaciones futuras. Estrategias y buenas prácticas

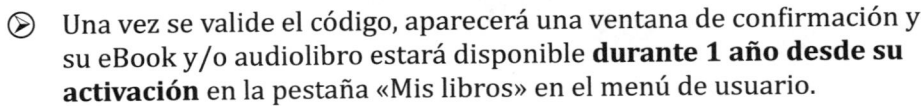

- ⊘ Una vez se valide el código, aparecerá una ventana de confirmación y su eBook y/o audiolibro estará disponible **durante 1 año desde su activación** en la pestaña «Mis libros» en el menú de usuario.

---

* Los audiolibros están disponibles en las ediciones más recientes de nuestras obras. Se excluyen expresamente las colecciones «Códigos comentados», «Biblioteca digital» y los productos de www.vademecumlegal.es.

No se admitirá la devolución si el código promocional ha sido manipulado y/o utilizado.

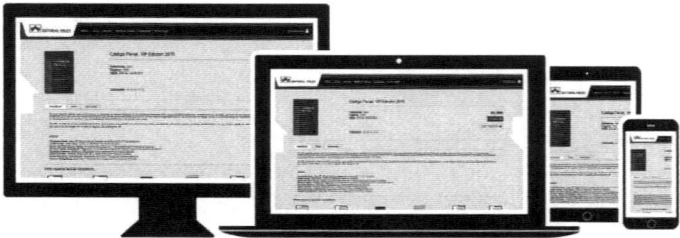

¡Gracias por confiar en nosotros!

La obra que acaba de adquirir incluye de forma gratuita la versión electrónica. Acceda a nuestra página web para aprovechar todas las funcionalidades de las que dispone en nuestro lector.

Funcionalidades eBook

Acceso desde cualquier dispositivo con conexión a internet

Idéntica visualización a la edición de papel

Navegación intuitiva

Tamaño del texto adaptable

Síguenos en:

PROSPECTIVA ADMINISTRATIVA Y GENERACIONES FUTURAS

ESTRATEGIAS Y BUENAS PRÁCTICAS

Proyecto PID2020-116401GB-I00

Título: Por un consenso de futuro sostenible:
Gobernanza anticipatoria y Prospectiva administrativa

PROSPECTIVA ADMINISTRATIVA Y GENERACIONES FUTURAS

ESTRATEGIAS Y BUENAS PRÁCTICAS

EDICIÓN 2025

DIRECTORA:
ZULIMA SÁNCHEZ SÁNCHEZ

COLEX 2025

© Zulima Sánchez Sánchez, © María Fuensanta Gómez Manresa, © Antonio García Jiménez,
© Miguel Eiros Bachiller, © Emilio Ferrero García, © Roberto Rodríguez García, © Paula M.ª
Tomé Domínguez, © Giacomo Palombino, © Carolina Ferro Trigueiro de Sousa, © Cristina María
Zamora-Gómez

© Editorial Colex, S.L.
Calle Costa Rica, número 5, 3.º B (local comercial)
A Coruña, C.P. 15004
info@colex.es
www.colex.es

I.S.B.N.: 978-84-1194-830-2
Depósito legal: C 621-2025

SUMARIO

NORMAS PARA LA PROTECCIÓN DE GENERACIONES FUTURAS
Zulima Sánchez Sánchez

EL DERECHO AL MEDIO AMBIENTE: LA SALVAGUARDA DE LA JUSTICIA INTERGENERACIONAL Y LA RESPONSABILIDAD DE LOS PODERES PÚBLICOS POR SU INACTIVIDAD
María Fuensanta Gómez Manresa

PROSPECTIVA EN CLAVE LOCAL: ESTRATEGIAS DE LUCHA CONTRA LA DESPOBLACIÓN

Antonio García Jiménez

LA ADMINISTRACIÓN PROSPECTIVA EN EL ÁMBITO EDUCATIVO ESPAÑOL

Miguel Eiros Bachiller

GOBERNANZA ANTICIPATIVA E INTELIGENCIA ARTIFICIAL PREDICTIVA EN LA INCORPORACIÓN DE LA PROSPECTIVA A LUCHA CONTRA LA VIOLENCIA DE GÉNERO

Emilio Ferrero García

UNIÓN EUROPEA, PROSPECTIVA Y REGULACIÓN. ANÁLISIS DE CASOS

ROBERTO RODRÍGUEZ GARCÍA

UNIÓN EUROPEA, PROSPECTIVA Y REGULACIÓN. ANÁLISIS DE CASOS II

PAULA M.ª TOMÉ DOMÍNGUEZ

LA PROTECCIÓN DEL FUTURO EN EL ORDENAMIENTO
CONSTITUCIONAL ITALIANO
Giacomo Palombino

MODELOS PRÁCTICOS DE PROSPECTIVA DE GOBERNANZA ANTICIPATORIA
CHILENA ANTE EL LITIO PROCEDENTE DE TIERRAS INDÍGENAS
Carolina Ferro Trigueiro de Sousa

GUÍA DE BUENAS PRÁCTICAS EN MATERIA DE PROSPECTIVA.
DICTAMEN DEL COMITÉ DE DERECHOS HUMANOS
Cristina María Zamora-Gómez

AUTORAS Y AUTORES

ZULIMA SÁNCHEZ SÁNCHEZ

MARÍA FUENSANTA GÓMEZ MANRESA

ANTONIO GARCÍA JIMÉNEZ

MIGUEL EIROS BACHILLER

EMILIO FERRERO GARCÍA

ROBERTO RODRÍGUEZ GARCÍA

PAULA M.ª TOMÉ DOMÍNGUEZ

GIACOMO PALOMBINO

CAROLINA FERRO TRIGUEIRO DE SOUSA

CRISTINA MARÍA ZAMORA-GÓMEZ

INTRODUCCIÓN

En esta obra se presentan ejemplos de prospectiva administrativa recogidos por diez autores que pertenecen a diferentes áreas: el derecho administrativo, constitucional, internacional y la ciencia política.

La obra es uno de los resultados del proyecto de investigación titulado: «Por un consenso de futuro sostenible: Gobernanza anticipatoria y Prospectiva administrativa», financiado por el Ministerio de Ciencia e innovación con la referencia: PID2020-116401GB-I00. En dos obras previas el grupo de investigación y el equipo de trabajo elaboraron una base conceptual en torno al concepto de prospectiva administrativa y su aplicación en distintos ámbitos de la actuación de la administración.

En esta nueva obra se analizan una serie de ejemplos o casos prácticos en los que se ha aplicado la prospectiva administrativa creando instituciones encargadas de adoptar decisiones a largo plazo y que forman parte del organigrama de diferentes países de nuestro entorno que utilizan estándares y principios derivados del concepto de justicia intergeneracional o de la protección del medio ambiente.

Se presentan ejemplos de prospectiva administrativa utilizados en la elaboración de normas del ámbito nacional, autonómico y local. Se parte de unas bases conceptuales que definen la creación de normas de protección de generaciones futuras. Estas normas se han diseñado para solucionar problemas de despoblación, protección del medio ambiente o preparación para combatir los efectos del cambio climático; afrontar los retos de la educación de generaciones futuras o prevenir la violencia de género aplicando la inteligencia artificial.

Por último, se abordan algunos ejemplos de derecho comparado. El caso italiano nos nutre con diferentes ejemplos en los que el ordenamiento jurídico ha servicio para proteger generaciones futuras y garantizar una justicia intergeneracional. Otro ejemplo es l uso de técnicas prospectivas vinculadas a la explotación de recursos y su impacto en el entorno y en los derechos de minorías indígenas. Es el caso de la explotación de litio en tierras indígenas de Chile. Por último, se presenta un instrumento que puede resultar útil para los operadores del derecho. Se analiza la guía de buenas prácticas de prospectiva del dictamen del comité de Derechos humanos.

Con estos ejemplos diversos, no exhaustivos pero significativos y representativos del poder legislativo, ejecutivo y judicial, se pretende mostrar la utilidad de esta técnica regulatoria a prueba de futuro.

Zulima Sánchez Sánchez.
Profesora de Derecho Administrativo
Investigadora principal del proyecto PROFUTURE.

NORMAS PARA LA PROTECCIÓN DE GENERACIONES FUTURAS

Zulima Sánchez Sánchez
Profesora Titular de Derecho Administrativo
Universidad de Salamanca

SUMARIO: I. Introducción. II. Bases conceptuales: elaboración de normas para la protección de generaciones futuras. III. Análisis de casos. 1. Ley de bienestar de generaciones futuras de Gales. 2. Ley de bienestar de generaciones futuras de Islas Baleares. IV. Reflexiones sobre la reforma de la Ley. V. Conclusiones. Bibliografía.

I. Introducción

La incorporación de la prospectiva a la elaboración de normas puede ser una herramienta que permita que la actividad legislativa y su desarrollo reglamentario sea más eficaz y que dé respuesta a necesidades presentes sin comprometer los derechos de administraciones y generaciones futuras. También es un instrumento necesario para que los Estados sean proactivos y se preparen para contener posibles situaciones de crisis (inundaciones, incendios, epidemias, sequías, ciberataques, desinformación, crisis migratorias)[1].

La implementación de mecanismos de gobernanza anticipatoria a los procesos de elaboración de normas favorece la percepción de ésta como más justa, eficaz y adecuada. Esta calidad normativa ayuda al cumplimiento y es clave para el fortalecimiento institucional y del estado de Derecho.

Para que la administración pública sea eficaz en su actuación y respuesta requiere de un poder legislativo que elabore normas que se anticipen a situaciones de crisis, que adviertan posibles detracciones de derechos como

---

1 SÁNCHEZ SÁNCHEZ, Z. (Dir.): *Regulación con prospectiva de futuro y de consenso, gobernanza anticipatoria y prospectiva administrativa*, Aranzadi, 2022.

consecuencia de la propia evolución de la ciencia y del desarrollo. El poder legislativo debe favorecer una respuesta proactiva del poder ejecutivo y de la administración evitando el uso de instrumentos como el estado de alarma y, en general, mecanismos jurídicos de la excepción ante el vacío normativo.

Existen ya ejemplos regulatorios que incorporan esa visión de impacto de futuro y que serán objeto de análisis en este capítulo. La necesidad de implementar esta nueva perspectiva proactiva y de largo plazo también ha sido reforzada por el poder judicial a través de decisiones que incorporan una visión desde la justicia intergeneracional. También desde 1987 se formalizó el concepto de desarrollo sostenible, es decir, una idea de «desarrollo que satisface las necesidades del presente sin comprometer la capacidad de las generaciones futuras de satisfacer sus propias necesidades»[2].

II. Bases conceptuales: elaboración de normas para la protección de generaciones futuras

En este apartado se analizan las bases conceptuales de la elaboración de normas para el bienestar y protección de generaciones futuras. Tres son las fuentes de las que parte esta creación doctrinal: la doctrina *iuspublicista*, los instrumentos derivados de organismos internacionales y la jurisprudencia ordinaria y constitucional.

Las bases conceptuales de la prospectiva se remontan a autores como POPPER[3], JOUVENEL, WELLS[4], GODET[5] o RIVERO ORTEGA[6]. Los cambios económicos y la innovación tecnológica pueden implicar riesgos para los derechos como afirmaba BECK[7]. El progreso científico impacta en la vida de las personas y no debe suponer una involución en derechos presentes ni de generaciones futuras y para ello es preciso aplicar cambios en la forma de tomar decisiones y de elaborar normas. Cuanto más rápido es el proceso de transformación por el impacto de la ciencia mayor es la incertidumbre por lo que es indispensable anticiparse a sus consecuencias y en especial a la posible afectación de derechos. Sólo así la producción normativa podrá garantizar que los cambios no supongan una reducción de los derechos de las perso-

---

2   INFORME BRUNDTLAND, *Desarrollo sustentable*, Naciones Unidas, 1987.

3   POPPER, K., *The Poverty of Historicism (Routledge Classics)*, 2002.

4   WELLS, H.G., *The Discovery of the Future*, 1902.

5   GODET, M. y DRURANCE, P., *Prospectiva estratégica, problemas y métodos*, Prospektiker, 2007.

6   RIVERO ORTEGA, R.: «Gobernanza anticipatoria y proactividad administrativa: las virtudes de la descentralización», *R.V.A.P.*, n.º 118, pp. 83-97.

7   BECK, U., *World Risk Society*, Oxford: polity press, 1999.

nas ni en el presente ni en el futuro[8]. Para ello no hay que esperar a que se produzcan las crisis, sino que el poder legislativo debe dar soluciones para que la respuesta sea eficiente y no tardía con el riesgo de tener que acudir al derecho de la emergencia.

Desde la Segunda Guerra Mundial existió una preocupación por parte de los gobiernos nacionales y también en la Unión Europea por implementar la visión de futuro en las políticas. Se trataba de generar oportunidades para otras generaciones. Así surgieron las oficinas de prospectiva en Reino Unido, Canadá o Francia. Tras la crisis sanitaria de 2020 hubo una segunda oleada en la creación de este tipo de instrumentos gubernamentales. En un principio se crearon como consecuencia de la implementación de los fondos de reconstrucción y resiliencia «*next generation*» para la reconstrucción de Europa. Por ejemplo, en España, pese a que ya existía un precedente antes de la constitución de 1978, se creó la oficina de prospectiva en ese período.

JANE DAVIDSON explica lo que pudo llevar a esa nueva concepción en la elaboración de normas y que identifica con un nuevo sistema de valores de la generación de la guerra que puede ser extrapolable parcialmente a la generación que sufrió las restricciones de derechos y económicas tras la pandemia. «La generación de la guerra quería que sus hijos tuvieran éxito para compensar su máximo sacrificio; que tuvieran una vida sin guerra, sin penurias, con oportunidades, con empleo, con una vivienda decente. Durante gran parte de mi vida, nuestra sociedad se hizo más rica, más igualitaria, más progresista»[9]. Estos valores y esa generación avanzaron en la introducción legislativa de soluciones que reflexionaran sobre generaciones futuras.

Otro de los avances en esa legislación para el bienestar de las generaciones futuras ha sido construida de la mano de instrumentos internacionales de lucha contra el cambio climático. En gran medida como consecuencia de acuerdos de carácter supranacional que han obligado a los estados a producir normativa que permita alcanzar los objetivos de los acuerdos. Los Objetivos de Desarrollo Sostenible y la posterior Agenda común del Secretario General aprobada en 2021 pedían una profunda solidaridad entre generaciones para conseguir el bienestar humano y planetario a largo plazo.

Recientemente, en el año 2023, se ha aprobado por la Junta Ejecutiva del Consejo de Seguridad de Naciones Unidas un documento transversal de uso común en todas las instituciones sobre Principios comunes para las generaciones futuras. Entre ellos se apuesta por impulsar en toda la organización una visión inclusiva de generaciones futuras basada en los derechos

---

8   DE JOUVENEL, B.: El arte de prever el futuro político, ed. RIALP, Madrid, 1966

9   DAVIDSON, J., «#FutureGen – Lessons from a Small Country?», *Revue Française de Civilisation Britannique*, XXVIII-3 | 2023. En línea desde el 22 de diciembre de 2023, conexión el 01 de diciembre de 2024. URL: http://journals.openedition.org/rfcb/11321; DOI: https://doi.org/10.4000/rfcb.11321

humanos y la igualdad entre otros principios: perseguir la justicia entre generaciones presentes y futras. Reconocer la interconexión entre ambas generaciones. Pensar, planificar y ejecutar teniendo presentes a las generaciones futuras. Asegurar la representación de generaciones futuras y sus intereses en los procesos. Fomentar el uso en abierto de datos, conocimiento y ciencia para el futuro. Fomentar una cultura organizacional orientada a generaciones futuras.

El 22 de septiembre de 2024, en la Cumbre del Futuro de Naciones Unidas, se adoptó el Pacto para el Futuro[10], con cincuenta y seis acciones: desarrollo sostenible, paz y seguridad, ciencia y tecnología, juventud y generaciones futuras y transformación de la gobernanza mundial. La exigencia de introducir estos parámetros no sólo como principios, sino de manera holística, afecta también a los procesos de toma de decisión de los estados, y por ende a las normas, la regulación y la ejecución de estas. Ello propició la reflexión que planteó en Secretario General del organismo, ANTÓNIO GUTÉRRES: «no se puede construir un futuro para nuestros nietos y nietas con un sistema construido para nuestros abuelos y abuelas».

La reflexión sobre el impacto de políticas en generaciones futuras ha sido habitual desde las instituciones europeas. Se analiza en esta obra en otro capítulo. Todas estas manifestaciones han calado en iniciativas propuestas por comunidades científicas y que han llevado a aprobar documentos de gran interés, estrategias de *soft law*, como los Principios de Maastricht sobre los derechos humanos de las generaciones futuras[11].

También ha sido reseñable la labor de ONGs y organizaciones de sociedad civil que han acudido a los tribunales reclamando la implementación efectiva de las herramientas internacionales y protocolos firmados por los Estados. Este litigio estratégico ha provocado un impacto transformador en el contenido y procedimiento de elaboración de normas, como resultado de las sentencias constitucionales y contencioso-administrativas que dotan de contenido concreto un abstracto derecho a una justicia intergeneracional. En sus decisiones se aclara que los Estados deben garantizar y procurar que no se violenten los derechos de generaciones futuras mediante aprobación de normas desde el poder legislativo y ejecutivo en la elaboración de normas. Usando las palabras del filósofo estadounidense JOHN RAWLS se trata de que las instituciones del estado «hagan a las generaciones futuras lo que le gustaría que las pasadas hubieran hecho por nosotros»[12]. Como muestra recor-

---

10   https://documents.un.org/doc/undoc/gen/n24/272/25/pdf/n2427225.pdf

11   Por último, también es destacable la aprobación de los Principios de Maastricht sobre los derechos humanos de las generaciones futuras de julio de 2023. Un documento aprobado por académicos tras seis años de investigación. https://www.rightsoffuturegenerations.org/the-principles/espa%C3%B1ol

12   RAWLS, J., *A Theory of Justice*, Cambridge, Belknap Press, 1971. Inspired from Luke 6 :31.

damos dos sentencias: una más reciente del tribunal Constitucional alemán y otra del orden contencioso en los Países Bajos.

En Alemania, el poder legislativo aprobó una ley de protección del clima el 12 de diciembre de 2019. Una de sus finalidades era adoptar una serie de medidas que permitieran reducir los gases efecto invernadero para 2030 y en 2045 ser un país industrial climáticamente neutro. La ley fue impugnada porque su contenido no iba a permitir la reducción de emisiones a corto plazo y posponía las medidas a adoptar en el tiempo. La sentencia de 24 de marzo de 2021 del Tribunal Constitucional alemán reflexiona sobre varios aspectos importantes. Primero indica que el cambio climático es una realidad a la que los gobiernos y el legislativo debe enfrentarse para mitigar sus efectos. Esta era la razón de ser de la ley. También indica que en esta materia el poder legislativo debe apoyarse en el liderazgo de la ciencia que puede ayudar a plantear modelos de vida que permitan reducir las emisiones con el fin de llegar a la neutralidad de emisiones. Por otro lado, también afirma que la protección climática es un Derecho humano justiciable y esté dotada de garantías que permiten su exigencia ante los tribunales.

El incumplimiento por parte del poder legislativo de los objetivos de reducción de gases de efecto invernadero supuso la decisión del Tribunal Constitucional alemán que exigió que se reformara la norma antes del 31 de diciembre de 2022. La motivación de la sentencia arroja una reflexión sobre la protección de generaciones futuras: «Las generaciones de hoy están invadiendo las libertades civiles de las generaciones futuras autorizando la producción en exceso de gases de efecto invernadero hasta 2030. La ley de protección climática es contraria a los derechos fundamentales en su sección 3.2 y la sección 4.3 porque retrasa el control de emisiones y la traslada a las generaciones futuras que serán los responsables de frenar el cambio climático». Por tanto, se establecen unas garantías de los derechos y libertades sin límites temporales y que se basan en el deber de investigación y la obligación de proseguir los efectos para reducir gases de efecto invernadero.

Esta decisión provocó un cambio en la elaboración de normas y definición de objetivos de implementación de leyes. Estas normas que pretenden garantizar el bienestar de generaciones presentes y futuras imponen a los distintos gobiernos territoriales la reflexión a largo plazo y la protección intergeneracional. En diciembre de 2023 se aprobó la **ley de adaptación climática** alemana. La norma pretende preparar al poder ejecutivo para adelantarse a los efectos del calentamiento global y los efectos meteorológicos extremos (sequías, inundaciones, veranos más calurosos). Los daños que el cambio climático está produciendo o puede producir en Alemania se combaten con esta ley de adaptación, que entró en vigor a mediados de 2024. El texto legal tiene dos ejes principales: la adopción de **medidas de precaución** para que todos los niveles territoriales de gobierno se adapten a la crisis climática: gobierno federal, estados federados y los municipios. La finalidad es la **protección de la población** con la adopción de **planes de prevención**

de riesgos a largo plazo y que pueden ser provocados por el cambio climático. Esos planes deben: mitigar daños y mejorar las condiciones de vida de la población[13]. Para ello es necesario que en la planificación se incorpore el objetivo de adaptación al cambio climático buscando la opinión de expertos interdisciplinares para su elaboración e implementación.

Otra de las sentencias con un impacto transformador fue la Sentencia del Tribunal Supremo holandés de 20 de diciembre de 2019. Su fallo obliga al Estado a reducir las emisiones de gases invernadero en un 20 % a partir de 2020. En este caso se vincula la decisión con el mandato de buen gobierno del poder ejecutivo y que está también muy vinculado con la idea de gestión pública y planificación. Merece la pena destacar algunos apartados de la sentencia: «Se trata, dicho sea en síntesis, de la tradicional idea del "buen gobierno" en la gestión pública, adelantándose a los hechos, ante la duda de que de una determinada actividad puedan deducirse ciertos riesgos, siendo preferible el error en la previsión de futuro a la pérdida de seguridad; obviamente, como en el supuesto de autos, aun no se ha producido un daño —lo cual, sin duda alguna, condicionaría la libertad discrecional propia del planeamiento urbanístico—, pero existen datos que acreditan que no existe certeza científica absoluta, sino por el contario evidencias de que el mismo puede llegar a producirse; ante tales situaciones la Administración pública no puede permanecer impasible y debe actuar con la diligencia debida propia del derecho a una buena administración».

Por tanto, ambas sentencias exigen la necesidad de planificación basada en informes interdisciplinares de la ciencia. Adopción de medidas de prevención y procesos para la aprobación de esas medidas participativos y con un enfoque de largo plazo y de justicia intergeneracional.

Las bases conceptuales de la legislación de bienestar y protección de las generaciones futuras tienen, por tanto, un origen en extensa bibliografía, doctrina *iuspublicista* en instrumentos internacionales de *soft law* y en la jurisprudencia ordinaria y constitucional. La construcción de un derecho de protección de generaciones futuras se asienta sobre principios como el de precaución y no regresión, entre otros e implica un necesario cambio en el proceso de toma de decisiones que debe ser multidisciplinar, de análisis de riesgos a largo plazo y que aplica medidas de protección para la población del presente y futuro.

III. Análisis de casos

Haremos mención en este apartado dos leyes que pretenden proteger el bienestar de generaciones presentes y futuras. La primera de ellas, pionera,

---

13   Ministerio Federal de Medio ambiente, *El Gobierno alemán adopta la primera ley de adaptación climática a nivel nacional*. Disponible en: https://www.bmuv.de/en/pressrelease/german-government-adopts-first-nationwide-climate-adaptation-law

fue aprobada en 2015 en Gales. La segunda fue aprobada por el Gobierno Balear en España en 2023.

Existen otras normas con estas características, hemos mencionado antes el caso alemán con la Ley de adaptación al cambio climático, de 2023. En Nueva Zelanda existen leyes que también desarrollan esta visión prospectiva de protección de generaciones futuras y hay un proyecto legislativo similar al Galés que tal vez comience a tramitarse en 2025[14]. Otros países como Islandia o Canadá también han planteado un compromiso similar[15]. Reino Unido también planteó la posibilidad de aprobar un proyecto normativo de bienestar de generaciones futuras en marzo de 2020. Todas estas iniciativas inconclusas son un indicativo del proceso de cambio que en la elaboración de normas y toma de decisiones del poder ejecutivo que viene de la mano de las normas de protección del bienestar de generaciones futuras.

1. Ley de bienestar de generaciones futuras de Gales

Fue la primera norma del mundo aprobada para defender los derechos de generaciones presentes preservando también los derechos de generaciones futuras.

Se aprobó tomando como referencia distintos acuerdos internacionales firmados por el país y que obligaban a la consecución de políticas que pensaban en el largo plazo y en los derechos de las generaciones futuras para promocionar como principio central del poder ejecutivo el desarrollo sostenible[16]. También se identificó la necesidad de aplicar técnicas de prospectiva y escenarios de futuro para la toma de decisiones. El texto legal tiene como objetivo garantizar en el poder ejecutivo una reflexión de impacto de futuro de su actuación y los efectos en las generaciones futuras. Por tanto, las medidas que adopta y las exigencias procedimentales y participativas pretenden que la administración tome decisiones con una visión prospectiva.

El proceso de aprobación fue largo[17] y se hizo implicando a la sociedad civil y el diálogo mediante figuras de participación e información. Tuvieron

---

14   https://www.dpmc.govt.nz/publications/protecting-interests-future-generations-and-foresight

15   Davidson, J., «#FutureGen – Lessons from a Small Country?», *Revue Française de Civilisation Britannique*, XXVIII-3 | 2023. En línea desde el 22 de diciembre de 2023 , conexión el 01 de diciembre de 2024. URL: http://journals.openedition.org/rfcb/11321; DOI: https://doi.org/10.4000/rfcb.11321

16   VV. AA., «La Ley de Generaciones Futuras y el Comisionado de Generaciones Futuras de Gales», *OCDE*, 2023. Disponible en: https://www.oecd.org/en/publications/well-being-knowledge-exchange-platform-kep_93d45d63-en/the-future-generations-act-and-future-generations-commissioner-for-wales_7b2a0e8c-en.html

17   Ver Gráfico I.

relevancia varias organizaciones sociales. La propuesta de norma se hizo a través de los políticos del Partido Laborista de Gales, y fue secundada por la Alianza para el Desarrollo Sostenible[18]. La tramitación utilizó mecanismos de participación básica como libros verdes y blancos que fueron el resultado de un debate social en foros y redes sociales. Como resultado de la participación se hizo un informe que recogió siete áreas sensibles para la protección de generaciones futuras[19]: Entre ellas se identificaba la necesidad de generar un espíritu de colectividad o pertenencia a la comunidad que se consigue poniendo en valor el patrimonio, cultura e identidad; una forma de vida dentro de los límites ambientales globales con recursos eficientes y valorando el derecho al medio ambiente; invertir en la economía local; fomentar una idea de bienestar conectada con la necesidad de fomentar la igualdad desde la diversidad; fomentar la participación ciudadana en la toma de decisiones.

La ley garantiza los derechos utilizando el concepto de protección del bienestar de generaciones futuras y lo vincula con cuatro aspectos: el bienestar social, económico, ambiental y cultural.

Para que la administración, el poder legislativo y ejecutivo actúen con esa visión prospectiva se crean una serie de instituciones y herramientas que informaran la visión de largo plazo y justicia intergeneracional. Los organismos públicos de Gales tienen el mandato de lograr unos objetivos y garantizar la protección de generaciones futuras.

Los principios rectores ayudan a conseguir dichos objetivos. Estos son: sostenibilidad, prevención, integración, colaboración y participación. Los tres primeros afectan a la motivación de las actuaciones de Gales, las dos segundas al procedimiento de toma de decisiones.

La motivación de las decisiones debe favorecer la **sostenibilidad** a largo plazo; actuar de una forma proactiva para **prevenir** escenarios indeseables en el futuro que conculquen derechos o provoque daños y responsabilidad del Estado y otras entidades. Las decisiones deben integrar, además de la visión jurídica de protección del interés general y los derechos, una motivación sobre su **integración** en la vida social y económica.

Sobre el método de adopción de las decisiones se debe considerar la **colaboración** de distintos sectores sociales y comunidades, así como la **participación** e involucramiento de la comunidad e interesados en las decisiones.

---

18   En ella participaban treinta representantes de diferentes organizaciones, algunas tan importantes como WWF, Oxfam y otras que se alineaban con la idea de un desarrollo sostenible.

19   Cynnal Cymru, *The Wales We Want – A report on behalf of future generations*, Cardiff, Gobierno de Gales, noviembre de 2015. Disponible en: http://academiwales.gov.wales/api/storage/9646ab31-a896-4b35-bdc5-1777b841d09a?preview=true, consultado en julio de 2024.

Con el fin de lograr los objetivos la norma también describe una serie de instituciones que pueden ayudar en el proceso. Éstas se describen a continuación:

Juntas de servicios públicos: existían previamente una junta de servicios locales, que en su actuación tras la aprobación de la norma tienen la obligación de elaborar, por un lado, borradores de evaluación del bienestar local y por otro unas guías asociadas para mejorar los servicios públicos que tiene dos destinatarios: la administración galesa y la ciudadanía por mediación de los consejos comunitarios[20].

Comisionado para el bienestar de generaciones futuras: entre sus funciones el comisionado **fomenta** y también **fiscaliza** la implementación de la norma por parte de los obligados: Gobierno galés, Administración local y otros organismos del sector público.

Para fomentar esa visión de bienestar de las generaciones futuras realiza funciones de asesoría e informe. También fomenta la participación pública para la elaboración de las políticas con esa visión de prospectiva administrativa. Esto también se materializa en los informes que elabora, ya que recogen sus preocupaciones e intereses a largo plazo[21].

Para fiscalizar y evaluar el cumplimiento de la norma hace funciones de supervisión de políticas y decisiones adoptadas por los sujetos obligados por la norma. Ello se traduce en informes de cumplimento y recomendaciones de mejora para cada una de dichas instituciones. Para facilitar esta competencia supervisora la norma obliga a que las entidades y administraciones obligadas por la norma hagan un informe anual de seguimiento e implementación normativa: bien aplicando los principios o bien con políticas concretas y actuaciones administrativas en aplicación de la norma para conseguir el bienestar de generaciones futuras.

Entre los ejemplos que pueden identificarse encontramos numerosos informes de la evaluación de bienestar de las Juntas de servicios públicos, por ejemplo. También algunas herramientas interesantes e interactivas que permiten evaluar una serie de indicadores de bienestar y adaptación a los Objetivos de Desarrollo sostenible[22].

Consejo para el bienestar de las generaciones futuras: formado por diferentes instituciones, tiene como principal función crear políticas públicas coordinadas para la sostenibilidad a largo plazo. Para ello se deben aplicar

---

20   GOBIERNO DE GALES, *Public Services Boards*. Disponible en: https://www.gov.wales/public-services-boards

21   Ejemplo de modelo de informe, 2020: https://futuregenerations2020.wales/

22   https://www.gov.wales/national-indicators-mapping-well-being-and-un-sustainable-development-goals-interactive-tool

los principios comentados previamente y que forman parte de la norma, así como actuar de manera colaborativa.

Plan de bienestar local: se encarga de establecer prioridades y acciones quinquenales que garanticen el bienestar de generaciones presentes y futuras

El actuar de las instituciones de Gales, debe regirse por el principio de desarrollo sostenible que la norma define como la toma de decisiones que permitan satisfacer las necesidades de los presentes sin comprometer la capacidad de las generaciones futuras para satisfacer las suyas.

Este instrumento legislativo, por tanto, tiene como objetivo provocar el cambio en la forma de pensar de la administración, y no tanto establecer directrices y procedimientos específicos para lograr ese cambio.

Para concluir diremos que el impacto de la norma ha sido notable en dos aspectos, por un lado la elaboración de normas, y por otro en la prestación de servicios[23].

Como se ha dicho anteriormente, el impacto internacional de la norma de gales analizada ha sido trascendental. Su gestación casi duró dos décadas. Supuso una verdadera transformación en la formulación de normas, la reflexión sobre las mismas y el proceso de elaboración de políticas. Un cambio así requiere su tiempo y en ocasiones no se logra. El texto se aprobó en el año 2015 y desde entonces otros países han elaborado propuestas similares: el Parlamento de Reino Unido, Nueva Zelanda y otros países se han planteado el desarrollo de un texto similar. Alemania ha aprobado una norma sobre adaptación al cambio climático, que también plantea similitudes con el texto galés.

En España la Ley de bienestar de generaciones futuras de Islas Baleares continúa con este modelo de desarrollo legislativo para proteger los intereses de generaciones futuras en las políticas, planes, normas y actuaciones administrativas que se adoptan en el presente con esa reflexión intergeneracional. Se puede afirmar que la Ley de Gales ha tenido un impacto transformador y es un ejemplo de herramienta jurídica de prospectiva administrativa. El inicio del cambio parlamentario con normas que tienen en cuenta generaciones futuras se ve reforzado también por la labor de los tribunales ordinarios y constitucionales.

2. Ley de bienestar de generaciones futuras de Islas Baleares

La Ley 10/2023, de 5 de abril, de bienestar para las generaciones presentes y futuras de las Illes Balears, fue una norma que marca un hito en España ya que aprobó un marco legal que garantizaba el bienestar y sostenibilidad de

---

23 Sargeant, C., *Declaración oral – Ley sobre los objetivos de las Naciones Unidas y el bienestar de las generaciones futuras (Gales)*.

las generaciones venideras. La norma fue aprobada por el Gobierno Balear el 5 de abril de 2023. Su entrada en vigor se produjo el 14 de abril de 2023, al día siguiente de su publicación en el *Boletín Oficial de les Illes Balears*[24].

No obstante, la norma sufrió una modificación sustancial al año y medio de su entrada en vigor, dando mayor discrecionalidad para hacer esta reflexión de impacto en generaciones futuras al poder ejecutivo y legislativo balear, rebajando mucho el nivel de exigencia inicialmente planteado. La reforma se implementó el 11 de diciembre de 2024, que entró en vigor el 14 de diciembre de 2024. La derogación se hizo tras la aprobación de la *Ley 7/2024, de 11 de diciembre de medidas urgentes de simplificación y racionalización administrativas de las administraciones públicas de las Illes Balears*. Esta reforma ha supuesto cambios importantes en el articulado que matizan mucho el impacto de la norma de bienestar de generaciones futuras eliminado tres instrumentos de control de cumplimiento y garantías que obligaban a las instituciones a reflexionar sobre el impacto en generaciones futuras con distintos informes y herramientas de fiscalización de ese análisis prospectivo obligatorio y participado mediante trámites de consulta pública obligatoria, que no son habituales en nuestro ordenamiento jurídico. También atenúa las competencias de la Comisión para el bienestar de las generaciones presentes y futuras de las Islas Baleares.

La norma, en la exposición de motivos alude a instrumentos internacionales que explican su aprobación por el poder legislativo Balear. Las razones son similares a la norma de Gales. Tiene cuatro títulos, en el primero se enmarca el ámbito objetivo, subjetivo y principios que informan la norma. La norma se aplica a las administraciones públicas territoriales de las Islas Baleares y los órganos dependientes de éstas.

El segundo título habla de los objetivos de bienestar de las generaciones futuras, que concretan más el ámbito objetivo de actuación de la norma y que vinculan junto a los principios a la actividad de las administraciones públicas. Su carácter es informador y no obligatorio. Antes de la reforma los objetivos eran de obligado cumplimiento en desiertos procedimientos que podrían tener impacto en futuras generaciones[25].

El tercer título se encargaba de implementar una serie de medidas de evaluación de políticas públicas que ha sido en buena medida derogado. Por último, el cuarto título creaba un órgano revisor de la aplicación de la norma: Comisión para el bienestar de las generaciones presentes y futuras cuyas

---

24   BOIB núm. 47 de 13 de abril de 2023.

25   1. Los procedimientos de elaboración normativa. 2. Los planes territoriales y planes directores sectoriales. 3. Los contratos de obras del sector público por una cuantía igual o superior a 5.000.000 euros. 4. Los planes estratégicos de subvenciones a que se refiere el artículo 8.1 de la Ley 38/2003, de 17 de noviembre, general de subvenciones, que contengan líneas cuyo presupuesto supere 1.000.000 euros. 5. Los proyectos que sean declarados de utilidad pública o de interés general y el proyecto industrial estratégico o de interés autonómico previsto a la normativa sectorial correspondiente.

competencias de supervisión sobre los órganos de la administración ha quedado matizada con la reforma de la norma puesto que la elaboración de informes sobre el impacto normativo de futuro de las normas es potestativa para la administración balear y no obligatorio.

La norma establece unos **principios de aplicación**. Se recogen en el artículo 3 y se han tomado de la Declaración de Río sobre el medio ambiente y el desarrollo de junio de 1992. En concreto el Principio 15 de desarrollo sostenible, de participación ciudadana y transparencia, precaución. También el principio 17, de prevención, así como el de dignidad de la vida, de dependencia e interdependencia, diversificación, bien común y no regresión. También define los objetivos que tiene el concepto de bienestar y que se vincula con la prosperidad social colectiva, la mejora del entorno natural, la salud, la igualdad, la cohesión, la cultura y la responsabilidad de asumir la repercusión de las acciones en el resto del planeta, vinculado con el bienestar social.

Los instrumentos de control que se crean en la norma para su implementación son potestativos, como indicamos más adelante. Destaca el papel de la Comisión para el bienestar de la generaciones presentes y futuras de las Illes Baleares. Es un órgano consultivo que puede ser interpelado en los procedimientos de elaboración de normas. La norma regula su composición, régimen de incompatibilidades, compensaciones económicas y funciones. Es un órgano técnico dado que se pide que sus vocales sean expertos en materias concretas: educación, investigación, medio ambiente, justicia social, mitigación de crisis climática, urbanismo, modelo económico, recursos hídricos, cultura o salud. Sobre las funciones emiten valoraciones sobre informes presentados por los órganos obligados por la norma si así lo solicitan. También elaboran guías para instituciones públicas que permitan evaluar el impacto del bienestar sobre generaciones presentes y futuras de su actuación. Hacer un informe anual, formar a organismos públicos, entre otros. Se regula en el artículo 17.

IV. Reflexiones sobre la reforma de la Ley

La norma se modifica como consecuencia de la aprobación de la ley de simplificación y racionalización administrativa de las Islas Baleares. En la exposición de motivos dice que, en aplicación del artículo 103.1 de la Constitución, el artículo 3 de la Ley 40/2015, de régimen jurídico del sector público «se debe avanzar en la simplificación procedimental. Eso implica fusionar procedimientos conexos para evitar duplicidades; suprimir procedimientos que han perdido la finalidad originaria» aplicando principios de proporcionalidad de la intervención administrativa, de racionalidad administrativa y de salvaguardia de los intereses de la ciudadanía y el interés general[26].

---

26   Exposición de motivos, párrafo I de la Ley 7/2024, de 11 de diciembre, de medidas urgentes de simplificación y racionalización administrativas de las administraciones públicas de las Illes Balears.

La ley reduce los trámites en los procedimientos de elaboración de disposiciones reglamentarias y precisamente en lo relativo a los impactos que deben analizarse y los trámites de audiencia e información pública. Se propone la elaboración de una memoria de análisis de impacto normativo simplificada.

En la exposición de motivos no se indica nada más sobre la modificación de la ley 10/2023, de 5 de abril de bienestar para las generaciones presentes y futuras de las Illes Balears.

No obstante, se derogan los artículos 7 y 8 de la norma y se modifican los arts. 5, 6, 9, 17 y la disposición final 2, por Ley 7/2024, de 11 de diciembre (Ref. BOIB-i-2024-90227).

Esta modificación suprime tres herramientas importantes que la aprobó la ley: el informe de evaluación de bienestar de generaciones presentes y futuras en la ley de presupuestos y el informe anual de evaluación de impacto sobre el bienestar de generaciones presentes y futuras de las políticas públicas.

Evaluación de actividad normativa: modificación del artículo 6. La norma utilizaba esta herramienta para orientar las políticas públicas hacia una perspectiva intergeneracional y preventiva de impactos negativos sobre el bienestar de generaciones futuras y presentes en la elaboración de normas: leyes y reglamentos. El epígrafe se refería a «evaluación de la actividad normativa». Este apartado ha cambiado y tiene ahora el nombre de «perspectiva intergeneracional de la actividad normativa». Se indica que debe informar todas las políticas públicas y sobre las normas se apunta a la posibilidad de acudir a la consulta pública del artículo 55 de la Ley 1/2019. La consulta pasa de ser un instrumento obligatorio a opcional, como establece la Ley de procedimiento y normas que ya reflexionaban sobre estas cuestiones como la normativa básica de urbanismo y ordenación del territorio.

En el artículo derogado se incluía una consulta previa obligatoria para sondear el parecer de la sociedad civil sobre las cuestiones normativas que afecten al bienestar de generaciones presentes y futuras[27]. La reforma permite que la consulta sea opcional: «Artículo 6: Perspectiva intergeneracional en la actividad normativa. La perspectiva intergeneracional y la prevención de cualquier impacto negativo sobre el bienestar de las generaciones presentes y futuras han de orientar las políticas públicas. A tal efecto, por medio de la consulta previa a que hace referencia el artículo 55 de la Ley 1/2019, de 31 de enero, del Gobierno de las Illes Balears, la sociedad civil podrá expresar su parecer sobre las cuestiones de la norma proyectada que potencialmente puedan afectar al bienestar de las generaciones presentes y futuras».

---

27 Artículo 6.1 (derogado). Con carácter previo a la elaboración de un anteproyecto de ley o de un proyecto de reglamento, la consulta previa a que hace referencia el artículo 55 de la Ley 1/2019, de 31 de enero, del Gobierno de las Illes Balears, sondeará el parecer de la sociedad civil sobre aquellas cuestiones de la norma o del reglamento que potencialmente pueden tener una afectación sobre el bienestar de las generaciones presentes y futuras.

También se han suprimido el **informe de evaluación de impacto sobre generaciones presentes y futuras** en la elaboración de normas y también de planes territoriales y planes directores sectoriales[28]. La Comisión para el bienestar de Generaciones Futuras tenía encomendada la labor de hacer una guía con indicaciones para hacer el informe de impacto de futuro para evaluar el impacto potencial y repercusiones positivas o negativas sobre generaciones futuras y capacidad de definir su modelo social, económico y ambiental. Ese informe debía ser enviado a la Comisión para que emitiera su informe preceptivo. No quedaba claro si era vinculante o no a incorporar medidas para neutralizar el impacto negativo de las normas y planes si fuera desfavorable[29]. La reforma ha dado a la comisión un papel consultivo y ha eliminado el informe de ésta como obligatorio en la tramitación de normas y planes.

El informe de evaluación sobre el bienestar de generaciones presentes y futuras en los anteproyectos de ley de presupuestos: derogación del artículo 7. Este instrumento queda derogado[30]. La utilidad del instrumento radica en hacer visible el impacto de los presupuestos sobre los objetivos del bienestar de las generaciones futuras del artículo 4, es decir: el uso más eficiente de recursos; el mantenimiento y mejora del entorno natural de las islas o la salud relacionada con las buenas condiciones ambientales, entre otras.

---

28   Articulo 6.2 (derogado). 2. Tanto en los procedimientos de elaboración normativa, a los que hace referencia el apartado 1 de este artículo, como de los planes territoriales y de los planes directores sectoriales, el órgano promotor o encargado de la tramitación incorporará un informe de evaluación de impacto sobre el bienestar de las generaciones presentes y futuras, que evalúe el impacto potencial y las repercusiones positivas o negativas sobre las generaciones futuras y la capacidad de estas para definir su modelo social, económico y ambiental, de acuerdo con los principios y objetivos definidos en esta ley.

29   Artículo 6.5. En caso de que la comisión emita su parecer desfavorable, el órgano responsable de la tramitación valorará los aspectos considerados por la comisión, susceptibles de incidir negativamente en el bienestar de las generaciones presentes y futuras, y los analizará y podrá presentar alternativas para enmendar y paliar esta circunstancia. En base al parecer de la comisión y, si procede, al resultado de la consulta previa, las normas incorporarán medidas dirigidas a neutralizar su posible impacto negativo y a garantizar, en definitiva, que contribuye al bienestar presente y futuro y que no lo perjudica.

30   Se transcribe el artículo delgado. Artículo 7. Informe de evaluación de impacto sobre el bienestar de las generaciones presentes y futuras en los anteproyectos de ley de presupuestos.
1. Las leyes de presupuestos de la comunidad autónoma tienen que ser un elemento activo en la consecución de manera efectiva de los objetivos de bienestar de las generaciones presentes y futuras.
2. Las Consejerías de la Administración de las Illes Balears y los entes del sector público instrumental de la comunidad autónoma incorporarán, en las memorias de los programas presupuestarios que se integran en los presupuestos, las actuaciones para adecuar el gasto a las necesidades específicas de las generaciones futuras con el fin de avanzar en la garantía de su bienestar. En este sentido, harán visible el impacto de los presupuestos sobre los objetivos definidos en el artículo 4 de esta ley.

También se deroga la exigencia de realizar un **Informe anual de evaluación de impacto sobre el bienestar de las generaciones presentes y futuras de las políticas públicas llevadas a cabo derogación del artículo 8**. Todas las administraciones afectadas por la norma debían remitir a la Comisión para el Bienestar de las generaciones presentes y futuras ese informe, con el fin de que ésta pudiera hacer propuestas y recomendaciones de mejora a cada una de las instituciones. La Comisión no contará con esa información y herramienta tan útil para hacer su evaluación y propuestas. Además, desaparece la obligación de reflexionar sobre el impacto de las políticas presentes en generaciones futuras para las instituciones. Este análisis implicaba una medida proactiva y precautoria que ha sido eliminada.

Más relevante es la supresión de la elaboración del informe, y con ello el análisis y motivación pertinente en los contratos de obras del sector público por una cuantía igual o superior a los 5.000.000 millones de euros. Se trataba de una medida que permitía hacer una reflexión sobre la inversión de fondos públicos en grandes obras o infraestructuras con un análisis prospectivo.

También se ha suprimido el informe anual de evaluación de impacto en los planes estratégicos de subvenciones con presupuesto superior al millón de euros. Indicación que aparecía en la memoria de buena parte de las subvenciones que se otorgaron por la Unión Europea tras la implementación del plan NEXT GENERATION.

Por último, ya no será necesario realizar estos informes en los proyectos declarados de utilidad pública, de interés general o proyecto industriales estratégicos o de interés autonómico.

El artículo 8.2 decía que la **Comisión para el bienestar de generaciones presentes y futuras** analizaría toda esta información para hacer un informe anual que analizaría el grado de cumplimiento de los principios y objetivos de la norma y que a su vez se enviaría al parlamento Balear para su control.

Todas estas medidas suponían una forma de control del poder legislativo, que aprobó la norma, de la implementación de la misma por el poder ejecutivo Balear. Se trataba de un mecanismo de control de implementación de la norma y de cumplimiento. la supresión se hizo en aras de la simplificación administrativa, pero debe decirse que la simplificación es un derecho con una implicación *ad extra*, para agilizar los trámites y descarga burocrática en procedimientos cuyos interesados son particulares o empresas y no tanto *ad intra*. Es decir, la simplificación que es el eje que motiva las reformas a la Ley se aplica en este caso a mecanismos que no alargan procedimientos para los ciudadanos, sino que generan controles internos de cumplimiento de la administración. Esto descarga de trabajo al personal de la administración, sin duda, pero elimina uno de los mecanismos que la ley había contemplado de evaluación de cumplimiento, así como la obligación de reflexionar con prospectiva. Es decir, se trata de un mecanismo preventivo de la miopía regulatoria que ha sido suprimido en aras de la descarga de trabajo institucional sacrificando el propio objetivo de la norma de visión a largo plazo.

Estas reformas explican cómo lo urgente desplaza a lo necesario. Dar respuesta a las necesidades presentes sin una reflexión de impacto sobre generaciones futuras era lo que la norma intentaba evitar. Año y medio después de que la norma fuera aprobada, se derogan parte de los instrumentos de control de cumplimiento, y se exime a las instituciones del ejecutivo de realizar ese ejercicio de reflexión sobre el impacto de sus decisiones actuales en generaciones futuras.

V. Conclusiones

El poder legislativo está comenzando a incorporar instrumentos que ayudan a tener una visión de prospectiva administrativa e incorporar una visión de justicia intergeneracional en el actuar de la administración.

Esas normas se basan en acuerdos internacionales e incorporar sus objetivos y principios que van a informar la actuación del poder ejecutivo.

Estas normas de bienestar de generaciones presentes y futuras tienen la finalidad de provocar un cambio en los objetivos que debe abordar la administración y el poder ejecutivo a la hora de tomar decisiones, pensando en el largo plazo y el impacto de las decisiones en generaciones futuras. La norma Balear, en su primera versión, incidía en el establecimiento de alguna fase adicional en el procedimiento administrativo y en incorporar un informe sobre el impacto en generaciones futuras de las normas y políticas que era revisable.

Si bien la norma ha sido modificada, puede suponer en su versión original un modelo muy garantista y de protección de generaciones futuras, y en su última versión uno mucho más moderado. Ambos invitan a la reflexión sobre el planteamiento de medidas para hacer efectiva la prospectiva administrativa.

Diferentes autores han teorizado sobre la necesidad de preocuparse por generaciones futuras. El debate conceptual no es unánime, dado que es difícil saber cómo incorporar en las normas una protección de generaciones futuras cuando es incluso complejo dar respuestas jurídicas a los problemas actuales.

Con independencia de esa complejidad ha habido iniciativas legislativas que han afrontado el reto de proteger a generaciones futuras. Estas normas toman como base de su motivación la doctrina de la justicia intergeneracional para garantizar la prosperidad de esas generaciones futuras.

La doctrina también ha encontrado problemas para saber a qué generaciones debe protegerse —delimitación de un espacio temporal— y qué bienes jurídicos deben protegerse —delimitación del objeto de protección jurídica—. En las normas estudiadas la respuesta se ha estructurado aplicando principios y garantías de para la teoría de la protección cambio climático.

Las normas de protección de generaciones futuras pretenden garantizar que las generaciones futuras tengan capital, recursos, y condiciones que les permitan tener una vida con criterios de calidad parecidos a los presentes. Al menos similares, pero no peores. Ello implica disfrutar del medio ambiente, del estado del bienestar, recursos económicos y naturales. Para ello se exige a generaciones presentes un consumo racional de recursos.

Las normas analizadas en este capítulo pretenden dar respuesta a esa necesidad de delimitación del objeto de la protección jurídica. Además de analizar los principios que deben aplicarse al adoptar decisiones, normas e intervenir en el presente, se articulan una serie de mecanismos de consenso para llegar a acuerdos de desarrollo y protección o de gobernanza anticipatoria.

En la reflexión que se ha realizado en este capítulo sobre la elaboración de normas que protejan generaciones futuras se parte de la idea de que éstas deben ser protegidas jurídicamente para garantizar su prosperidad en condiciones similares a las presentes.

El contexto social, político, económico actual requiere actuaciones de los legisladores y operadores del derecho que tengan en cuenta la resolución de problemas actuales y también una visión a largo plazo. Ciertos retos sólo podrán afrontarse si desde el presente se dota a los poderes del estado de instrumentos jurídicos que permitan reaccionar en un futuro. Ciertas intervenciones requieren una preparación previa, de varios años.

La preparación para el cambio climático requiere actuaciones en el presente que impidan inundaciones, incendios, preparen para temporadas de sequía o modifiquen el diseño de construcciones, de las ciudades o de la costa para prevenir desastres naturales previsibles.

Estas técnicas se han utilizado siempre: el diseño del crecimiento de las ciudades, el desarrollo económico de ciertas zonas interviniendo con grandes obras de ingeniería como puertos, canales, líneas de ferrocarril, red de suministro de energía. En materia de seguridad, preparación bélica, fabricación de armamento y diseño de operaciones. La intervención en espacios forestales para plantar madera o evitar incendios. La prevención de epidemias.

Sin duda encontramos muchas áreas sobre las que actuar utilizando la gobernanza anticipatoria y para ello la teoría que se ha ido generando en torno a los conceptos de justicia intergeneracional y cambio climático.

Gráfico 1

Timeline of the Well-being of Future Generations (Wales) Act 2015

1998 Government of Wales Act includes sustainable development duty

2005 UK Government publishes Sustainable Development Strategy; 'Securing the future'

2007 Jane Davidson becomes minister for 'Environment, Sustainability and Housing'

2007 WWF publish One Planet Wales report

2009 Stockholm Institute publish Wales Ecological footprint scenarios to 2020

2009 WAG publish 'One Wales: One Planet' report

2009 Tyndall Centre publishes emissions trends

2010 UK Government Axes UK Sustainability Commission

2011 Peter Davies appointed as 'Sustainable Futures Commissioner'

2011 Jane Davidson puts sustainable development legislation in Labour manifesto before leaving government

2011 WWF publish report on embedding 'One Planet' aspiration in WAG

2011 Work starts on the draft 'Sustainable development bill'

2012 UN Rio Conference discusses SDGs

2012 National conversation, 'The Wales We Want' starts

2012 'Sustainable development bill' title change to 'Well-being of future generations bill'

2013 Jeff Cuthbert becomes minister for Communities and Tackling Poverty

2013 Martin Oxford report published; 'Now for the Long-term'

2014 Williams report on public services in Wales published

2014 WLGA introduce local authorities to the WFG Act

2014 WFG Bill introduced to government

2014 Carl Sargeant becomes minister for Natural Resources and in charge of the WFG bill

2015 Royal assent for the Well-being of Future Generations (Wales) Act 2015

Fuente: Messham, E., Sheard, S. Taking the long view: the development of the Well-being of Future Generations (Wales) Act. *Health Res Policy Sys* 18, 33 (2020). https://doi.org/10.1186/s12961-020-0534-y

Bibliografía

BECK, U., *World Risk Society*, Oxford: polity press, 1999.

CYNNAL CYMRU, *The Wales We Want – A report on behalf of future generations*. Cardiff, Gobierno de Gales, noviembre de 2015. Disponible en: http://academiwales.gov.wales/api/storage/9646ab31-a896-4b35-bdc5-1777b841d09a?preview=true, consultado en julio de 2024.

DAVIDSON, J., «#FutureGen - Lessons from a Small Country?», *Revue Française de Civilisation Britannique*, XXVIII-3 | 2023. En línea desde el 22 de diciembre de 2023, conexión el 1 de diciembre de 2024. URL: http://journals.openedition.org/rfcb/11321; DOI: https://doi.org/10.4000/rfcb.11321

DE JOUVENEL, B., *El arte de prever el futuro político*, RIALP, Madrid, 1966

GODET, M. y DURANCE, P., *Prospectiva estratégica, problemas y métodos*, Prospektiker, 2007.

POPPER, K., *The Poverty of Historicism (Routledge Classics)*, 2002.

RAWLS, J., *A Theory of Justice*, Cambridge, Belknap Press, 1999. Inspired from Luke 6:31.

RIVERO ORTEGA, R., «Gobernanza anticipatoria y proactividad administrativa: las virtudes de la descentralización», *RVAP*, n.º 118, pp. 83-97.

SÁNCHEZ SÁNCHEZ, Z. (Dir.), *Regulación con prospectiva de futuro y de consenso, gobernanza anticipatoria y prospectiva administrativa*, Aranzadi, 2022.

SARGEANT, C., *Declaración oral – Ley sobre los objetivos de las Naciones Unidas y el bienestar de las generaciones futuras (Gales)*.

VV. AA., «La Ley de Generaciones Futuras y el Comisionado de Generaciones Futuras de Gales», *OCDE*, 2023. Disponible en: https://www.oecd.org/en/publications/well-being-knowledge-exchange-platform-kep_93d45d63-en/the-future-generations-act-and-future-generations-commissioner-for-wales_7b2a0e8c-en.html

WELLS, H. G., *The Discovery of the Future*, 1902.

Otros documentos

GOBIERNO DE GALES, *Public Services Boards*. Disponible en: https://www.gov.wales/public-services-boards

INFORME BRUNDTLAND, *Desarrollo sustentable*, Naciones Unidas, 1987.

Ministerio Federal de Medio ambiente, *El Gobierno alemán adopta la primera ley de adaptación climática a nivel nacional*. Disponible en: https://www.bmuv.de/en/pressrelease/german-government-adopts-first-nationwide-climate-adaptation-law

Naciones Unidas, Resolución aprobada por la Asamblea General el 22 de septiembre de 2024. Disponible en: https://documents.un.org/doc/undoc/gen/n24/272/25/pdf/n2427225.pdf

Principios de Maastricht sobre los derechos humanos de las generaciones futuras. Julio de 2023. Disponible en: https://www.rightsoffuturegenerations.org/the-principles/espa%C3%B1ol

EL DERECHO AL MEDIO AMBIENTE: LA SALVAGUARDA DE LA JUSTICIA INTERGENERACIONAL Y LA RESPONSABILIDAD DE LOS PODERES PÚBLICOS POR SU INACTIVIDAD

María Fuensanta Gómez Manresa
Catedrática de Derecho Administrativo
Universidad de Murcia

> **SUMARIO:** I. El carácter complejo, polifacético, relativo y antropo-céntrico del medio ambiente, y la concurrencia de competencias en torno a su protección. II. El deber de los poderes públicos de garantizar el bienestar de las generaciones coetáneas y futuras, y su responsabili-dad en caso de inactividad. III. Reflexión final. Bibliografía.

I. El carácter complejo, polifacético, relativo y antropocéntrico del medio ambiente, y la concurrencia de competencias en torno a su protección

Este trabajo analiza múltiples extremos relativos al derecho a un medio ambiente adecuado y, para ello, se efectúan una serie de reflexiones tanto conceptuales como sobre la distribución de competencias en este ámbito, enfatizando la necesidad de una gobernanza anticipatoria y participativa en aras a la efectividad del mencionado derecho y a la consecución de la jus-ticia intergeneracional; aspectos todos ellos que demandan una actuación responsable de los poderes públicos tendente a implementar las medidas oportunas a tales efectos[1].

---

1   Este estudio ha sido realizado en el marco del Proyecto «Por un consenso de futuro sos-tenible: gobernanza anticipatoria y prospectiva administrativa» (PROFUTURE), PID2020-

El hilo conductor utilizado es el examen de dos sentencias, una del Tribunal Constitucional y otra del Tribunal Supremo, seleccionadas en atención a su objeto y al carácter complementario de sus pronunciamientos, ya que estos ponen el acento sobre la utilidad de la prospectiva administrativa y regulatoria en el marco de la gobernanza anticipatoria y participativa, así como en la responsabilidad de los poderes públicos por su inactividad en relación a la adopción de las disposiciones y decisiones indispensables para la plena satisfacción del derecho al medio ambiente.

En este punto introductorio de la exposición, resulta conveniente recordar que la gobernanza anticipatoria ofrece una pluralidad de instrumentos que tienen como nota característica la utilización de un método racional basado en escenarios de futuro, en el que es esencial la comunicación entre Administración, ciencia, empresa y organizaciones en defensa de intereses colectivos. Así pues, la vertiente prospectiva analiza datos obtenidos de experiencias del pasado y futuros probables advertidos por la ciencia con la finalidad de planificar normas y de diseñar procedimientos capaces de evitar circunstancias indeseables, dando cabida a otras favorables para las generaciones actuales y venideras. Como se pone de manifiesto en este capítulo, la finalidad última es que las normas presentes no comprometan el bienestar o la seguridad de futuras generaciones o trasladen a estas los costes de la adaptación al cambio climático o de la confluencia de variados fenómenos previsibles que pueden examinarse desde diversas perspectivas: urbanística, ambiental, económica o social.

Procede, entonces, comenzar con el estudio de la STC 102/1995, de 26 de junio de 1995 (ECLI:ES:TC:1995:102), que resuelve seis recursos de inconstitucionalidad relativos a la Ley 4/1989, de 27 de marzo, de Conservación de los Espacios Naturales y de la Flora y Fauna Silvestres, y ocho conflictos de competencia positivos con motivo de los Reales Decretos 1.095/1989, 1.118/1989 y 439/1990, promovidos unos y otros por las Comunidades Autónomas de Andalucía, Aragón, Baleares, Canarias, Cantabria, Cataluña, Castilla y León y el País Vasco. El objeto principal, aunque no único, lo componen una serie de preceptos de la Ley 4/1989, y de las normas reglamentarias dictadas para su desarrollo, a muchos de los cuales se les niega su carácter básico; si bien, el foco de atención se pone sobre las disposiciones adicionales en las que se incluye tal calificación. En la medida que la Ley 4/1989 ha sido derogada, lo pertinente, a nuestro juicio, es enunciar los razonamientos centrales de la resolución en términos de prospectiva y de justicia intergeneracional, no sin antes considerar la problemática competencial y el carácter complejo del concepto de medio ambiente, dado que constituyen el eje troncal de la misma, para abordar, posteriormente, la norma derogatoria del texto legal controvertido, es decir, la Ley 42/2007, de 13 de diciembre, del

---

116401GB-I00, del Ministerio de Ciencia e Innovación.

Patrimonio Natural y la Biodiversidad (LPNyB), para hacer patente, a modo ejemplificativo, cómo se ha acogido normativamente la doctrina constitucional objeto de examen.

En lo concerniente al tema competencial, la STC 102/1995, tras recordar que corresponde al Estado, como competencia exclusiva, la «legislación *básica sobre protección del medio ambiente, sin perjuicio de las facultades de las Comunidades Autónomas de establecer normas adicionales de protección»* (art. 149.1. 23.ª)[2], constata que dicha distribución competencial se complica por su coexistencia necesaria con otros títulos competenciales, según la sentencia, unos «afines» y otros «colindantes». En el primer bloque se incluyen los espacios naturales, cuya protección asumen como competencia exclusiva determinadas comunidades autónomas[3] reforzando así su posición y frenando la penetración de las competencias estatales sobre protección del medio ambiente; frente a otras que optan por encuadrar los espacios naturales protegidos y el régimen de las zonas de montaña dentro del desarrollo legislativo y la ejecución de las normas básicas estatales. A causa de lo que antes se ha dicho, las comunidades autónomas, en virtud de la competencia sobre espacios naturales protegidos, pueden dictar normas de protección y conservación de espacios, así como realizar la actividad de ejecución que consideren oportuna, siempre que respeten la legislación básica del Estado sobre protección del medio ambiente.

Por añadidura, se concluye que las zonas de montaña, las lagunas y las marismas, a las que aluden distintos estatutos de autonomía, no son sino el «soporte topográfico acotado para su protección, vale decir el espacio natural protegido, cuya dimensión panorámica, óptica y, en definitiva, estética nos brinda el paisaje (...). Por otra parte, la ecología, que nombra una actividad teorética con ambición científica y por extensión su objeto real (...), los ecosistemas donde se desarrollen la caza y las pesca (...) y el entorno natural (...) son facetas del concepto medular del medio o el ambiente o el medio ambiente, a cuya configuración unitaria, desde su perspectiva constitucional no empece que los Estatutos de Autonomía desgajen de esta materia, como título competencial específico, y con carácter exclusivo, alguno de tales ele-

---

2   Esta resolución declara la nulidad de la disposición adicional quinta, que califica de básicos los artículos 21.3 y 4, 22.1 —en la medida que atribuye exclusivamente al Estado la gestión de los Parques Nacionales—, y 35.1 y 2. Por otra parte, anula la disposición adicional primera del Real Decreto 1.095/1989, de 8 de septiembre, sobre declaración de especies que pueden ser objeto de caza y pesca con normas para su protección, que atribuye la condición de básicos a los arts. 1.1, 3.1 y 4.2, y a la disposición adicional segunda, correspondiendo las competencias controvertidas a las Comunidades Autónomas de Aragón, Cantabria, Castilla y León, Cataluña, las Islas Baleares y del País Vasco, de forma que se desestiman en lo demás los recursos de inconstitucionalidad y los conflictos positivos de competencia acumulados en el proceso.

3   La sentencia se refiere a Andalucía, Aragón, Canarias, Cataluña, Navarra y Valencia.

mentos e incluso modalidades muy concretas de ellos. La configuración topográfica de esa su primaria faceta espacial —el suelo, la tierra— importa mucho al respecto. El litoral, la costa o la marisma, la meseta o el páramo, el valle, el bosque o la cordillera conforman aspectos muy diferentes en la realidad y necesitan, por tanto, un tratamiento jurídico matizado para la preservación de sus rasgos diferenciales».

En la sentencia se recalca el «carácter complejo y polifacético» que tienen las cuestiones relativas al medio ambiente, que genera unas competencias, tanto estatales como autonómicas, de naturaleza «transversal» a causa de su incidencia en otras materias incluidas, asimismo, en el esquema constitucional de competencias (artículos 148.1.1.ª, 3.ª, 7.ª, 8.ª, 10.ª y 11.ª), dado que las medidas referidas tienen como objeto los elementos que integran el medio (las aguas, la atmósfera, la fauna y la flora, los minerales) o determinadas actividades humanas sobre aquellos (agricultura, industria, minería, urbanismo, transportes) que pueden dar lugar a agresiones o riesgos potenciales para el ambiente. En consecuencia, sobre un mismo espacio pueden actuar diferentes Administraciones públicas y ejercitar diversas funciones o competencias «con la inexorable necesidad de colaboración (SSTC 227/1988 y 103/1989) y, por supuesto, coordinación».

Sin embargo, de esta resolución se ha de destacar el hecho de que coloca a la calidad de vida como una aspiración «situada en primer plano por el Preámbulo de la Constitución, que en principio parece sustentarse sobre la cultura y la economía, aun cuando en el texto articulado se ligue por delante a la utilización racional de los recursos naturales y por detrás al medio ambiente, con el trasfondo de la solidaridad colectiva. En suma, se configura un derecho de todos a disfrutarlo y un deber de conservación que pesa sobre todos, más un mandato a los poderes públicos para la protección (art. 45 C.E.)». De hecho, se concreta el deber de los poderes públicos de impulsar y desarrollar la actividad económica, en aras a mejorar así el nivel de vida, con una alusión expresa a ciertos recursos (la agricultura, la ganadería, la pesca) y a algunos espacios naturales (zonas de montaña) (art. 130 C.E.), para concluir «la necesidad de compatibilizar y armonizar ambos, el desarrollo con el medio ambiente (STC 64/1982). Se trata en definitiva del "desarrollo sostenible", equilibrado y racional, que no olvida a las generaciones futuras, alumbrado el año 1987 en el llamado Informe Bruntland, con el título "Nuestro futuro común" encargado por la Asamblea General de las Naciones Unidas».

En el marco del desarrollo sostenible, que tiene presente a las generaciones futuras, la sentencia lleva a cabo una distinción entre un elemento objetivo, estático, el medio ambiente como tal, y «otro dinámico, funcional, que es su protección, soporte de las potestades a su servicio. Ambos aspectos de tal actividad pública hacen surgir el componente medioambiental de las demás políticas sectoriales»; toda vez que verifica la dificultad de discernir, con el rigor que exigen las categorías jurídicas, qué debemos entender por medio ambiente, terminología que ya gramaticalmente comienza con una redundancia «y que, en el lenguaje forense, ha de calificarse como concepto jurídico indeterminado con un talante pluridimensional y, por tanto, interdisciplinar (STC 64/1982)»[4].

En última instancia, el Tribunal Constitucional argumenta que el ambiente es un «concepto esencialmente antropocéntrico y relativo. No hay ni puede haber una idea abstracta, intemporal y utópica del medio, fuera del tiempo y del espacio. Es siempre una concepción concreta, perteneciente al hoy y operante aquí»; si bien, a la hora de desentrañar el concepto jurídico indeterminado del medio ambiente, hay que «indagar» en el ordenamiento que, en cada momento, delimitará el mismo desde distintas perspectivas de conformidad con la distribución constitucional de competencias. De modo añadido, es inexcusable exponer el componente dinámico de este concepto, pues «el medio ambiente no puede reducirse a la mera suma o yuxtaposición de los recursos naturales y su base física, sino que es el entramado complejo de las relaciones de todos esos elementos que, por sí mismos, tienen existencia propia y anterior, pero cuya interconexión les dota de un significado transcendente, más allá del individual de cada uno. Se trata de un concepto estructural cuya idea rectora es el equilibrio de sus factores, tanto estático como dinámico, en el espacio y en el tiempo. En tal sentido ha sido configurado, desde una perspectiva netamente jurídica y con eficacia inmediata en tal ámbito, como «la asociación de elementos cuyas relaciones mutuas determinan el ámbito y las condiciones de vida, reales o ideales de

---

4   En un plano conceptual, la sentencia puntualiza: «Una primera indagación semántica, según el sentido propio de las palabras utilizadas por la Constitución y los Estatutos, nos lleva al Diccionario de la Real Academia Española, donde algunas acepciones de la palabra "medio" lo definen como el conjunto de circunstancias culturales, económicas y sociales en que vive una persona o un grupo humano. Siendo tal el significado gramatical, no resulta sin embargo suficiente por sí mismo para perfilar el concepto jurídico que, por el momento, no comprende tantos elementos y excluye, en principio, el componente social.
A su vez, el "ambiente" comprende las condiciones o circunstancias de un lugar que parecen favorables o no para las personas, animales o cosas que en él están. Como síntesis, el "medio ambiente" consiste en el conjunto de circunstancias físicas, culturales, económicas y sociales que rodean a las personas ofreciéndoles un conjunto de posibilidades para hacer su vida. Las personas aceptan o rechazan esas posibilidades, las utilizan mal o bien, en virtud de la libertad humana. El medio no determina a los seres humanos, pero los condiciona. Se afirma por ello, que el hombre no tiene medio sino mundo, a diferencia del animal. No obstante, en la Constitución y en otros textos el medio, el ambiente o el medio ambiente ("environment", "environnement", "Umwelt") es, en pocas palabras, el entorno vital del hombre en un régimen de armonía, que aúna lo útil y lo grato. En una descomposición factorial analítica comprende una serie de elementos o agentes geológicos, climáticos, químicos, biológicos y sociales que rodean a los seres vivos y actúan sobre ellos para bien o para mal, condicionando su existencia, su identidad, su desarrollo y más de una vez su extinción, desaparición o consunción».

las personas y de las sociedades (Programa de las Comunidades Europeas en materia de medio ambiente, Comunicación de la Comisión al Consejo, J.O.C. 26 mayo 1972)».

Bien puede afirmarse que la sentencia que nos ocupa enfatiza la utilidad de la gobernanza anticipatoria y participativa en aras a garantizar la existencia de un medio ambiente adecuado para las generaciones de hoy y de mañana, en la medida que permite anticipar la concurrencia de múltiples problemas relacionados con «la erosión del suelo, su deforestación y desertización, la contaminación de las aguas marítimas, fluviales y subálveas, así como de la atmósfera por el efecto pernicioso de humos, emanaciones, vertidos y residuos, la extinción de especies enteras o la degeneración de otras y la degradación de la riqueza agrícola, forestal, pecuaria o piscícola, la contaminación acústica y tantas otras manifestaciones que van desde lo simplemente incómodo a lo letal, con una incidencia negativa sobre la salubridad de la población en la inescindible unidad psicosomática de los individuos». Acometida dicha fase de diagnóstico, la amenaza que suponen las agresiones de los elementos referenciados da lugar a «una simétrica actitud defensiva que en todos los planos jurídicos constitucional, europeo y universal se identifica con la palabra "protección", sustrato de una función cuya finalidad primera ha de ser la "conservación" de lo existente, pero con una vertiente dinámica tendente al "mejoramiento", ambas contempladas en el texto constitucional (art. 45.2 C.E.), como también en el Acta Única Europea (art. 130 R) y en las Declaraciones de Estocolmo y de Río (…)».

A fin de cuentas, se concluye que «La protección resulta así una actividad beligerante que pretende conjurar el peligro y, en su caso, restaurar el daño sufrido e incluso perfeccionar las características del entorno, para garantizar su disfrute por todos. De ahí su configuración ambivalente como deber y como derecho, que implica la exigencia de la participación ciudadana en el nivel de cada uno, con papeles de protagonista a cargo de la mujer, de la juventud y de los pueblos indígenas, según enuncia la Declaración de Río (10, 20, 21 y 22). Esto nos lleva de la mano a la dignidad de la persona como valor constitucional transcendente (art. 10.1 C.E.), porque cada cual tiene el derecho inalienable a habitar en su entorno de acuerdo con sus características culturales»[5].

---

5   Numerosos son los trabajos sobre el desarrollo sostenible, la gobernanza anticipatoria y participativa, y la planificación estratégica para la consecución de la justicia intergeneracional. Sirvan de ejemplo las obras que se relacionan seguidamente: BANDRÉS I SÁNCHEZ-CRUZAT, J. M., *El derecho a la ciudad y el buen gobierno urbano: los nuevos retos de la gobernanza urbana para el siglo XXI*, Marcial Pons, Madrid, 2022; BUSTILLO BOLADO, R. O. y GÓMEZ MANRESA, M.ª F., «Sustainable development: a principle implicity assumed by the Spanish Constitution», *Electronical Journal of Enviromental, Agricultural and Food Chemistry (EJEAFChe)*, 11 (5), 2012; CASTAÑÓN DEL VALLE, M., *La protección jurídico ambiental de las generaciones futuras*, Dykinson, Madrid, 2023; CHINCHILLA PEINADO, J. A., *Tutela cautelar frente a instrumentos de planeamiento urbanístico: ponderación y garan-*

Una vez efectuadas las observaciones correspondientes, desde las ópticas competencial y conceptual, que giran en torno a la salvaguarda del medio ambiente, se ha de denotar, como se anticipó al principio de este trabajo, que la Ley 4/1989 fue derogada por la LPNyB, norma que establece el régimen jurídico básico de la conservación, uso sostenible, mejora y restauración del patrimonio natural y de la biodiversidad española, como parte del deber de conservar y del objetivo de garantizar los derechos de las personas a un medio ambiente apropiado para su bienestar, salud y desarrollo. De hecho, la LPNyB contiene una referencia tanto a la justicia intergeneracional como al desarrollo sostenible, aparte de incorporar instrumentos en los que la prospectiva resulta clave en términos de planificación estratégica. Esta norma, entre otras definiciones, incluye la de uso sostenible del patrimonio natural: «utilización *de sus componentes de un modo y a un ritmo que no ocasione su reducción a largo plazo, con lo cual se mantienen las posibilidades de su aportación a la satisfacción de las necesidades de las generaciones actuales y futuras»*[6]. De forma adicional, dicho concepto puede completarse con la definición de desarrollo sostenible contenida en la STSJ de Castilla y León de 29 de noviembre de 2003 (rec. núm. 103/2002), confirmada en vía de casación por la STS de 20 de diciembre de 2006 (rec. núm. 765/2004), se pormenoriza que el mismo «pretende equilibrar el máximo de protección natural sin renunciar al mayor desarrollo posible, buscando proteger los recursos naturales, sin menoscabo de su necesaria explotación en aras a un desarrollo social y económico ordenado, esto es, consolidar un desarrollo socialmente deseable, económicamente viable y ecológicamente prudente».

Se ha de señalar que la LPNyB incorpora, asimismo, normas y recomendaciones internacionales provenientes de organismos y regímenes ambientales internacionales[7], y atribuye a las Administraciones públicas el deber

---

tía del desarrollo sostenible, Aranzadi, Las Rozas, Madrid, 2024; GÓMEZ MANRESA, M.ª F., *Planeamiento urbanístico y desarrollo sostenible*, Dykinson, Madrid, 2015; MENÉNDEZ SEBASTIÁN, E. M.ª, *Sostenibilidad social y ciudadanía administrativa digital*, Reus, Madrid, 2022; MORENO MOLINA, A. M., *El Derecho del cambio climático: retos, instrumentos y litigios*, Tirant lo Blanch, Valencia, 2023; SÁNCHEZ SÁNCHEZ, Z. P. (dir.) y EIROS BACHILLER, M. (coord.), *Regulación con prospectiva de futuro y de consenso. Gobernanza anticipatoria y prospectiva administrativa,* Aranzadi, Pamplona, 2023.

6   Artículo 3.36 de la LPNyB.

7   La LPNYB cita de modo expreso el Convenio sobre la Diversidad Biológica, especialmente en lo concerniente al «Programa de Trabajo mundial para las áreas protegidas», el Plan de Acción de la Cumbre Mundial de Desarrollo Sostenible de Johannesburgo, de 2002, avalado por la Asamblea General de las Naciones Unidas e incorporado posteriormente en el Plan Estratégico del Convenio sobre la Diversidad Biológica, Decisión VI/26, punto 11, de la Conferencia de las Partes Contratantes, o la Decisión VII/30. A nivel europeo, pueden citarse la Comunicación de la Comisión de las Comunidades Europeas, COM (2006) 216, de 22 de mayo de 2006, que tuvo como objeto los correspondientes instrumentos para «Detener la pérdida de biodiversidad para 2010 y, más adelante, respaldar los servicios de los ecosistemas para el bienestar humano».

de garantizar que la gestión de los recursos naturales se efectúe «con *los mayores beneficios para las generaciones actuales, sin merma de su potencialidad para satisfacer las necesidades y aspiraciones de las generaciones futuras, velando por el mantenimiento y conservación del patrimonio, la biodiversidad y los recursos naturales existentes en todo el territorio nacional, con independencia de su titularidad o régimen jurídico, atendiendo a su ordenado aprovechamiento y a la restauración de sus recursos renovables».*

Entre los principios concurrentes, la norma prioriza la protección del paisaje y regula aspectos puntuales como la posibilidad de su defensa mediante figuras más generales o específicas de espacios naturales protegidos, la necesidad de que el análisis de los paisajes forme parte del contenido mínimo de los planes de ordenación de los recursos naturales, su utilización potencial como instrumento para dotar de coherencia y conectividad a la Red Natura 2000 y el fomento de las actividades que contribuyan a su protección como «externalidad positiva» cuando forme parte de un espacio protegido; pero, como señala el legislador, no está entre sus objetivos la implantación en España, de manera generalizada, de las políticas de protección del paisaje como legislación básica del artículo 149.1.23.ª, que exigen instrumentos de gestión como los fijados, con carácter de mínimos, en el Convenio Europeo del Paisaje[8]. Otros principios contenidos en la LPNyB, desde la consideración del propio patrimonio natural, están fundamentados en «el mantenimiento de los procesos ecológicos esenciales y de los sistemas vitales básicos, en la preservación de la diversidad biológica, genética, de poblaciones y de especies, y en la preservación de la variedad, singularidad y belleza de los ecosistemas naturales, de la diversidad geológica y del paisaje».

De hecho, en cuanto a la utilización del patrimonio natural, los principios inspiradores están relacionados, además de con la garantía de información y con la participación de los ciudadanos en el diseño y ejecución de las políticas públicas, incluida la elaboración de disposiciones de carácter general, con los extremos que se señalan acto seguido: la prevalencia de la protección ambiental sobre la ordenación territorial y urbanística; el impulso de los procesos de mejora en la sostenibilidad del desarrollo asociados a espacios naturales protegidos; la promoción de la utilización ordenada de los recursos para garantizar el aprovechamiento sostenible del patrimonio natural; la integración de los requerimientos de la conservación, uso sostenible, mejora y restauración del patrimonio natural y la biodiversidad en las políticas sectoriales; y a la incorporación del principio de precaución[9] en las interven-

---

8   Este convenio, aprobado por el Consejo de Europa, en Florencia, el 20 de octubre de 2000, entró en vigor de forma general el 1 de marzo de 2004 y para España el 1 de marzo de 2008 de conformidad con lo establecido en su artículo 13.

9   En relación al principio de precaución y su conexión con la medida cautelar de suspensión, debe citarse el Auto 355/2007 del Tribunal Constitucional y, en especial, el voto particular formulado por el Magistrado D. Jorge Rodríguez Zapata Pérez, relativo al

ciones que puedan afectar a espacios naturales y/o especies silvestres. A este respecto, es conveniente clarificar, como se expone en la STS de 15 de julio de 2011 (ECLI:ES:TS:2011:5294), que la protección del medio ambiente puede hacerse desde una triple óptica: desde un derecho reactivo, que haga frente a los daños que ya se han producido («quien contamina paga»); desde un derecho que haga frente a riesgos conocidos antes de que se produzcan («prevención»); y, finalmente, desde un derecho que prevea y evite amenazas de daños desconocidos o inciertos («precaución»). Principios todos ellos que «cuando la intervención afecta (...) a especies protegidas y en peligro de extinción sirven a una actitud de respeto al entorno natural que implica el abandono del principio de arrogancia de los seres humanos en relación con el desarrollo sostenible de su entorno».

Como se acaba de evidenciar, nos encontramos ante una materia en la que es esencial la prospectiva, en la medida que la preservación del patrimonio natural y de la biodiversidad demanda que las Administraciones competentes —a las que la ley exige coordinación y cooperación[10]— dispongan de

conflicto positivo de competencias entre el Estado y las Comunidades Autónomas, cuyo objeto era determinar, de acuerdo con el art. 161.2 CE, si procedía mantener o levantar la suspensión de la vigencia del acuerdo de 21 de marzo de 2007 del Director Territorial de Territorio y Vivienda de la Comunitat Valenciana, por el que se ratificaba la orden de suspensión cautelar de las obras correspondientes al proyecto «Planta desaladora para garantizar los regadíos del trasvase Tajo-Segura», resolución que se encontraba suspendida en su aplicación como consecuencia de la invocación por el Presidente del Gobierno del indicado art. 161.2 CE al promover conflicto positivo de competencia. El mencionado auto constata, citando el ATC 287/1999, la doctrina amplia y reiterada del Tribunal en relación a la decisión a adoptar en los incidentes de levantamiento o mantenimiento de la suspensión previamente acordada cuando entre los intereses públicos y privados concernidos se encuentran los específicamente medioambientales, precisando que, según dicha doctrina, «no cabe derivar de la Constitución la tesis de que toda medida de ordenación legal de los recursos naturales deba atender prioritariamente al criterio de evitar cualquier sacrificio no imprescindible de los derechos e intereses patrimoniales de carácter individual (ATC 101/1993, F. 2) y concluye pronunciándose de forma jurídicamente generalizada a favor de la primacía de la protección de los recursos biológicos naturales, dada su fragilidad y la irreparabilidad de los perjuicios que se podrían producir en caso de perturbación de los mismos (AATC 674/1984, 1270/1988, 101/1993, 243/1993, 46/1994 y 225/1995, entre otros) (ATC 287/1999, F. 3)».
En el mismo auto se señala que, como excepción a la doctrina expuesta, solo se ha admitido «la subordinación de los intereses conservacionistas a otros intereses públicos o privados de carácter patrimonial cuando la lesión de éstos suponga afectar a un sector económico de manera directa e inmediata... fundamental para la economía de la Nación... con posibles perjuicios económicos de muy difícil reparación (ATC 890/1986, F. 2), o bien cuando la aplicación de las medidas controvertidas fueran susceptibles de provocar gravísimos efectos perjudiciales (ATC 29/1990, F. 3, que reitera el anterior) (ATC 287/1999, F. 3)».

10   A tales efectos, la LPNyB regula la Comisión Estatal para el Patrimonio Natural y la Biodiversidad, órgano consultivo y de cooperación en materia de protección del patrimonio natural y la biodiversidad entre el Estado y las comunidades autónomas, cuyos informes o propuestas son sometidos para aprobación o conocimiento, a la Conferencia Sectorial de Medio Ambiente.

instrumentos capaces de proporcionar el conocimiento necesario sobre el estado de conservación de aquellos y las causas que pueden generar un cambio significativo (el Inventario del Patrimonio Natural y de la Biodiversidad)[11] a fin de poder diseñar las medidas necesarias destinadas no solo a la conservación sino, también, a la restauración llegado el caso; medidas todas ellas que se integran en el plan estratégico estatal del patrimonio natural y de la biodiversidad, y en los distintos planes sectoriales, así como en los planes de ordenación de los recursos naturales (instrumentos autonómicos para la delimitación, tipificación, integración en red y determinación de su relación con el resto del territorio, de los sistemas que integran el patrimonio y los recursos naturales de un determinado ámbito espacial) y en las directrices para la ordenación de los recursos naturales, dictadas por el Gobierno, que tienen como objetivo la determinación de los criterios y de las normas básicas que deben recoger los planes autonómicos para la gestión y uso de los recursos naturales. Instrumentos a los que hay que sumar los corredores ecológicos, que otorgan un papel prioritario a los cursos fluviales, las vías pecuarias, las áreas de montaña y otros elementos del territorio, lineales y continuos, o que actúan como puntos de enlace, con independencia de que tengan la condición de espacios naturales protegidos[12].

Se ha de remarcar que la LPNyB contempla la catalogación de hábitats en peligro de desaparición —que demandan medidas de conservación o restauración específicas de protección y su inclusión en un instrumento de gestión o de protección de espacios naturales—, la creación de la red de áreas marinas protegidas, en consonancia con las directrices de la Unión Europea, la posibilidad de crear espacios naturales protegidos transfronterizos y la definición y regímenes de protección de los parques y de las reservas naturales de la Ley 4/1989 mediante la correspondiente adaptación a las previsiones contenidas en el Convenio Europeo del Paisaje. Es oportuno reiterar que tanto la declaración como la gestión de los espacios naturales protegidos corresponde a las comunidades autónomas en cuyo ámbito territorial se encuentren ubicados.

Mención aparte merece la regulación de la Red Ecológica Europea Natura 2000 —compuesta por los Lugares de Importancia Comunitaria, las Zonas

---

11   La elaboración y actualización de este inventario corresponde al ministerio competente con la colaboración de las comunidades autónomas y de las instituciones y organizaciones de carácter científico, y constituye la base para la elaboración de un informe anual que ha de presentarse ante el Consejo, la Comisión Estatal para el Patrimonio Natural y la Biodiversidad, y la Conferencia Sectorial de Medio Ambiente, antes de hacerse público.

12   *Vid.* el artículo 21 de la LPNyB. Como se señala en la exposición de motivos de la LPNyB, «Estos corredores ecológicos deben participar en el establecimiento de la red europea y comunitaria de corredores biológicos definidos por la Estrategia Paneuropea de Diversidad Ecológica y Paisajística y por la propia Estrategia Territorial Europea. En particular las Comunidades autónomas podrán utilizar estos corredores ecológicos, o la definición de áreas de montaña, con el fin de mejorar la coherencia ecológica, la funcionalidad y la conectividad de la Red Natura 2000».

Especiales de Conservación y las Zonas de Especial Protección para las Aves, espacios que tienen la consideración de protegidos, con el alcance y las limitaciones que las comunidades autónomas determinen en su nomativa, dejando los guiones inicial y final—, de las áreas protegidas por instrumentos internacionales y de la conservación de la biodiversidad silvestre, que incluye un Listado de Especies en Régimen de Protección Especial —que incorpora un taxón o población que implica la evaluación periódica de su estado de conservación y la prohibición de afectar negativamente a su situación—, en cuyo seno se establece el Catálogo Español de Especies Amenazadas, que está basado en información técnica o científica y en el que pueden distinguirse las categorías de «vulnerables» o «en peligro de extinción» en atención al riesgo de supervivencia, que podrá dar lugar a la designación de áreas críticas que pueden incluirse en el Catálogo Español de Hábitats en Peligro de Desaparición y que exigen un plan de recuperación.

Es relevante puntualizar que, en cambio, se excluyen del ámbito de aplicación de la LPNyB los recursos pesqueros, ya que su protección, conservación y regeneración, así como la regulación y gestión de la actividad pesquera, es competencia exclusiva del Estado en materia de pesca marítima en aguas exteriores, aunque condicionada a la incorporación de las medidas medioambientales, de conformidad con lo ordenado en el artículo 130 del Tratado Constitutivo de la Unión Europea y en el artículo 6 del Convenio sobre la Diversidad Biológica.

II. El deber de los poderes públicos de garantizar el bienestar de las generaciones coetáneas y futuras, y su responsabilidad en caso de inactividad

Siguiendo la línea argumental y una vez expuestos múltiples instrumentos legales de carácter marcadamente prospectivo, procede abordar el deber de los poderes públicos de adoptar las medidas que sean necesarias para garantizar la efectividad del derecho a un medio ambiente adecuado. A tal fin, dada su claridad expositiva, se examina la STS 1038/2023, de 18 de julio (ECLI:ES:TS:2023:3410), en la que se aborda una cuestión de importancia capital, especialmente si tenemos en cuenta que estamos en un ámbito en el que está reconocida la acción popular, como es la exigencia de responsabilidad a los poderes públicos ante su falta de actividad para la consecución del citado derecho. La resolución judicial que nos ocupa está referida al recurso contencioso administrativo núm. 265/2020, interpuesto por GREENPEACE ESPAÑA, ECOLOGISTAS EN ACCIÓN-CODA y OXFAM INTERMÓN frente a la inactividad climática del Gobierno de la Nación en la obligación de aprobar un Plan Nacional Integrado de Energía y Clima (PNIEC) y una estrategia a largo plazo, en aras a fijar unos objetivos de reducción de gases de efecto invernadero —para no superar 1,5°C de incremento de temperatura global, en ningún caso inferiores al 55 % en 2030 respecto a 1990—, acordes con los compromisos asumidos con la ratificación del Acuerdo de París y las recomendaciones científicas del Panel Intergubernamental de Cambio Climático (IPCC) para garantizar los derechos humanos y el derecho a un medio ambiente idóneo de las generaciones actuales y futuras.

Se ha de precisar que, antes de presentarse la demanda y mediante escrito de 26 de noviembre de 2020, la Abogacía del Estado solicitó a la Sala que se acordara la terminación del recurso contencioso administrativo por pérdida sobrevenida y parcial del objeto de impugnación en lo tocante a la Estrategia a Largo Plazo 2050, ya que esta había sido aprobada por acuerdo del Consejo de Ministros de 3 de noviembre de 2020; petición sobre la que se conformó la parte recurrente. Asimismo, por escrito fechado el 31 de marzo de 2021, la Abogacía del Estado solicitó a la Sala que se acordara la terminación del recurso contencioso administrativo por pérdida sobrevenida de objeto tras la publicación, en el BOE de 31 de marzo de 2021, del Acuerdo del Consejo de Ministros de 16 de marzo de 2021, por el que se adoptaba la versión final del PNIEC 2021-2030. Esta petición, a la que se opuso la parte recurrente, fue rechazada por la Sala mediante auto de 14 de junio de 2021, ya que la misma entendió que persistía la pretensión de que se condenase al Gobierno del Estado Español a que, de conformidad con lo dispuesto en el artículo 2.1. a) del Acuerdo de Paris de Cambio Climático, cumpliese el objetivo de reducción no inferior al 55 % de los gases de efecto invernadero en 2030 respecto a 1990, en tanto que el porcentaje de mitigación establecido del 23 %, a su juicio, no resultaba satisfactorio «para lograr la neutralidad climática a fin de garantizar el derecho a un medio ambiente adecuado a las generaciones presentes y futuras». Por ello, se alegaba, de modo añadido, la necesidad de proteger los derechos humanos «de acuerdo con los principios de solidaridad, sostenibilidad, comunes pero diferenciadas responsabilidades, precaución y buen gobierno consagrados en nuestro ordenamiento jurídico».

Así pues, los demandantes, además de detallar las consecuencias de todo tipo (físicas, biológicas, en la salud pública, sociales, económicas, etc.) del cambio climático, citan los diversos instrumentos internacionales para combatirlo —ratificados por España y por la Unión Europea—, tales como la Convención Marco de las Naciones Unidas sobre el Cambio Climático de 1992, el Protocolo de Kioto de 1997 y el Acuerdo de París de 2015, en los que los Estados firmantes se comprometen (entre otras obligaciones) a «mantener el aumento de la temperatura media mundial muy por debajo de 2°C con respecto a los niveles preindustriales, y a proseguir los esfuerzos para limitar ese aumento de la temperatura a 1,5°C con respecto a los niveles preindustriales, reconociendo que ello reduciría notablemente los riesgos y los efectos del cambio climático». Adicionalmente, se cita el Reglamento (UE) 2018/1999 del Parlamento Europeo y del Consejo de 11 de diciembre de 2018 sobre la gobernanza de la Unión de la Energía y de la Acción por el Clima, dedicado a asegurar el logro de los objetivos generales y específicos de la Unión de la Energía para 2030 y a largo plazo, en el marco del Acuerdo de París de 2015 sobre el cambio climático, y que determina la aprobación del PNIEC.

La clave de la sentencia se encuentra en la argumentación jurídica en la que se da respuesta a la alegación relativa a que el PNIEC es una disposición general, lo que determina la invocación de la jurisprudencia sobre la omisión o inactividad reglamentaria a la que es de aplicación el artículo 29.1 de la Ley 29/1998, de 13 de julio, reguladora de la Jurisdicción Contencioso-administrativa (LJCA), en la medida que, una vez aprobado aquel en el curso del proceso, se entiende que el debido cumplimiento de los compromisos internacionales adquiridos con la ratificación del Acuerdo de París limita la discrecionalidad de la Administración a la hora de establecer sus objetivos de mitigación o de reducción de emisiones de gases de efecto invernadero, en la medida que solo serán legales aquellos que permitan alcanzar el objetivo de «Mantener el aumento de la temperatura media mundial muy por debajo de 2°C con respecto a los niveles preindustriales, y proseguir los esfuerzos para limitar ese aumento de la temperatura a 1,5°C con respecto a los niveles preindustriales, reconociendo que ello reduciría ampliamente los riesgos y los efectos del cambio climático (art. 2.1 a del Acuerdo de París)»[13].

Se ha de destacar, también, la alusión a la vinculación existente entre la protección del medio ambiente y los derechos protegidos por la Convención Europea de Derechos Humanos (CEDH)[14] para justificar la obligación positiva del Gobierno de adoptar políticas para salvaguardar, de un lado, el medio ambiente de los impactos del cambio climático y, de otro, los derechos fundamentales afectados, es decir, los derechos a la intimidad personal, familiar y del domicilio, así como el derecho a la vida, de las generaciones presentes y futuras, reconocidos en los artículos 10, 18 y 15 de la Constitución, y en los números 2 y 8 del CEDH.

A la vista de lo relatado, procede reproducir la letra del artículo 29.1 de la LJCA en el que se dispone que «Cuando *la Administración, en virtud de una disposición general que no precise de actos de aplicación o en virtud de un acto, contrato o convenio administrativo, esté obligada a realizar una prestación concreta en favor de una o varias personas determinadas, quienes tuvieran derecho a ella pueden reclamar de la Administración el cumplimiento de dicha obligación. Si en el plazo de tres meses desde la fecha de la reclamación,*

---

13   La parte demandante trae a colación los informes sobre la disparidad de emisiones de 2019 y 2020 del Programa de las Naciones Unidas para el Medio Ambiente (PNUMA), el Informe especial sobre el calentamiento global de 1,5 °C del Grupo Intergubernamental de Expertos sobre Cambio Climático (IPCC) de 2018, así como otras publicaciones científicas.

14   Convenio para la Protección de los Derechos Humanos y de las Libertades Fundamentales, hecho en Roma el 4 de noviembre 1950, y enmendado por los Protocolos adicionales números 3 y 5, de 6 de mayo de 1963 y 20 de enero de 1966, respectivamente, ratificado por España mediante instrumento publicado el BOE de 10 de octubre de 1979.

la Administración no hubiera dado cumplimiento a lo solicitado o no hubiera llegado a un acuerdo con los interesados, éstos *pueden deducir recurso contencioso-administrativo contra la inactividad de la Administración*». Por tanto, quienes tengan derecho a una concreta prestación pueden exigir a la Administración la satisfacción de la obligación de que ese trate, de modo que si no se da cumplimiento a lo debido o no se llega a un acuerdo con los interesados en el plazo de tres meses desde la fecha de la reclamación, estos pueden deducir recurso contencioso-administrativo contra la inactividad de aquella; mientras que la falta de ejecución de un acto firme, transcurrido un mes desde su petición, habilita a los afectados para formular recurso contencioso-administrativo, que se tramitará por el procedimiento abreviado regulado en el artículo 78 de la misma norma[15].

Sobre el artículo 29 de la LJCA es ilustrativa la aclaración contenida en la exposición de motivos del propio texto legal, que se reproduce seguidamente: «la Ley crea un recurso contra la inactividad de la Administración, que tiene precedentes en otros ordenamientos europeos. El recurso se dirige a obtener de la Administración, mediante la correspondiente sentencia de condena, una prestación material debida o la adopción de un acto expreso en procedimientos iniciados de oficio, allí donde no juega el mecanismo del silencio administrativo. De esta manera se otorga un instrumento jurídico al ciudadano para combatir la pasividad y las dilaciones administrativas. Claro está que este remedio no permite a los órganos judiciales sustituir a la Administración en aspectos de su actividad no prefigurados por el derecho, incluida la discrecionalidad en el "quando" de una decisión o de una actuación material, ni les faculta para traducir en mandatos precisos las genéricas e indeterminadas habilitaciones u obligaciones legales de creación de servicios o realización de actividades, pues en tal caso estarían invadiendo las funciones propias de aquélla. De ahí que la Ley se refiera siempre a prestaciones concretas y actos que tengan un plazo legal para su adopción y de ahí que la eventual sentencia de condena haya de ordenar estrictamente el cumplimiento de las obligaciones administrativas en los concretos términos en que estén establecidas. El recurso contencioso-administrativo, por su

---

15   *Vid.*, a modo de ejemplo, la STS de 7 de octubre de 1997 (rec. núm. 8879/1992). Esta resolución contiene un pronunciamiento sobre el alcance de las obligaciones administrativas de prevención de las inundaciones por desbordamiento de cauces o circunstancias análogas y reconoce la responsabilidad de la Administración en los supuestos en que el daño es originado por una actividad administrativa positiva y cuando se incumple de modo omisivo el deber de poner fin o impedir hechos o actos ajenos a su actuación que pueden provocar el desbordamiento y la acción perniciosa de las aguas que discurren por los cauces naturales, de tal suerte que únicamente se reconocen como excepciones los acontecimientos de lluvias torrenciales, que son considerados fuerza mayor. En la actualidad, el régimen jurídico general de la responsabilidad de las autoridades y del personal al servicio de las Administraciones públicas se encuentra en los artículos 32 a 37 de la Ley 40/2015, de 1 de octubre, de Régimen Jurídico del Sector Público, y en la Ley 39/2015, de 1 de octubre, del Procedimiento Administrativo Común de las Administraciones Públicas (LPC).

naturaleza, no puede poner remedio a todos los casos de indolencia, lentitud e ineficacia administrativas, sino tan sólo garantizar el exacto cumplimiento de la legalidad».

En todo caso, como se sintetiza en la sentencia, la acción prevista en dicho precepto «no pretende remediar cualquier incumplimiento administrativo, sino que está destinada a exigir prestaciones concretas, sobre cuya existencia no se debate, derivadas de una disposición general (siempre que no precise de actos de aplicación) o de un contrato o convenio, pretendiendo, en consecuencia, el cumplimiento de obligaciones o prestaciones que ya han sido previamente establecidas»[16].

Por otro lado, se puntualiza que la expresión «prestación concreta» incluye «prestaciones materiales o jurídicas (sentencia de 20 de junio de 2005, rec. 3000/2003) e incluso los supuestos de una inactividad reglamentaria debida (sentencias de 5 de abril de 2018, rec. 4267/2016, 20 de marzo de 2019, rec. 691/2017, o de 8 de marzo de 2023, rec. 431/2021)»; así como que «hay que concebir la potestad reglamentaria como una potestad susceptible de integrar el contenido de un deber legal de obrar jurisdiccionalmente exigible».

En definitiva, el precepto en cuestión da cabida a obligaciones de dar y de hacer, pero el presupuesto de la acción prevista en el artículo 29.1 de la LJCA es que la Administración esté incumpliendo una prestación a la que esté obligada «en virtud de una disposición general que no precise de actos de aplicación o en virtud de un acto, contrato o convenio administrativo». Más aún, la utilización de la vía del artículo 29.1 de la LJCA «tiene su sentido cuando no se plantea litigio alguno sobre la existencia de una obligación de dar o hacer concreta y se trata de juzgar la legalidad de la inactividad o pasividad administrativa en cumplir esa prestación, debida e incumplida, en cuyo caso el pronunciamiento de la sentencia consistirá en la condena a hacer lo que no se hizo y se debía haber hecho, o, en palabras del artículo 32.1 de la Ley de la Jurisdicción "que (se) condene a la Administración al cumplimiento de sus obligaciones en los concretos términos en los que estén establecidas"».

A mayor abundamiento, se señalan dos extremos: primero, que el procedimiento de control de la inactividad de la Administración establecido en el artículo 29.1 de la LJCA tiene un carácter singular y no constituye un cauce procesal idóneo para pretender el cumplimiento por la Administración de obligaciones que requieran la tramitación de un procedimiento contradictorio antes de su resolución[17]; y, segundo, que no es viable una pretensión, al amparo del precepto que nos ocupa, cuando existe un margen de actuación o apreciación por parte de la Administración, ya que, como se señala en la STS de 18 de febrero de 2019 (ECLI:ES:TS:2019:409), «(...) para que pueda hablarse de inactividad administrativa es necesario que la Administra-

---

16   STS de 18 de febrero de 2019 (ECLI:ES:TS:2019:409).

17   STS de 18 de noviembre de 2008, rec. casación núm. 1920/2006

ción esté obligada a desplegar una actividad concreta que esté establecida directamente por una disposición general, o un acto, contrato o convenio administrativo y de la cual sean acreedoras una o varias personas determinadas. Ahora bien, cuando existe un cierto margen de actuación o apreciación por la Administración o cuando la disposición general que impone la obligación exija un acto concreto de aplicación no será posible la admisión del recurso contencioso administrativo contra la inactividad material de la Administración consistente en que no ha dictado el acto aplicativo exigido por la disposición general sino que, en estos casos en defensa de los derechos e intereses legítimos afectados, los administrados podrán interponer recurso contencioso administrativo frente a los actos expresos o presuntos en virtud de la técnica del silencio administrativo negativo respecto de los cuales se impone un régimen de recursos y de plazos de interposición distintos del exigido para los supuestos de impugnación de la inactividad material de la Administración (STS de 14 de diciembre de 2007 —rec. 7081/2004— y STS de 1 de octubre de 2008 —rec. 1698/2006—, entre otras)».

La sentencia explicita, de manera añadida y poniendo de manifiesto la existencia de jurisprudencia consolidada (SSTS de 24 de julio de 2000, rec. núm. 408/2009, y de 8 de enero de 2013, rec. núm. 7097/2010), lo siguiente: «para que pueda prosperar la pretensión se necesita que la disposición general invocada sea constitutiva de una obligación con un contenido prestacional concreto y determinado, no necesitado de ulterior especificación y que, además, el titular de la pretensión sea a su vez acreedor de aquella prestación a la que viene obligada la Administración, de modo que no basta con invocar el posible beneficio que para el recurrente implique una actividad concreta de la Administración, lo cual constituye soporte procesal suficiente para pretender frente a cualquier otra actividad o inactividad de la Administración, sino que en el supuesto del artículo 29 lo lesionado por esta inactividad ha de ser necesariamente un derecho del recurrente, definido en la norma, correlativo a la imposición a la Administración de la obligación de realizar una actividad que satisfaga la prestación concreta que aquel tiene derecho a percibir, conforme a la propia disposición general».

De conformidad con lo alegado, la sentencia se centra en las circunstancias determinantes de la existencia de la inactividad administrativa u obligación determinada a la que esté vinculada la Administración, así como en la naturaleza jurídica de dicha prestación.

Apriorísticamente, se recuerda que la demanda venía a exigir la aprobación y promulgación de un «Plan Nacional Integrado de Energía y Clima que establezca unos objetivos de reducción de gases de efecto invernadero acordes con los compromisos asumidos con la ratificación del Acuerdo de París y las recomendaciones científicas del Panel Intergubernamental de Cambio Climático (IPCC) para no superar 1,5°C de incremento de temperatura global, en ningún caso inferiores al 55 % en 2030 respecto a 1990, garantizando a este respecto los derechos humanos y el derecho a un medio ambiente adecuado de las generaciones presentes y futuras» y, a propósito de esto, se menciona la Ley 7/2021, de 20 de mayo, de Cambio Climático y Transición Energética (LCCyTE), en la medida que regula, como instrumentos de planificación estratégica para abordar la transición energética, los Planes Nacionales Integrados de Energía y Clima y la Estrategia de Descarbonización a Largo Plazo 2050, consolidando en la legislación nacional las herramientas de planificación energética incluidas en el Reglamento (UE) 2018/1999, de 11 de diciembre, sobre la Gobernanza de la Unión de la Energía y de la Acción por el Clima. De hecho, el artículo 4 de la LCCyTE dispone que «El *Plan Nacional Integrado de Energía y Clima (PNIEC) es la herramienta de planificación estratégica nacional que integra la política de energía y clima, y refleja la contribución de España a la consecución de los objetivos establecidos en el seno de la Unión Europea en materia de energía y clima, de conformidad con lo establecido en la normativa de la Unión Europea. Será aprobado por real decreto del Consejo de Ministros, a propuesta de la Ministra para la Transición Ecológica y el Reto Demográfico».*

Lo que es indiscutible para el tribunal es la existencia de una doble obligación o prestación específica a realizar por la Administración, consistente tanto en la aprobación de un PNIEC como en la comunicación de la misma, con fecha límite de 31 de diciembre de 2019, a la Comisión Europea[18]; obligaciones impuestas por el Reglamento y por la LCCyTE, y cumplidas, aunque de forma tardía, por la Administración, ya que, mediante Acuerdo del Consejo de Ministros de 16 de marzo de 2021, se adoptó la versión final del PNIEC 2021-2030. En atención a lo expuesto, se rechaza la existencia de inactividad, aunque queda por abordar la pretensión sustantiva referida a que la mera aprobación del PNIEC no supone el cumplimiento íntegro de la pretensión prestacional reclamada, que tiene su origen en una disposición de carácter general, con apoyo en el contenido del Acuerdo de París —ratificado por el Estado español y por la Unión Europea— y en las recomendaciones científicas del IPCC.

Por consiguiente, la sentencia aborda la naturaleza jurídica del PNIEC en aras a resolver la existencia o no de inactividad y, para ello, parte de la premisa de que «Si bien el *nomen iuris* —Plan Nacional— puede resultar indiciario de la naturaleza jurídica del mismo, no puede predicarse una naturaleza jurídica, en abstracto, para todos los instrumentos de planificación que se aprueban, debiendo atenderse singularmente al carácter y contenido de los mismos, cumplimiento de criterios de generalidad y ordinamentales, órgano

---

18   La norma europea obliga a que «*A más tardar el 31 de diciembre de 2019 y, posteriormente, a más tardar el 1 de enero de 2029 y luego cada diez años, cada Estado miembro comunicará a la Comisión un plan nacional integrado de energía y clima. Los planes contendrán los elementos establecidos en el apartado 2 del presente artículo y en el anexo I. El primer plan abarcará el período de 2021 a 2030, teniendo en cuenta la perspectiva a más largo plazo. Los planes siguientes abarcarán el período decenal inmediatamente siguiente al final del período abarcado por el plan anterior*».

que los aprueba y si a éste se le ha atribuido legalmente la potestad reglamentaria, criterios que se vienen utilizando por la jurisprudencia a la hora de abordar la naturaleza, como acto administrativo o reglamento, de la actuación de la Administración».

Se ha de subrayar, como hace la LCCyTE, el contenido complejo y heterogéneo del PINIEC, fruto de un análisis prospectivo, tal y como determina el propio texto normativo, dado que el mismo «se divide en dos grandes bloques: el primero detalla el proceso, los objetivos, las políticas y medidas existentes y las necesarias para alcanzar los objetivos del plan, así como el análisis del impacto económico, de empleo, distributivo y de beneficios sobre la salud. El segundo bloque, constituido por los Anexos al documento principal, integra la parte analítica, en la que se detallan las proyecciones, tanto del escenario tendencial (...) como del escenario objetivo (...), así como las descripciones de los diferentes modelos que han posibilitado el análisis prospectivo y que proporcionan robustez a los resultados».

Para el tribunal es innegable, también, que el PNIEC 2021-2030 «identifica objetivos y adopta medidas en las cinco dimensiones de la Unión de la Energía (definidas en la Comunicación de la Comisión de 2015 sobre una "Estrategia marco para la Unión de la Energía resistente con una política de cambio climático orientada hacia el futuro"): la descarbonización, incluidas las energías renovables; la eficiencia energética; la seguridad energética; el mercado interior de la energía y la investigación, innovación y competitividad, a las que se alude en el artículo 4 del Reglamento (UE) 2018/1999».

No obstante, la mayor parte del contenido del PNIEC, sometido a evaluación estratégica, presenta un carácter meramente analítico y programático y, en este sentido, el PNIEC transita desde una caracterización como plan o programa de acción administrativa, orientado a la fijación de objetivos propios para un período determinado, «con carácter más o menos flexible, hacia un instrumento de orientación indicativa respecto de la actuación de otros entes y entidades del Sector Público, operadores económicos y particulares, con el establecimiento de medidas, de carácter más o menos abierto, que buscan cumplir con el objetivo de alcanzar en el año 2030 una serie de resultados concretos, enunciados en el propio plan (23 % de reducción de emisiones de gases de efecto invernadero respecto a 1990, un 42 % de renovables sobre el uso final de la energía, un 39,5 % de mejora de la eficiencia energética, o un 74 % de energía renovable en la generación eléctrica)».

La sentencia explica que la planificación o programación, como materialización de una potestad administrativa discrecional, se somete a una serie de reglas específicas tanto procedimentales como de contenido, vigencia o efectos jurídicos y, por ende, se considera que el PNIEC tiene un contenido programático general que lo caracteriza, fijado por el legislador con la finalidad de instaurar una serie de medidas tendentes a la consecución de unos objetivos derivados de la normativa internacional mencionada, en concreto, la reducción de las emisiones de gases de efecto invernadero en un 23 % con relación a 1990 para alcanzar la neutralidad climática en España en 2050, obligación vinculante *ex* artículo 4.a).1).i) del Reglamento (UE) 2018/1999. En conclusión, pese al contenido heterogéneo del PNIEC y a los efectos de su enjuiciamiento o control jurisdiccional, nos encontramos ante una disposición general tal y como viene sosteniendo la jurisprudencia acerca de los instrumentos de ordenación territorial y urbanística[19].

La primera consecuencia de lo razonado es rechazar la falta de legitimación de los recurrentes, al amparo del artículo 69.b) de la LJCA, en atención a que estamos ante una denuncia de una omisión imputable a una Administración pública que versa sobre una disposición de carácter general relacionada con el medio ambiente —la contaminación atmosférica—, pues las asociaciones recurrentes están legitimadas para el ejercicio de la acción popular en asuntos medioambientales de conformidad con lo previsto en el artículo 22 de la Ley 27/2006, de 18 de julio, por la que se regulan los derechos de acceso a la información, de participación pública y de acceso a la justicia en materia de medio ambiente y se incorporan las Directivas 2003/4/CE y 2003/35/CE (LAIMM), todo ello en relación con los arts. 18.1 y 23 del mismo cuerpo normativo. Sin ánimo de exhaustividad, conviene apuntar que la LAIMM, en su artículo 3.3, incorpora las garantías del recurso y de la acción popular frente a actos y omisiones imputables a las autoridades públicas que contravengan los derechos que la misma reconoce en materia de información y de participación pública o que constituyan vulneraciones de la legislación ambiental. A los efectos que nos interesan, este precepto ha de ponerse en conexión con lo ordenado en el artículo 23.3 del mismo texto legal, puesto que contiene una serie de precisiones acerca de la legitimación de las personas jurídicas sin ánimo de lucro.

La LAIMM, por tanto, legitima para recurrir, mediante los procedimientos regulados en el Título V, capítulo II de la LPC[20] o a través del recurso conten-

---

19   En la sentencia puede leerse lo siguiente: «En efecto, como decíamos en nuestra sentencia de 1 de junio de 2016 (rec. 1174/2015), en relación con la potestad de planeamiento urbanístico, es reiterada nuestra doctrina jurisprudencial —sentencias de 9 de marzo de 2011 (rec. 3037/2008), 14 de febrero de 2007 (rec. 5245/2003) y 28 de diciembre de 2005 (rec. 6207/2002)— por la que concluimos que la potestad para revisar o modificar el planeamiento es discrecional (ius variandi), de modo que, dentro de los márgenes establecidos en la normativa aplicable, el planificador dispone de libertad para escoger, entre las distintas alternativas posibles, la que considere más conveniente para la mejor satisfacción del interés público. Tal libertad de criterio no puede ser sustituida, en su núcleo de oportunidad, por la distinta opinión o voluntad de los particulares ni por la decisión de los órganos jurisdiccionales (artículo 71.2 de la LRJCA)».

20   Las normas conectadas con el medio ambiente, *ex* artículo 18.1 de la LAIMM, son las que se enuncian: protección de las aguas, de los suelos y contra el ruido; contaminación atmosférica; ordenación del territorio rural y urbano y utilización de los suelos; conservación de la naturaleza, diversidad biológica; montes y aprovechamientos forestales; gestión de los residuos; productos químicos, incluidos los biocidas y los plaguicidas; biotecnología; otras emisiones, vertidos y liberación de sustancias en el medio ambiente; evaluación

cioso-administrativo[21], a las personas jurídicas sin ánimo de lucro que cumplan los requisitos que se citan a continuación: que justifiquen tener entre los fines acreditados en sus estatutos la protección del medio ambiente en general o la de alguno de sus elementos en particular; que se hubieran constituido legalmente al menos dos años antes del ejercicio de la acción y que vengan efectuando las actividades necesarias para alcanzar los objetivos previstos en sus estatutos; y que, según estos, desarrollen su función en un territorio que resulte afectado por la actuación o, en su caso, omisión administrativa[22].

En consonancia con lo expuesto, se ha de señalar que el artículo 19.1.b) de la LJCA establece que «Las *corporaciones, asociaciones, sindicatos y grupos y entidades a que se refiere el artículo 18 que resulten afectados o estén legalmente habilitados para la defensa de los derechos e intereses legítimos colectivos*». A este respecto, no debe desconocerse que el artículo 7.3 de la Ley Orgánica 6/1985, de 1 de abril, del Poder Judicial, atribuye a los juzgados y tribunales la protección de los derechos e intereses legítimos, tanto individuales como colectivos, sin que en ningún caso pueda producirse indefensión y, a tal fin, reconoce la legitimación «*de las corporaciones, asociaciones, organizaciones sindicales y grupos que resulten afectados o que estén legalmente habilitados para su defensa y promoción*».

La sentencia examinada, tras pronunciarse sobre la legitimación de los demandantes, precisa que la inactividad reglamentaria puede darse en dos supuestos: «cuando implícitamente esa pasividad crea una situación jurídica ilícita o cuando lo ilícito se concreta en incumplir un mandato legal que impone la elaboración y promulgación de una disposición reglamentaria». Por otra parte, se ha de evidenciar el doble obstáculo que presenta el control de la omisión reglamentaria: la legitimación y «el carácter revisor de la jurisdicción y la consideración de la potestad reglamentaria como facultad político-normativa de ejercicio discrecional»[23].

En resumidas cuentas, una ilegalidad omisiva controlable en sede jurisdiccional solo es apreciable «cuando el silencio del Reglamento determina la implícita creación de una situación jurídica contraria a la Constitución o al ordenamiento jurídico o, al menos, cuando siendo competente el órgano

---

de impacto ambiental; acceso a la información, participación pública en la toma de decisiones y acceso a la justicia en materia de medio ambiente; y aquellas otras materias que establezca la normativa autonómica.

21   Se exceptúan del régimen de recursos citado las autoridades a las que se refiere el artículo 2.4.2 de la LAIMM.

22   *Vid.* los artículos 22 y 23 de la LAIMM.

23   La resolución objeto de análisis cita las sentencias de 14 de diciembre de 1998, (rec. 194/1995), 28 de junio de 2004 (rec. 74/2002), 19 de febrero de 2008 (rec. 95/2007), 12 de noviembre de 2008 (rec. 80/2006), 5 de abril de 2018, rec. 4267/2016 y, ya en fechas más recientes, 10 de diciembre de 2020 (rec. 306/2019), 15 de febrero de 2021 (rec. 307/2019) y 16 de noviembre de 2021 (rec. 301/2020).

titular de la potestad reglamentaria para regular la materia de que se trata, la ausencia de la previsión reglamentaria supone el incumplimiento de una obligación legal establecida por la ley o la directiva que el reglamento trata de desarrollar y ejecutar o de transponer». Sin embargo, debe tenerse presente que, tal y como dispone el artículo 71.2 de la LJCA, «los órganos *jurisdiccionales no podrán determinar la forma en que han de quedar redactados los preceptos de una disposición general en sustitución de los que anularen ni podrán determinar el contenido discrecional de los actos anulados*».

De este modo, se pone de manifiesto la jurisprudencia restrictiva en relación con el control de las omisiones reglamentarias, tanto desde el punto de vista formal de su acceso a la jurisdicción como desde el material o sustantivo, referido al contenido y alcance que corresponde a la función revisora del tribunal: «En efecto, la consideración de que la potestad reglamentaria se encuentre íntimamente vinculada a la función político-constitucional de dirección política del Gobierno reconocida en el artículo 97 de la Norma Fundamental (STS 6 de noviembre de 1984), dificulta que aquél pueda ser compelido por mandato derivado de una sentencia a su ejercicio en un determinado sentido, o dicho en otros términos, que pueda ser condenado a dictar un reglamento o un precepto reglamentario con un determinado contenido, lo que excedería de las facultades de la jurisdicción (sentencia de 26 de febrero de 1993 y, más recientemente, sentencia de 8 de marzo de 2023, rec. 43/2021)».

En cuanto al supuesto de la sentencia, se ha de indicar que, con el PNIEC 2021-2030 aprobado y ante la inexistencia de una determinación vinculante derivada del Acuerdo de París o de las recomendaciones del PICC que imponga un objetivo singular de reducción de gases de efecto invernadero, tal y como solicitaba la parte demandante (no inferior al 55 % en 2030 respecto a 1990), se desestima la demanda, dado que el acuerdo en cuestión simplemente fija una serie de compromisos de mitigación de manera individual por cada Estado para que la reducción de emisiones de gases de efecto invernadero resulte suficiente para conseguir que el aumento de la temperatura media mundial se mantenga muy por debajo de 2°C y se limite ese aumento a 1,5°C teniendo en cuenta los niveles preindustriales (artículo 2 del Acuerdo de París)[24], pero no regula cuál debe ser el contenido de las contri-

---

24 Como se recuerda en la sentencia, «entre las obligaciones adjetivas y procedimentales que asumen las Partes destaca la de «preparar, comunicar y mantener» las denominadas contribuciones determinadas a nivel nacional —CDN— (artículo 4.2), con las que las Partes deben comunicar cada cinco años (art. 4.9) las medidas que van a adoptar, de conformidad con los arts. 4, 7, 9, 10, 11 y 13 del Acuerdo de París, para alcanzar, a nivel global, el umbral de incremento de las temperaturas previamente indicado (artículo 3). Se trata de una obligación individual que asumen todas las Partes, tanto países desarrollados como en vías de desarrollo, pero, insistimos, el contenido y alcance del esfuerzo individual de mitigación se deja, claramente, al albur de la discrecionalidad de las medidas que decida adoptar cada una de ellas».

buciones determinadas a nivel nacional desde el punto de vista cuantitativo o cualitativo. Y ello es así porque el Acuerdo de París de 2015 contiene, de un lado, obligaciones jurídicas vinculantes de carácter meramente adjetivo o procedimental y, de otro, recomendaciones, requerimientos o simples invitaciones a realizar determinadas conductas, a diferencia del régimen jurídico de la Convención Marco de las Naciones Unidas sobre el Cambio Climático de 1992 y del Protocolo de Kioto de 1997, que imponen una serie de obligaciones específicas relativas a la mitigación a partir de estimaciones globales.

No obstante, se ha de resaltar el hecho de que sí que se establece un límite a la discrecionalidad contenido en el artículo 4.3 del Acuerdo de París: que las contribuciones determinadas a nivel nacional que se vayan a elaborar representen «una progresión» con respecto a la que esté vigente; progresión que supone un avance respecto del principio de no regresión y que se traduce en un aumento de los compromisos de mitigación y adaptación en la lucha contra el cambio climático. Este último principio mencionado ha sido configurado como una «cláusula de statu quo» para evitar la supresión o reducción de los avances de protección alcanzados en el contenido de las normas medioambientales, en la medida que los daños que podrían generarse serían irreversibles o de difícil reparación. En consecuencia, el principio de no regresión, en relación con la planificación, «implica, exige e impone un plus de motivación razonada, pormenorizada y particularizada de aquellas actuaciones administrativas que impliquen la desprotección de todo o parte de esos suelos…», ya que no quedarían amparadas «por la genérica potestad reconocida a aquél de modificar o revisar el planeamiento anterior *(ius variandi)*; ni lo está sin más, o sin necesidad de esa concreta justificación, por la discrecionalidad que con carácter general se pregona de la potestad de planeamiento»[25].

La argumentación explicitada se complementa con la contenida en la STS de 29 de noviembre de 2012 (ECLI:ES:TS:2012:7778), resolución que conecta los principios del artículo 45 de la Constitución con el de no regresión como se expone a continuación: «(…) no debe olvidarse que la protección del medio ambiente y los principios previstos en el artículo 45 de la Constitución, que son las razones de fondo por las que la Administración denegó la implantación de la gasolinera, constituyen un deber insoslayable para los poderes públicos, para todos y que acorde con este deber, se ha venido implantando en el derecho medioambiental el principio de no regresión, "standstill", considerado como una "cláusula de statu quo" con la finalidad, siempre, de proteger los avances de protección alcanzados en el contenido de las normas medioambientales, con base en razones vinculadas al carácter finalista del citado derecho medioambiental y a la necesidad de interpretación de sus normas acorde con tal finalidad conservacionista y protectora, principio que

---

25   STS de 10 de julio de 2012 (ECLI:ES:TS:2012:5538).

puede contar con apoyo en nuestro derecho positivo, tanto interno estatal como propio de la Unión Europea».

En concordancia con todo lo relatado, en la sentencia se colige que el Acuerdo de París no regula, ni cuantitativa ni cualitativamente, cuál debe ser el contenido de las contribuciones determinadas a nivel nacional, por lo que cada parte disfruta de una gran discrecionalidad a la hora de concretar dichas medidas; toda vez que se afirma que sí que podría determinarse, por el contrario, la existencia de un porcentaje concreto en lo que se refiere a la reducción de las emisiones de gases de efecto invernadero que correspondería a España en 2030 respecto a los niveles de 2005, impuesto de conformidad con el artículo 4, apartado 3 y Anexo I del Reglamento (UE) 2018/842 del Parlamento Europeo y del Consejo, de 30 de mayo de 2018, sobre reducciones anuales vinculantes de las emisiones de gases de efecto invernadero por parte de los Estados miembros entre 2021 y 2030 que contribuyan a la acción por el clima, con objeto de cumplir los compromisos contraídos en el marco del Acuerdo de París. Se constata, además, que la Comisión Europea no puso reparos en su evaluación a la versión final del PNIEC —evaluación que realizó mediante «Informe sobre el Estado de la Energía [SWD (2020) 908 final]», de fecha de 14 de octubre de 2020— y que la propia parte actora excluyó de su pretensión la falta de adecuación del PNIEC a la normativa de reparto de emisiones europeas.

A modo de resumen, el tribunal concluye que no corresponde al mismo «sustituir con su decisión, la discrecionalidad y flexibilidad que este texto internacional atribuye a los Estados parte a la hora de elaborar las contribuciones determinadas a nivel nacional, para los que no establece contenido cualitativo o cuantitativo alguno en relación con las medidas a adoptar. Tampoco podemos reemplazar los mecanismos de control, respecto a estas decisiones discrecionales que adoptan los Estados parte, previstos en el propio Acuerdo de París y en el Reglamento de la Unión Europea; o atribuir, a estos efectos y como parece pretender la parte recurrente —aunque carente de soporte normativo alguno que sustente esta pretensión— naturaleza jurídica vinculante a las recomendaciones y conclusiones científicas contenidas en los informes elaborados por el Panel Intergubernamental de Cambio Climático (IPCC)».

III. Reflexión final

Como se ha evidenciado, el derecho a un medio ambiente adecuado exige, con carácter apriorístico, una articulación de competencias coordinada y colaborativa, debiendo tenerse en cuenta que las potestades implicadas en el logro de este derecho son múltiples y diversas, así como que el enfoque prospectivo en su ejercicio puede coadyuvar a que las actividades administrativa y regulatoria no solo no produzcan un retroceso en los derechos o en

la calidad de vida de la ciudadanía, sino que generen una progresión significativa al respecto, lo que constituye una exigencia inexcusable. Sin embargo,
pese a la existencia de una normativa prolija y de instrumentos heterogéneos
de planificación y de gestión, no puede dejar de mencionarse la problemática asociada a la dejación del ejercicio de determinadas potestades, hecho
que puede motivar la exigencia de responsabilidad a los poderes públicos y
provocar graves repercusiones, por una parte, en relación a la prevención o la
mitigación de los efectos adversos del cambio climático y de variados fenómenos naturales; y, por otra, en cuanto a la protección del patrimonio natural
y cultural, con el consiguiente impacto negativo en términos de bienestar,
sostenibilidad y de justicia intergeneracional.

Bibliografía

BANDRÉS I SÁNCHEZ-CRUZAT, J. M., *El derecho a la ciudad y el buen gobierno urbano: los nuevos retos de la gobernanza urbana para el siglo XXI*,
Marcial Pons, Madrid, 2022.

BUSTILLO BOLADO, R. O. y GÓMEZ MANRESA, M.ª F., «Sustainable deve-
lopment: a principle implicity assumed by the Spanish Constitution»,
*Electronical Journal of Enviromental, Agricultural and Food Chemistry
(EJEAFChe)*, 11 (5), 2012.

CASTAÑÓN DEL VALLE, M., *La protección jurídico ambiental de las generaciones futuras*, Dykinson, Madrid, 2023.

CHINCHILLA PEINADO, J. A., *Tutela cautelar frente a instrumentos de planeamiento urbanístico: ponderación y garantía del desarrollo sostenible*,
Aranzadi, Las Rozas, Madrid, 2024.

GÓMEZ MANRESA, M.ª F., *Planeamiento urbanístico y desarrollo sostenible*,
Dykinson, Madrid, 2015.

MENÉNDEZ SEBASTIÁN, E. M.ª, *Sostenibilidad social y ciudadanía administrativa digital*, Reus, Madrid, 2022.

MORENO MOLINA, A. M., *El Derecho del cambio climático: retos, instrumentos y litigios*, Tirant lo Blanch, Valencia, 2023.

SÁNCHEZ SÁNCHEZ, Z. P. (Dir.) y EIROS BACHILLER, M. (coord.), *Regulación
con prospectiva de futuro y de consenso. Gobernanza anticipatoria y
prospectiva administrativa*, Aranzadi, Pamplona, 2023.

PROSPECTIVA EN CLAVE LOCAL: ESTRATEGIAS DE LUCHA CONTRA LA DESPOBLACIÓN

Antonio García Jiménez
Profesor Permanente Laboral
Área de Derecho Administrativo
Universidad de Salamanca

SUMARIO: I. Introducción. II. Breve radiografía de la despoblación rural en España. III. Prospectiva y estrategia en las políticas a largo plazo en la lucha contra la despoblación. 1. El ejemplo de las Highlands and Islands. Reflexiones sobre su aplicabilidad en España. 2. Protección y mejora de la agroganadería y el Medioambiente. 3. La defensa de las generaciones futuras y el bienestar en el mundo rural: el caso de Gales. 4. Instrumentos de financiación de los servicios públicos en las zonas despobladas. 5. El impulso de la digitalización y el teletrabajo en el ámbito rural. IV. Conclusiones. Bibliografía.

I. Introducción

La despoblación es un grave problema que sufren numerosos municipios del interior de España desde que comenzó el éxodo rural en la década de los años cincuenta[1]. El patrón demográfico del Estado representa la típica pirámide de población invertida de un país desarrollado, con una población muy envejecida y unas cifras de nacimientos muy bajas, pues se estima que durante 2023 hubo un total de 322.075 nacimientos, lo que supone un descenso del 2,0 % con respecto al año 2022. Desde el año 2013, el Instituto

---

[1] Aunque quizás sería más apropiada la expresión «se intensificó el éxodo rural», pues no es algo nuevo y exclusivo de nuestros tiempos. *Vid.* ACHÁVAL, L. G., «Éxodo Rural», *Revista de Economía y Estadística*, 3(1-2), 1950, pp. 3–30.

Nacional de Estadística calcula que el número de nacimientos ha bajado un 24,1 %. Sin embargo, la población residente en España no ha dejado de crecer, aupada por la llegada de población extranjera.

La preferencia juvenil por la vida urbana y la búsqueda de proyectos personales y profesionales que respondan a sus expectativas y a la cualificación alcanzada, frente a la escasa variedad que ofrecen los núcleos rurales, marcan el progresivo vaciamiento de los pequeños municipios, que languidecen en un proceso que parece conducir irreversiblemente hacia la completa desaparición de buena parte de ellos. Las perspectivas de futuro son poco halagüeñas, intuyéndose que serán muchos los municipios que pierdan la totalidad de su población durante los próximos años.

Revertir el problema no es nada sencillo y resulta a todas luces imprescindible actuar desde la realidad imperante y la racionalidad. Por este motivo, el principal propósito de este trabajo es plantear propuestas basadas en buenas prácticas, tanto nacionales como internacionales, que puedan ser útiles para alcanzar este propósito. Para ello, en el siguiente epígrafe se realizará una radiografía general de la situación en España, aportando estadísticas y datos actuales que reflejan la magnitud y agravamiento de la despoblación, para continuar seguidamente con el estudio de varios instrumentos que pueden ser clave desde un enfoque estratégico y prospectivo para comenzar a reconducir la situación tan crítica en la que nos encontramos.

La hipótesis de partida es la necesidad de plantear políticas de lucha contra la despoblación para el medio y largo plazo. Seguramente, el lector vea esta propuesta como una obviedad que no es necesaria traer a colación en este trabajo. Sin embargo, los distintos gobiernos que ha tenido el país no parecen haber entendido la necesidad de articular políticas a largo plazo. Parecía que la creación de la Oficina Nacional de Estrategia y Prospectiva, en enero de 2020, podría presentar un punto de inflexión, pero no está teniendo el rendimiento esperado y ha quedado reducida a ser otra de las propuestas políticas para lucir de cara a la galería, sin mayor trasfondo en la toma de decisiones que afectan a millones de españoles.

Disponer de un instrumento que fuese capaz de predecir las complicaciones del futuro para comenzar a ponerles solución en el presente parecía muy sugerente, incluso mucho antes de que comenzasen los primeros síntomas del problema. España ya fue un país pionero en la materia, creando, en este caso, un Instituto Nacional de la Prospectiva en el año 1976. Podríamos jugar a vaticinar lo mucho que se habría avanzado en el asunto de la despoblación si aquel Instituto hubiese comenzado a vislumbrar el problema que hoy pone en jaque mate a tantos municipios.

A la hora de hablar de prospectiva y estrategia en el medio y largo plazo, es indispensable mencionar el caso de las Tierras Altas de Escocia, por constituir un ejemplo a seguir en esta materia. En 1965, fue creada la *Highlands and Islands Enterprise* con el objetivo de frenar la sangría poblacional que sufría esta región[2]. En la actualidad, sigue contando con una de las densidades de población más bajas de Europa, pero su número de habitantes ha experimentado un incremento del 28,4 % entre los años 1969 (380.866 habitantes) y 2022 (489.070 habitantes)[3]. El estudio de los proyectos y medidas que han desarrollado a lo largo de las últimas décadas puede ser un buen acicate para comenzar a trazar las líneas maestras de las futuras políticas sobre despoblación en España.

Asimismo, el problema de la despoblación es también una cuestión que afecta potencialmente a los derechos e intereses de las generaciones futuras. La pérdida del patrimonio histórico y cultural que atesoran estos pequeños municipios; las buenas prácticas de protección del medioambiente y su papel como auténticos refugios ambientales en un momento de enorme preocupación por el imparable avance del cambio climático[4]; la sustitución de la agricultura extensiva por la intensiva; o la instalación de macrogranjas, plantas de biogás, parques de energía renovables o industrias contaminantes son cuestiones en las que deben tener, de alguna forma, voz y voto las generaciones venideras.

También es fundamental promover y ejecutar programas viables que permitan seguir viviendo a las personas mayores en sus pueblos, como toda la vida han hecho, recibiendo los servicios básicos que exige un Estado del bienestar social. ¿Marca el número de habitantes de una localidad la diferencia entre ser un ciudadano de primera, segunda o tercera división? Pues, tristemente, sí[5].

El coste de los servicios públicos determina que sean inviables económicamente en muchos pueblos. La clave es convertir proyectos inicialmente deficitarios en generadores de empleo y riqueza. Algunos municipios lo han conseguido atrayendo profesionales cualificados para ello y han obtenido resultados interesantes. Evidentemente, la reversión del problema de la des-

---

2   SSPA, *Combatir con éxito la despoblación mediante un nuevo modelo de desarrollo territorial. La expe-riencia de Highlands and Islands Enterprise*, 2017.

3   Datos extraídos del *Mid-Year Population Estimates for Scotland*, National Records of Scotland (NRS).

4   European Commission, Directorate-General for Agriculture and Rural Development, MÜNCH, A., GORNY, H., BADOUIX, M. *et al.*, *Study on funding for EU rural areas – Executive summary*, Publications Office of the European Union, 2024, https://data.europa.eu/doi/10.2762/61363.

5   «La distancia media a servicios locales en España se sitúa en línea con la observada en otros países europeos para el caso de las zonas urbanas. Sin embargo, esta distancia es significativamente mayor en España que en el resto de los países de nuestro entorno para las zonas rurales. En concreto, la distancia del habitante medio de las zonas rurales españolas a los servicios locales alcanza niveles similares a las registradas en países como Finlandia, Suecia o Grecia, donde las condiciones geoclimáticas podrían explicar la dificultad de proveer servicios en algunas zonas rurales». BANCO DE ESPAÑA, *El acceso a servicios en la España rural*, documentos ocasionales, n.º 2122, 2021, p. 24.

población exige fijar población joven que tenga descendencia, pero mantener a las personas que desean vivir la parte final de sus vidas en los pequeños municipios es la otra cara de la moneda que guarda una profunda conexión con la decisión de desarrollar un proyecto vital en un pequeño municipio.

Para intentar conjugar todos estos objetivos pueden ser interesantes los planes de bienestar local. Es necesario dar más voz a los pequeños municipios en la gestión de aquellos asuntos que les atañen directamente. Vemos, a menudo, que poblaciones enteras se oponen a la construcción de macrogranjas o plantas de biogás que abocan a los pequeños municipios a renunciar a las escasas posibilidades de luchar contra la pérdida de población.

Han sido muchos los proyectos paralizados por la oposición local, pero parece algo lógico que la última palabra la deban tener los vecinos que van a soportar esas molestias. Por este motivo, planificar la agenda del bienestar de esos núcleos rurales es necesario para propiciar la participación en los asuntos públicos que tienen trascendencia en el municipio, habilitando canales de comunicación adicionales a los existentes y reforzando la maltrecha autonomía local en detrimento del poder político y administrativo que han adquirido las comunidades autónomas.

II. Breve radiografía de la despoblación rural en España

En 2025, son 8.132 municipios los que salpican el mapa de España y entre los que se reparten los 48.692.804 residentes en el país. Sin embargo, la distribución de estas personas es bastante desigual entre unas localidades y otras. Desde Illán de Vacas, en la provincia de Toledo, y Villarroya, en La Rioja, que cuentan con apenas tres habitantes cada uno y son considerados como los municipios con menor población de España; a los 3.332.035 que arrojaba el padrón municipal de Madrid, situándose como el municipio más poblado del Estado[6].

Casi la mitad de estos municipios (3.987 para ser precisos) tienen menos de 501 habitantes, estando 1.374 por debajo de los 101 habitantes empadronados. Estas cifras hablan por sí solas y reflejan con bastante claridad la gravedad de un problema que, lejos de remitir, continúa su imparable avance. Hace unos años, buena parte de la España vaciada se echó a la calle para clamar por un cambio en las políticas públicas que tantas veces se olvidan de los pequeños municipios, orientándose hacia las necesidades de los grandes caladeros de votos: las medianas y grandes ciudades. Muchas fueron

---

6   Todos los datos de población han sido extraídos de la estadística continua de población del Instituto Nacional de Estadística.

las promesas y escasos los resultados, como siempre suele ocurrir en estos casos.

El problema que presenta la despoblación es que la voz de los pueblos que la sufren se va apagando con el transcurso del tiempo, a la vez que los escasos habitantes que quedan dejan de formar parte de su padrón, bien por su fallecimiento o por caer en las garras del éxodo rural que durante tantas décadas viene afectando a la distribución de la población en España. En la mayor parte de las ciudades, los urbanitas ni tan siquiera se plantean la idea de que esta dinámica sea perjudicial o pueda generar algún tipo de efecto negativo en su forma de vida. Más bien al contrario, pues consideran como algo normal el hecho de que las personas se trasladen desde los núcleos rurales, de esas masas de piedra y barro como los han visto tradicionalmente[7], a las ciudades, donde el estilo de vida responde mucho mejor a las expectativas de los jóvenes que los viejos y aburridos pueblos.

El crecimiento vegetativo negativo, consecuencia directa del cambio de mentalidad que ha experimentado la sociedad, con la incorporación de la mujer al mercado laboral y la priorización del bienestar individual sobre la formación de una familia; así como la masculinización de los pueblos ensombrecen, más si cabe, el problema. Sin mujeres, por mucho que haya avanzado el estado de la ciencia, es imposible concebir niños y niñas que llenen de vida las calles y plazas de los pueblos. Prueba de ello es que la mayor parte de las mujeres viven en las ciudades. En los municipios de más de 100.000 habitantes, hay 869.864 mujeres más que hombres, mientras que en los municipios de menos de 500 habitantes son 59.151 hombres más que mujeres, de un total de 731.023 personas que viven en estos pueblos. Las estadísticas se dispararían aún más si extendiéramos este estudio a los municipios de menos de cinco mil habitantes[8].

Ante semejante marco, proliferan los estudiosos que desean hallar la pócima mágica contra el problema. Desde geógrafos, sociólogos, filósofos y politólogos a economistas y juristas que han tratado de analizarlo y realizar propuestas para intentar revertir la situación. En la mayor parte de los casos, las posibles soluciones planteadas abogan por diseñar y aplicar políticas públicas que mejoren la vida de aquellos ciudadanos que deciden continuar viviendo en estos núcleos de población e inciten a familias jóvenes a mudarse a estos territorios. Mejorar las infraestructuras; evitar el cierre de escuelas y consultorios médicos; incentivar que el servicio público de transportes no continúe eliminando frecuencias y localidades de parada; fomentar el turismo rural; instalar la fibra óptica; aprovechar las inversiones en ener-

---

7   LÓPEZ DE SEBASTIÁN, J., «Efectos de la emigración rural en España», *Revista de Estudios Agrosociales*, n.° 58, 1967, pp. 85-97.

8   Las estadísticas han sido elaboradas por el autor de este capítulo a partir de los datos publicados en el padrón continuo del Instituto Nacional de Estadística para el año 2023.

gías renovables; el servicio de bibliobús; o subvencionar la vivienda a los nuevos vecinos son algunas de las propuestas que se han lanzado.

Todas estas sugerencias son loables y, por supuesto, necesarias. Sin embargo, se requieren importantes inversiones públicas en la mayor parte de los casos, pudiendo existir cierto coste político al mantener líneas regulares de ferrocarril o autobús que arrojan importantes saldos negativos al erario, así como destinar maestros o médicos a atender las necesidades de un escaso puñado de alumnos o pacientes, respectivamente. No puede olvidarse el hecho de que invertir un euro en una de estas medidas supone restárselo a otra que puede resultar más eficientes para la población en general. Esta realidad no suele ser tenida en cuenta y debemos ser conscientes de que el Estado ha batido todos los récords de deuda pública desde que existen registros y estas medidas acabarían siendo insostenibles. Según datos del Banco de España:

> «El saldo de la deuda de las Administraciones Públicas, según el Protocolo de Déficit Excesivo, ascendió a 1.613 miles de millones de euros en marzo de 2024, con una tasa de crecimiento del 5,1 % en términos interanuales»[9].

El coste de prestar los servicios públicos básicos que exige el Estado del bienestar social no es igual en todas las partes del territorio nacional. Por este motivo, seis comunidades autónomas suscribieron una declaración institucional para reivindicar la necesidad de modificar el sistema de financiación autonómico y que tuviera en cuenta el encarecimiento de estos en la España vaciada[10].

Algunas comunidades autónomas, como es el caso de la Comunidad Valenciana, han optado por crear sus propios fondos de financiación para luchar contra los efectos de la despoblación. Esta Comunidad cuenta con el Decreto 182/2018, de 10 de octubre, del Consell, por el que se regula la línea específica del Fondo de Cooperación Municipal para la Lucha contra el Despoblamiento de los Municipios de la Comunitat Valenciana y más recientemente, con la Ley 5/2021, de 5 de noviembre, reguladora del Fondo de Cooperación Municipal de los Municipios y Entidades Locales Menores de la Comunitat Valenciana[11]. En el caso de Castilla y León, el Consejo de Cuentas recomendó:

> «incorporar la despoblación como variable, creando un fondo específico a repartir, distinto al del fondo de compensación interterritorial, entre las comunidades que, como Castilla y León, registran menor densidad geográfica»[12].

9   Comunicación del Banco de España de 17 de mayo de 2024.

10   GOERLICH, F. J., MAUDOS, J. y MOLLÁ, S., *Distribución de la población y accesibilidad a los servicios en España*, Fundación Ramón Areces, Madrid, 2021.

11   PÉREZ GABALDÓN, M., «La ruralización de la legislación y las políticas públicas en España: Especial referencia al estado de la cuestión en la Comunitat Valenciana», *Corts: Anuario de derecho parlamentario*, n.º 36, 2022, pp. 239-270.

12   Nota informativa del Consejo de Cuentas de Castilla y León, de 15 de enero de 2024.

En este escenario negativo, cabe plantearse si la mejor opción es dejar morir a estos pequeños municipios y que pierdan uno de los tres elementos necesarios para que existan como tales: la población. Una vez que desaparece este elemento consagrado por el artículo 11.2 de la Ley 7/1985, de 2 de abril, Reguladora de las Bases del Régimen Local, a los que habría que añadir al territorio y la organización, quedaría vía libre para reorganizar el mapa municipal y reducir su número, logrando la tan ansiada racionalización de las entidades locales, el gran propósito que se marcó la Ley 27/2013, de 27 de diciembre, de racionalización y sostenibilidad de la Administración Local, para lo que modificó numerosos preceptos de la Ley 7/1985, de 2 de abril, Reguladora de las Bases del Régimen Local y del texto refundido de la Ley Reguladora de las Haciendas Locales, aprobado por el Real Decreto Legislativo 2/2004, de 5 de marzo[13].

La espada de Damocles amenaza a gran parte de los pequeños municipios españoles, en los que se vislumbra en el horizonte la cuestión de si vale la pena abogar por planes de revitalización o es mejor cribar aquellos que tengan más posibilidades de sobrevivir en el medio y largo plazo. Las comunidades rurales menos afortunadas recibirían fondos para tratar de mantener los servicios básicos de sus habitantes hasta su definitiva desaparición como poblaciones. Una especie de cuidados paliativos para hacer menos dolorosa una muerta agónica y anunciada. Esta parece ser la línea adoptada por los poderes públicos en España a raíz de las políticas practicadas durante los últimos años[14].

III. Prospectiva y estrategia en las políticas a largo plazo en la lucha contra la despoblación

1. El ejemplo de las Highlands and Island. Reflexiones sobre su aplicabilidad en España

La región de las Tierras Altas de Escocia e Islas es uno de los lugares con menor densidad de población de Europa, estimándose en 12 habitantes por

---

13   No son pocos los estudios que criticaron el espíritu de esta Ley de racionalización que parecía «demonizar» a las entidades locales como las principales responsables del incremento de la deuda pública, cuando eran el Estado y las comunidades autónomas quienes ostentaban el 95,6 por ciento de la deuda pública. *Vid.* VILLAR ROJAS, F. J., «Razones y contradicciones de la Ley de Racionalización y Sostenibilidad de la Administración Local», *El Cronista*, n.º 45, 2014, p. 43.

14   Es la postura de autores como KUDO, S. y YARIME, M., «Divergence of the sustaining and marginalizing communities in the process of rural aging: a case study of Yurihonjo-shi, Akita, Japan», *Sustainability Science*, n.º 8(4), 2013, pp. 491–513.

kilómetro cuadrado[15]. Su situación geográfica remota al norte de Escocia y la preminencia de pequeños núcleos rurales justifican esta situación. A pesar de las adversidades, han sabido sobreponerse a las condiciones adversas y aprovechar buena parte de las oportunidades que atesora este territorio. Es la cuna del Lago Ness, la propietaria de paisajes de ensueño que aparecen en algunas escenas de la saga de películas de Harry Potter, salpicados por numerosos castillos como los de Eilean Donan y Urquhart. Estas bondades procuran un considerable número de turistas cada año y una actividad económica muy importante para sus habitantes.

Sin embargo, el gran logro alcanzado por las Tierras Altas de Escocia ha sido el de apostar por estrategias en el medio y largo plazo. De poco sirve realizar inversiones si no van respaldadas de una planificación coherente que las justifique. A modo de ejemplo, no son pocos los casos en España en que los fondos públicos son dilapidados, en forma de corrupción o de adquisiciones innecesarias desde el punto de vista estratégico. Seguro que los lectores conocen más de uno y dos casos de estatuas de dudoso gusto en el interior de una rotonda o de infraestructuras, muchas veces colosales, pero con escasa utilización.

Ahora bien, y sin llegar a estos casos extremos de mala utilización del dinero público, costear un maestro para un grupo de tres o cuatro niños, ¿tiene sentido? Desde el prisma de la eficiencia, por supuesto que no. Sin embargo, atendiendo al principio de igualdad de derechos que rige en la Carta Magna, sí lo tendría. Es más, si no se mantienen a estos profesionales en los pueblos más pequeños, las pocas familias dispuestas a quedarse desistirían de tal propósito. El principal problema radica en que esos niños y su talento acabarán, con casi total seguridad, en una ciudad. Tendríamos, por tanto, unas políticas públicas de mantenimiento más que de prospectiva a medio y largo plazo.

Esto es precisamente lo que trataron de revertir en las Tierras Altas, realizando estrategias circulares que permitieran que los beneficios invertidos en la educación de los niños y jóvenes repercutiera posteriormente en su territorio. Con este propósito, fue aprobada la *Highlands and Islands Development (Scotland) Act* en 1965 y se creó la *Highlands and Islands Development Board (HIDB)*. Llama la atención un fragmento del primer informe anual de la Oficina de desarrollo de las *Highlands* y lo pronto que vislumbró la necesidad de dirigir su actuación a los jóvenes:

> «We regard it as an important feature of all our work to enliven the interest of young people, both from inside and outside the Highlands and Islands, in the area and strengthen their faith in the prospects which development of the area will offer them»[16].

---

15 Convention of the Highlands and Islands, *Population and fragile communities*, 26 October 2020.

16 Extracto del HIDB's 1966 Annual Report.

La acuicultura, el fomento de las energías renovables, la agricultura, la industria manufacturera y el turismo se convirtieron en las primeras áreas económicas en ser potenciadas. La Junta, en el décimo año desde su creación, ya había ofrecido ayuda financiera para la ejecución de 3.437 proyectos y aportado alrededor de 34 millones de libras esterlinas a fondos privados.

Con la Enterprise and New Towns (Scotland) Act de 1990 se produce un cambio fundamental: desaparece la Highlands and Islands Development Board en 1991 y nace en su lugar la Highlands and Islands Enterprise (HIE). Por estas fechas, cabe destacar lo que sería un hito importante: Sir Graham Mills presenta un proyecto sobre la viabilidad de crear una universidad propia para las Highlands and Islands[17]. La HIE constituye una agencia que trabaja con empresas, comunidades y empresas sociales que desarrollan su actividad en las Altas Tierras e Islas o que pretenden instalarse en ellas.

Dentro del National public bodies escocés, esta agencia tiene la consideración de Executive non-departmental public bodies (NDPBs). Es decir, no forman parte del Gobierno o la Administración escocesa, pero desempeñan funciones administrativas, comerciales, ejecutivas o regulatorias en nombre del Gobierno, desarrollando sus cometidos dentro de un marco de gobernanza y rendición de cuentas establecido por los ministros[18]. El control gubernamental se observa en la elección de su junta directiva por parte del Gobierno escocés para un periodo de tres años por cada miembro, correspondiendo a esta trazar la estrategia a seguir y supervisa el funcionamiento de la HIE.

No obstante, la HIE ha disfrutado desde sus inicios de gran flexibilidad en su desempeño, bajo el prisma de que los propios lugareños conocían mejor las necesidades de la región y la descentralización haría funcionar de forma más eficiente a la agencia[19]. Cabe destacar que todos los nombramientos deben realizarse en función de los méritos de los candidatos y la actividad política no tiene cabida en el proceso de selección, un aspecto fundamental para tener ciertas posibilidades de éxito.

Otro instrumento clave fue la creación de la University of the Highlands and Islands. Se trata de una Universidad pública creada con dos objetivos: ofrecer formación a los jóvenes de las Highland and Islands y evitar la fuga de talento. La Universidad cuenta con setenta campus repartidos por toda la región para acercar la educación superior a sus habitantes. Se trata, en suma, de una iniciativa muy interesante porque muchos de los jóvenes que

---

17   HILLS, G. J. and LINGARD, R., UHI: The Making of a University, Liverpool University Press, Liverpool, 2004.

18   https://www.gov.scot/publications/national-public-bodies-directory/pages/executive-non-departmental-public-bodies/.

19   CLARKE, R., «Highlands and Islands Enterprise managing Depopulation with Long Range Lights», AGER: Revista de Estudios sobre Despoblación y Desarrollo Rural, n.º 33, 2021, pp. 125-150.

emigran desde sus pueblos a las capitales, con sede universitaria, no retornan a sus lugares de origen.

El ejemplo escocés nos induce, lógicamente, a reflexionar sobre su posible aplicación en España. El talento se marcha de los núcleos rurales a las grandes ciudades, que aglutinan los grandes distritos de innovación y un amplio abanico de posibilidades: ocio, cultura, servicios públicos, mejores infraestructuras y muchas más posibilidades sociales y profesionales. Finalmente, se observa una especie de efecto «pescadilla que se muerde la cola»: las grandes urbes como Madrid y Barcelona se benefician del efecto de atracción que ejercen sobre los jóvenes de las localidades de alrededor y del resto de España. Este efecto está comenzando a perjudicar a las capitales de provincia del interior que empiezan a perder población en detrimento de estas grandes capitales y otras ciudades del litoral Mediterráneo.

Al mismo tiempo, disponer de toda esta infraestructura permite aplicar mejoras fiscales frente a la imposibilidad de las comunidades autónomas del interior de España, que deben hacer frente a un encarecimiento de los servicios públicos, lo que llevó al manifiesto anteriormente referido para que las comunidades que menos sufren los efectos de la despoblación asuman parte de este coste, con base en el principio de solidaridad consagrado en la Constitución Española[20].

Desde la HIE tratan de pensar y cubrir todos los aspectos de la vida de sus residentes y de aquellos que muestran interés por invertir en la región, intentando idear incluso fórmulas de ocio para su población. Por ejemplo, es conocido el camión ambulante que permite desplegar un cine allá donde se desplaza. Aunque no es la panacea no puede negarse que constituye una propuesta ingeniosa. No obstante, para retener a la población más joven y llamar a la de otros territorios es indispensable articular una institución que ofrezca oportunidades de formación y acceso a una profesión con futuro. Con este objetivo nació la *University of the Highlands and Islands (UHI)*.

La UHI es la más joven de Escocia y su puesta en marcha recuerda, en cierto sentido, a la creación de algunas universidades españolas, como la de Castilla-La Mancha, que echó a andar en 1985. Esta última Universidad pública ha tenido un impacto muy favorable para la economía y la formación de los habitantes de la región en la que se ubica, estimándose que multiplica por cinco cada euro de financiación pública que recibe. Pero también hay que ser consciente de que constituye la cantera de profesionales cualificados que normalmente acaban desarrollando sus proyectos profesionales

---

20 BARROSO MÁRQUEZ, J. F., «El principio constitucional de solidaridad territorial ante el reto demográfico», en MORENO GONZÁLEZ, G. (Dir.) y PABLOS MATEOS, F. (Dir.), *Las políticas de solidaridad ante el reto demográfico y territorial*, Aranzadi, Cizur Menor (Navarra), 2023, pp. 33 a 58.

y personales en las grandes urbes, evitando que puedan beneficiarse de la formación que han recibido sus egresados.

Es interesante, en este sentido, un programa que acaba de alcanzar su tercera edición y trata de acercar a los estudiantes universitarios a los municipios de menos de 5.000 habitantes. Se trata del Programa Campus Rural: prácticas universitarias en entornos rurales, una iniciativa desarrollada por el Ministerio para la Transición Ecológica y el Reto Demográfico del Gobierno de España en colaboración con el Ministerio de Ciencia, Innovación y Universidades, la Conferencia de Rectores de Universidades Españolas (CRUE) y la mayoría de las universidades públicas españolas[21], que procura facilitar la realización de prácticas universitarias, con una duración que oscila entre los dos y los cinco meses, en municipios de zonas rurales con problemas de despoblación. Los estudiantes participantes contarán con 1.000 euros brutos al mes y la experiencia de trabajar en un pequeño municipio, aunque el pobre número de plazas que oferta el programa hace que sea algo casi testimonial, por lo que sería interesante seguir con su impulso y que continúe incrementándose.

Volviendo al caso de la UHI, se calcula que aporta 560 millones de libras esterlinas a la economía de las Highlands and Islands y 6.200 puestos de trabajo. Las estimaciones apuntan a que por cada libra invertida en esa Universidad se generan otras cuatro. Estas cifras hacen ver lo importante que ha sido la creación de esta institución y el impacto que tiene en que el número de habitantes prosiga ascendiendo en la región.

Sin embargo, uno de los grandes hándicaps que se plantea en el ámbito universitario está siendo el de adaptar la formación universitaria a las necesidades reales de los pequeños municipios. Son muchas las voces que reclaman un marco de estudios superiores acorde a la demanda de profesionales del mercado y la sociedad. Algunos grados universitarios arrojan importantes porcentajes de egresados desempleados mientras que en otros es difícil encontrar titulados. Mantener el equilibrio entre estas dos vertientes es indispensable para que las instituciones universitarias continúen aumentando el valor que generan en la sociedad de la que forman parte.

La UHI ha tratado de combinar las necesidades de las *Highlands and Islands* con una investigación de nivel internacional fuerte. Los resultados que está alcanzando para sus escasos años de vida son bastante sorprendentes, recibiendo premios por proyectos que pretenden impulsar la lucha contra el cambio climático, la economía azul y la protección de la naturaleza, como es el caso de su colaboración con la *Flow Country Partnership*, que persigue proteger una de las turberas más importantes a nivel mundial situada en Escocia. Además, permite impulsar y fomentar la innovación para abrir nuevos sectores de actividad económica. En definitiva, tanto la HIE como la UHI han sido dos mecanismos exitosos de gestión de los fondos públicos de

---

21   Un total de 42 universidades participan en este programa.

los gobiernos de Escocia y Reino Unido, así como de las partidas destinadas a desarrollo rural procedentes de la Unión Europea.

2. Protección y mejora de la agroganadería y el medioambiente

El abandono de explotaciones agrícolas afecta directamente al desarrollo económico de los pequeños municipios, pero también a la protección del medioambiente y del patrimonio histórico y cultural. La agricultura es un arte (el de cultivar la tierra) que empezó en el Neolítico y que se ha ido perfeccionando hasta nuestros días. Los agricultores que practican la agricultura tradicional son auténticas enciclopedias que atesoran saberes tradicionales transmitidos de generación en generación y que recogen muchas de las prácticas necesarias para preservar la biodiversidad, pues sin un medioambiente sano y fuerte la agricultura está condenada a desaparecer[22]. Por este motivo, no es de extrañar que la Comisión Europea se refiera a los agricultores «como guardianes de nuestra tierra»[23].

La Ley 42/2007, de 13 de diciembre, del Patrimonio Natural y de la Biodiversidad define el conocimiento tradicional como «el conocimiento, las innovaciones y prácticas de las poblaciones locales ligados al patrimonio natural y la biodiversidad, desarrolladas desde la experiencia y adaptadas a la cultura y el medio ambiente local». El artículo 70 de esta norma dictamina que las Administraciones públicas:

> «a) Preservarán, mantendrán y fomentarán los conocimientos y las prácticas de utilización consuetudinaria que sean de interés para la conservación y el uso sostenible del patrimonio natural y de la biodiversidad.
>
> b) Promoverán que los beneficios derivados de la utilización de estos conocimientos y prácticas se compartan equitativamente.
>
> c) Promoverán la realización de Inventarios de los Conocimientos Tradicionales relevantes para la conservación y el uso sostenible de la biodiversidad y geodiversidad, con especial atención a los etnobotánicos. Éstos se integrarán en el Inventario Español de los Conocimientos Tradicionales relativos al Patrimonio Natural y la Biodiversidad».

---

[22] Es especialmente preocupante la pérdida de biodiversidad en las semillas, fruto de la sustitución de la agricultura tradicional por la industrial, utilizando aquellas que proveen una mayor producción. MONTOYA GREENHECK, F., «Tradiciones alimentarias: bienestar de las personas y del ambiente», *Cuadernos de Antropología*, núm. 20, 2010, p. 8.

[23] Comunicación de la Comisión al Parlamento Europeo, al Consejo, al Comité Económico y Social Europeo y al Comité de las Regiones, *Estrategia de la UE sobre la biodiversidad de aquí a 2030: Reintegrar la naturaleza en nuestras vidas*, COM(2020) 380 final.

La pérdida del conocimiento y de las tradiciones en muchos núcleos rurales, junto con el abandono de numerosas explotaciones agrarias, supone que las vulnerabilidades ambientales se multipliquen. Son muchas las voces que alertan sobre los efectos dañinos que la despoblación puede tener en el medioambiente, especialmente «en el medio plazo, al incidir en una mayor pérdida de suelo y exposición de grandes superficies a fenómenos erosivos, o una menor atención de las masas forestales que resultan más vulnerables a los incendios»[24].

Estos hechos se traducen en el incremento de los incendios forestales ante la falta de limpieza de los montes, la pérdida de biodiversidad, la erosión producida por la falta de cultivos permanentes de secano en zonas de topografía complicada o la desaparición del paisaje agrario. Semejante situación alimenta el imparable avance del cambio climático, generando un panorama muy complicado en el cuidado y conservación del medioambiente. El aumento de la población y la tendencia a vivir en las ciudades está propiciando el abandono de la agroganadería tradicional y su sustitución por explotaciones industriales e intensivas, mucho menos respetuosas con el medio[25].

Se estima en más de diez millones el número de explotaciones agrícolas en todo el territorio de la Unión Europea que emplean a algo más de veintidós millones de trabajadores, constituyendo un sector básico para garantizar la subsistencia de los pequeños municipios y evitar la despoblación rural, pues tal y como los definió la Comisión Europea son el auténtico corazón de las comunidades rurales del viejo continente.

Pero si hay una política a nivel europeo focalizada en el sector agrario y el desarrollo del medio rural esa es la Política Agraria Común. La PAC tiene un papel fundamental en el sostenimiento de la agricultura y la ganadería, actividades de vital importancia para evitar que las vulnerabilidades ambientales continúen agravándose y degeneren en riesgos imprevisibles para los seres vivos. El diseño de esta importante política europea es primordial para garantizar la viabilidad de millones de puestos de trabajo de ganaderos y agricultores, auténticos guardianes del medioambiente y piezas fundamentales en la lucha contra la despoblación rural[26].

La PAC nació en el año 1962, si bien su embrión se originó en la reunión celebrada en la ciudad italiana de Stresa durante el mes julio de 1958, como

---

24 *Vid. Informe el medio rural y su vertebración social y territorial*, Consejo Económico y Social de España, p. 91.

25 En esta misma línea se sitúan autores como LLORET, F., ESCUDERO, A., LLORET, J. & VALLADARES, F., «An ecological perspective for analysing rural depopulation and abandonment», *People and Nature*, n.º 6, 2024, pp. 490–506.

26 TALAVERA CORDERO, P., «La nueva Política Agraria Común: avanzando hacia una Unión Europea más verde», *Actualidad Jurídica Ambiental*, n.º 139, pp. 1-38.

una política intervencionista que buscaba garantizar la productividad agrícola, a fin de abastecer de alimentos a precios asequibles a una población que vivía los efectos ocasionados por la destrucción ocasionada durante la Segunda Guerra Mundial. Con el paso de los años, los objetivos perseguidos a través de esta política han ido modificándose en función de las exigencias de los nuevos tiempos y de los cambios en las necesidades de la población europea, que veía cómo se pasaba de una producción deficitaria a otra que excedía la demanda de los ciudadanos europeos y permitía exportar a terceros países.

La situación que vivimos en la actualidad es muy distinta de la registrada en los orígenes de la PAC, en la que no existen problemas derivados de la falta de alimentos, pero encontramos otros que comprometen la sostenibilidad de la actividad humana tal y como la conocemos. Por este motivo, la nueva PAC pretende enfocar sus recursos en el objetivo de alcanzar de forma progresiva una agricultura sostenible, más preocupada por proteger los espacios verdes y que garantice la seguridad alimentaria.

El abandono de los pequeños núcleos rurales y de la agricultura tradicional trae consigo un cambio de modelo productivo. La actividad agraria está pasando de ser desarrollada por pequeñas explotaciones a realizarse de forma industrial e intensiva. El desarrollo de esta técnica supone un incremento notorio de la producción de alimentos que maximiza los beneficios en el corto plazo, pero los efectos secundarios para alcanzar tales resultados son altamente nocivos para el medioambiente.

El equilibrio generado por la práctica tradicional de la agricultura y la ganadería con el medioambiente se ve seriamente comprometido con los monocultivos a lo largo de hectáreas de terreno. La utilización de fertilizantes y agrotóxicos de forma constante acaba con cualquier atisbo de vida en los terrenos cultivados, rompiendo con la biodiversidad que atesoran estos suelos. Además, la extensión de los monocultivos supone una reducción muy significativa de las alternativas de alimentación de muchos insectos, especialmente de los polinizadores, que desarrollan una labor crucial para la preservación de los ecosistemas terrestres y que ven limitada su dieta a la floración de una única variedad vegetal y durante un escaso periodo de tiempo.

Existe una alternativa al sistema del monocultivo basado en la producción ecológica, «que se caracteriza por la diversificación de cultivos, de modo que una misma explotación reúne a menudo diferentes especies agrícolas que pueden ofrecer a los insectos polen y néctar de distintas calidades y en distintos momentos del año»[27]. Esta constatación llevó al Parlamento Europeo a argumentar «que la rotación de cultivos, el uso de variedades resistentes, el control mecánico de las hierbas dañinas y el control biológico de las pla-

---

[27] MIÑARRO, M., GARCÍA, D. y MARTÍNEZ SASTRE, R., «Los insectos polinizadores en la agricultura: importancia y gestión de su biodiversidad», *Ecosistemas* 27(2), 2018, p. 85.

gas contribuirán a restablecer los hábitats de los polinizadores, mientras que las grandes explotaciones con monocultivos contribuyen al declive de los polinizadores»[28]. La Comisión Europea cifra en 15.000 millones de euros la producción agrícola atribuida a los insectos polinizadores[29]. Ahora bien, no debería olvidarse que la desaparición de estos animales llevaría aparejada la de la inmensa mayoría de los cultivos que polinizan.

La Unión Europea, consciente del enorme problema existente ante la vulnerabilidad de numerosas especies de polinizadores, ha adoptado medidas para intentar corregirlas. Una de las más importantes, fue la prohibición de tres plaguicidas de la familia de los neonicotinoides, que se demostró que mataban a las abejas. Concretamente, el imidacloprid, la clotianidina y el tiametoxam y, más recientemente, se ha hecho lo propio con la sustancia activa tiacloprid[30].

Los insectos forman parte fundamental de la dieta de un gran número de aves y, en numerosas ocasiones, estos se encuentran contaminados por los neonicotinoides que contienen las plantas de las que se alimentan, al igual que ocurre cuando comen las semillas que han sido tratadas o beben agua que los contienen[31]. Por lo tanto, la agricultura intensiva incrementa sustancialmente las vulnerabilidades a las que han de enfrentarse las aves, muchas de ellas protegidas. Estos motivos impelieron al Parlamento Europeo a solicitar a la Comisión que se apoye «la investigación relativa a la transición agroecológica de la agricultura y el desarrollo de métodos de gestión de plagas inocuos para los polinizadores, como, por ejemplo, técnicas de cultivo adecuadas, rotación de cultivos y fertilización equilibrada»[32].

Todo lo enunciado induce a reconocer la necesidad de cambiar el sistema de producción y gestión de los alimentos con el propósito de garantizar su sostenibilidad y evitar generar mayores vulnerabilidades a nuestro medioambiente por el uso irresponsable de los recursos naturales. Para evitar perder el conocimiento generado por los agricultores durante tantos años y establecer plataformas de intercambio de buenas prácticas y conocimientos pueden ser de gran interés los sistemas AKIS *(Agricultural Knowledge*

---

28   Resolución del Parlamento Europeo, de 18 de diciembre de 2019, sobre la Iniciativa de la UE sobre los polinizadores [2019/2803(RSP)].

29   Comunicación de la Comisión al Parlamento Europeo, al Consejo, al Comité Económico y Social Europeo y al Comité de las Regiones, Iniciativa de la UE sobre los polinizadores, COM(2018) 395 final.

30   Reglamento de Ejecución (UE) 2020/23 de la Comisión, de 13 de enero de 2020, COM(2018) 395 final.

31   HALLMANN, C., FOPPEN, R., VAN TURNHOUT, C. *et al.* «Declines in insectivorous birds are associated with high neonicotinoid concentrations», *Nature*, 511, 2014, pp. 341–343.

32   Resolución del Parlamento Europeo, de 18 de diciembre de 2019, sobre la Iniciativa de la UE sobre los polinizadores [2019/2803(RSP)].

and Innovations Systems)[33]. Estos sistemas de conocimiento e innovación agrícolas son definidos por el artículo 3.9 del Reglamento (UE) 2021/2115 del Parlamento Europeo y del Consejo de 2 de diciembre de 2021[34], por el que se establecen normas en relación con la ayuda a los planes estratégicos que deben elaborar los Estados miembros en el marco de la política agrícola común (planes estratégicos de la PAC), como «la organización combinada y flujos de conocimientos entre personas, organizaciones e instituciones que usan y generan conocimientos para utilizarlos en la agricultura y los ámbitos relacionados». El Plan Estratégico de la PAC de España ofrece una definición más completa:

> «Los AKIS se basan en la relación multidireccional de los actores implicados para una optimización de la transparencia y aprovechamiento de sinergias y del conocimiento e innovación creados. Para ello, hay que reforzar la coordinación entre los diferentes agentes y niveles que conforman el AKIS en España, para potenciar un sistema integral de información y seguimiento a nivel nacional, de tal manera que crezca la capacidad de intercambio de conocimiento y experiencias dentro del sector, así como la resolución de necesidades, aplicación de herramientas digitales y desarrollo de la innovación, afectando en último término a la competitividad y sostenibilidad económica, social y ambiental del sector agroalimentario y forestal»[35].

El Órgano de coordinación del Sistema de Conocimiento e Innovación en Agricultura (SCIA) fue creado por el artículo 7 del Real Decreto 1046/2022, de 27 de diciembre, por el que se regula la gobernanza del Plan Estratégico de la Política Agrícola Común en España y de los fondos europeos agrícolas FEAGA y Feader y su composición, funciones y régimen de funcionamiento se recogen en el Real Decreto 116/2024, de 30 de enero, por el que se regula el Órgano de coordinación del Sistema de Conocimiento e Innovación en Agricultura.

En la actualidad, son 277 plataformas y 540 grupos operativos los que conforman el sistema AKIS. Destaca, por ejemplo, la plataforma *EU Cap Network* en la que existen grupos temáticos para debatir y compartir experiencias sobre ámbitos tan importantes como la mejora de la biodiversidad en tierras agrícolas para incrementar la resiliencia o el relevo generacional en la agricultura. Con la progresiva llegada de Internet de alta velocidad a los pequeños municipios y la implicación de los agricultores y ganaderos de estas localidades, los AKIS pueden ser la clave para conservar y transferir las buenas prácticas y conocimientos ancestrales, en peligro de perderse por

---

33 EUROPEAN COMMISSION, *Building Stronger Agricultural Knowledge and Innovation Systems (AKIS) to foster advice, knowledge and innovation in agriculture and rural areas*, 2019.

34 Los AKIS se contemplaron por primera vez en la EU SCAR (2012), *Agricultural knowledge and innovation systems in transition – a reflection paper*, Brussels.

35 Informe sobre el plan estratégico de la PAC 2021, p. 518.

la progresiva despoblación y desinterés de las nuevas generaciones por el mundo rural.

3. La defensa de las generaciones futuras y el bienestar en el mundo rural: el caso de Gales

El Informe de la Comisión Mundial sobre el Medio Ambiente y el Desarrollo titulado «Nuestro futuro común», firmado en Oslo el 20 de marzo de 1987 y conocido también como Informe Brundtland, recogió la primera definición de desarrollo sostenible, duradero o sustentable, según los diferentes términos utilizados en los países que tienen el español como lengua común.

> «El desarrollo duradero es el desarrollo que satisface las necesidades de la generación presente sin comprometer la capacidad de las generaciones futuras para satisfacer sus propias necesidades. Encierra en sí dos conceptos fundamentales:
> el concepto de "necesidades", en particular las necesidades esenciales de los pobres, a las que se debería otorgar prioridad preponderante;
> la idea de limitaciones impuestas por la capacidad del medio ambiente para satisfacer las necesidades presentes y futuras».

Se trataba de una definición muy avanzada en la que ya se nombraban a las generaciones futuras como parte indispensable de un desarrollo verdaderamente sostenible. En el ámbito de los pequeños núcleos rurales están proliferando actividades que adoptan el sobrenombre de «bio», «ecológicas» o «renovables» y que aparentan ser un flotador capaz de ayudar a generar empleo y prosperidad económica a muchos municipios condenados a la despoblación y que, además, favorecen el desarrollo sostenible. Ahora bien, nada más lejos de la realidad, porque constituyen prácticas que llevan aparejadas la explotación descontrolada y el expolio de los recursos naturales, convirtiendo estos territorios en víctimas del nivel de vida insostenible de los grandes núcleos de población.

Tradicionalmente, las grandes ciudades han sido foco de prestación de servicios y del comercio, aprovisionándose de las materias primas y los productos llegados desde los núcleos rurales. De hecho, el mapa provincial diseñado por Javier de Burgos en 1833 se aproximaba bastante a la división que habría correspondido de haberse hecho conforme al diagrama de Voronoi, marcando las capitales de provincia en función de los puntos geométricamente más cercanos. Pero esta práctica que constituía un ejemplo de simbiosis mutualista ha terminado por perder su equilibrio, perjudicando enormemente a los pequeños municipios que deben soportar y gestionar los residuos procedentes de la enorme demanda de bienes de las ciudades. Esta afirmación puede corroborarse en los casos de las macrogranjas, las plantas de biogás y la producción intensiva de grandes hectáreas de monocultivos, con la utilización excesiva de fertilizantes, insecticidas y herbicidas que contaminan los acuíferos, arroyos y ríos de los pueblos y acaban con la biodiversidad.

Asimismo, la riqueza que esta actividad pueda reportar termina en los bolsillos de los promotores, que seguramente ni tan siquiera vivan en estos municipios, repercutiendo escasamente en el desarrollo de sus habitantes. Más bien al contrario: el mal olor, el agua contaminada y las tierras esquilmadas fulminan la prosperidad de la localidad afectada, haciendo que las tierras pierdan gran parte de su valor y pasen a manos de unos pocos terratenientes, volviendo a los tiempos en que se producía una concentración de la propiedad en pocas manos.

Algo parecido sucede con la instalación de aerogeneradores y placas solares. Producen energía eléctrica renovable pero también esconden algunos efectos perjudiciales para las localidades que los albergan. Podrían enumerarse entre ellas la forma en que afectan al paisaje, los daños que provocan sobre la salud de los animales las ondas emitidas por las hélices de los molinos o su impacto contra estas mientras vuelan, así como la enorme subida del precio del arrendamiento de las parcelas agrícolas que ha conllevado la instalación de placas solares, lo que dificultaba enormemente la posibilidad de utilizarlas por los pastores. Bien es cierto que se están intentado solventar algunas de estas deficiencias para permitir ambas actividades y que exista un beneficio mutuo.

El principal problema de esta cuestión es que muchos pequeños municipios se encuentran indefensos a la hora de enfrentarse a la amenaza de la instalación de una instalación altamente contaminante. Las comunidades autónomas ostentan las competencias en materia de ordenación del territorio y concesión de autorizaciones ambientales integradas para las grandes explotaciones avícolas y porcinas. En no pocas ocasiones, la concesión de estas autorizaciones supone un choque frontal con la postura de los ayuntamientos afectados y sus vecinos[36], que hacen llegar su malestar mediante plataformas y manifestaciones. La intensidad y magnitud de estas protestas son fundamentales para frenar este tipo de actividades, que generan impor-

---

36 Un ejemplo de este tipo de contenciosos es el resuelto recientemente por el Tribunal Superior de Justicia de Castilla-La Mancha, ante una demanda del Ayuntamiento de Torrejoncillo del Rey (Cuenca) contra la de desestimación de un recurso de alzada presentado frente a la resolución que otorgaba la concesión de una autorización ambiental integrada para la construcción de una macrogranja porcina en la localidad, por la Consejería de Desarrollo Sostenible de la Junta de Comunidades de Castilla-La Mancha. A pesar de la oposición del consistorio, el Gobierno autonómico decidió conceder tal autorización sin contar con un análisis en la Declaración de Impacto Ambiental de los riesgos acumulados o sinérgicos del proyecto con la totalidad de la actividad ganadera en esa misma zona. Sentencia del Tribunal Superior de Justicia de Castilla-La Mancha 179/2023, de 11 de septiembre (rec. 255/2020), ECLI:ES:TSJCLM:2023:2083, (ponente: D. Guillermo Benito Palenciano Osa), fundamento jurídico sexto.

tantes niveles de contaminación en los acuíferos y malos olores, amén del enorme consumo de agua y otros recursos.

Los procedimientos administrativos de concesión de estas autorizaciones ambientales integradas contemplan un trámite de participación e información pública, para que los vecinos, equipos de gobierno municipales y demás afectados puedan manifestar su posible desacuerdo con el proyecto. No obstante, tiene un impacto relativo en numerosas ocasiones y acaban por conceder las autorizaciones aun contando con la oposición del pueblo afectado. Las Administraciones deben sujetarse al cumplimiento estricto de la legalidad vigente y atender a los requisitos prestablecidos, pero no es menos cierto que en aquellos municipios en los que hay pocas voces, al estar más afectados por el problema de la despoblación, se vuelve mucho más complicado luchar contra las inmunidades del poder[37].

Más allá de profundizar en la discusión encarnizada de la autonomía local frente a la otorgada por la Constitución Española a unos entes creados por ella, como fue el caso de las comunidades autónomas[38], sí se pretende comentar un instrumento utilizado en Gales y proponer su importación al modelo español: los planes de bienestar local. Este país cuenta desde el año 2026 con un *Future Generations Commissioner*. Este defensor de las generaciones futuras tiene su origen en la *Well-being of Future Generations (Wales) Act 2015* y ha servido de inspiración a muchos países a la hora de adoptar medidas similares, como es el caso de la Ley 10/2023, de 5 de abril, de bienestar para las generaciones presentes y futuras de las Illes Balears.

Entre las múltiples medidas que se contempla para tratar de garantizar un futuro digno a las generaciones que están por llegar o no tienen la edad mínima para participar en los asuntos públicos, sobresale una orientada hacia el diseño de planes de bienestar local. Aunque estos planes también están destinados a garantizar el bienestar de los adultos y las personas mayores. Para ello, se crearon 13 *Public Services Boards* encargadas de aprobar sus planes de bienestar local cada cinco años para garantizar el bienestar económico, social, cultural y ambiental de cada área local.

Antes de la elaboración de los planes, se procede a una evaluación de las actividades desarrolladas y se consultan a los habitantes de las localidades afectadas, con la finalidad de conocer su opinión sobre los próximos pasos a

---

37   *Vid.* García de Enterría Martínez-Carande, E., «La lucha contra las inmunidades del poder en el Derecho administrativo (poderes discrecionales, poderes de gobierno, poderes normativos)», *Revista de Administración Pública*, n.º 38, 1968, p. 169.

38   Se trata del neocentralismo de las comunidades autónomas que lleva a una postura hipócrita cuando critican el centralismo del Estado, pero lo aplican con enorme rigor frente a las entidades locales. Al respecto, puede leerse el comentario de Francisco Torres Prados, *El neocentralismo de las autonomías*, disponible en https://laadministracionaldia.inap.es/noticia.asp?id=1106275.

dar a través de la *Regional Well-being Survey*[39]. Una vez llevada a cabo esta evaluación, corresponde a los miembros de la *Public Service Board* aprobar el plan para cada área específica. En estas juntas de servicios públicos hay representantes locales de los municipios afectados, miembros de los servicios de salud, seguridad y extinción de incendios entre otros. La pregunta clave es: ¿podría implantarse un mecanismo parecido en España?

Es cierto que España tiene una extensión territorial superior a veinte veces la de Gales y existen importantes diferencias culturales pero la idea de contar con un instrumento que permita conocer y considerar la opinión de los municipios es bastante interesante. ¿Pueden contribuir estas políticas a mejorar el bienestar de los pueblos (y ciudades)? ¿Se tendrían en cuenta en los planes de bienestar la negativa de sus habitantes a la instalación de industrias contaminantes, pensando en el bienestar de las generaciones futuras y el suyo propio? ¿Cuál debe ser la entidad local de partida para adoptar estos planes y qué valor tendrían de cara a su cumplimiento por parte de las comunidades autónomas y el Estado? Son algunas preguntas que surgen al respecto.

Un buen punto de partida para la aprobación de estos planes podrían ser las mancomunidades de municipios, comarcas y áreas metropolitanas, al agrupar a un grupo homogéneo de municipios que comparte características económicas, culturales, geográficas e históricas muy parecidas. Lo lógico es que en su elaboración participen los alcaldes de los municipios afectados y los órganos de gobierno de las entidades supralocales, así como los vecinos de los municipios afectados. Es legítimo que estos puedan decidir el futuro que desean para sus localidades y oponerse a un proyecto económico que persiga implantar explotaciones intensivas, con los efectos nocivos que se expusieron anteriormente. No supone que las competencias autonómicas o estatales queden circunscritas a lo establecido en estos planes, pero sí que sean observados como un mecanismo de participación pública de los ciudadanos afectados ante cualquier procedimiento administrativo que persiga otorgar autorizaciones ambientales.

Igualmente, estos planes pueden constituir un magnífico instrumento para desarrollar proyectos de bienestar para las personas mayores que no desean trasladarse fuera de sus municipios, con el fin de contemplar los servicios públicos que deben prestarse y su mejora progresiva, así como los medios disponibles para financiar estas políticas

Por último, la creación de la figura del defensor de las generaciones futuras pudiera también tener un papel fundamental para dar voz a los núcleos rurales más despoblados, defendiéndolos de posibles inversores en las que

---

[39] Puede consultarse el proyecto de evaluación de bienestar social de Ceredigion en el siguiente link: https://www.ceredigion.gov.uk/your-council/consultations/assessment-of-local-well-being/

sólo busquen lucrarse sus promotores, aunque sea a costa de esquilmar los recursos naturales que son de todos.

4. Instrumentos de financiación de los servicios públicos en las zonas despobladas

El desarrollo de políticas públicas orientadas a revertir la despoblación requiere de créditos presupuestarios para su financiación. Los mecanismos con los que cuentan los poderes públicos pasan por incrementar la presión fiscal o la deuda pública, o bien por reducir la asignación presupuestaria de otros programas. Ya se incidió en el malestar de varias comunidades autónomas por el coste más elevado de prestar los servicios públicos en la España despoblada que en la que cuenta con mayor densidad de población. El fondo de compensación interterritorial no permite cubrir este encarecimiento y las tensiones nacionalistas de los últimos años, parecen vislumbrar un escenario bastante alejado de este propósito, con la propuesta sobre la mesa de una financiación singular para Cataluña que la sacaría del régimen común de financiación y la aproximaría al régimen foral del que gozan Euskadi y Navarra.

En cualquier caso, ya hay ejemplos de comunidades autónomas que han establecido sus propios sistemas de financiación de los servicios en las zonas más despobladas, como es el caso de la Comunidad Valenciana. Esta región representa a pequeña escala el problema de la distribución de habitantes que se produce en España. Contrasta la gran densidad de habitantes por kilómetro cuadrado del litoral frente a las zonas del interior que no paran de perder población. La respuesta a este problema vino dada por el Decreto 182/2018, de 10 de octubre, del Consell, por el que se regula la línea específica del Fondo de Cooperación Municipal para la Lucha contra el Despoblamiento de los Municipios de la Comunitat Valenciana.

Recientemente, ha sido aprobada la Ley 5/2023, de 13 de abril, integral de medidas contra el despoblamiento y por la equidad territorial en la Comunitat Valenciana. Uno de los aspectos más importantes de esta norma es la planificación estratégica contemplada en su artículo séptimo. Este instrumento «tendrá una vigencia mínima de diez años, con revisiones periódicas que se realizarán cada tres años, con el fin de analizar su evolución y abordar los ajustes necesarios para lograr el cumplimiento de sus objetivos».

Otras regiones como Aragón, Asturias, Cantabria, Castilla y León, Extremadura o Castilla-La Mancha también han diseñado o están a punto de hacerlo instrumentos de planificación de la lucha contra la despoblación. En el caso de esta última Comunidad Autónoma, cuenta con una estrategia frente a la despoblación que «determinará los objetivos y actuaciones a desarrollar por la Administración Regional en las zonas escasamente pobladas y en riesgo de despoblación, mecanismos de financiación, así como la evaluación y seguimiento de la misma a través de indicadores idóneos y útiles de tipo cuantitativo o cualitativo, que permitan medir la consecución de sus objetivos», tal y como contempla el artículo 18 de la Ley 2/2021, de 7 de mayo, de Medidas Económicas, Sociales y Tributarias frente a la Despoblación y para el Desarrollo del Medio Rural en Castilla-La Mancha.

Cantabria fue una de las primeras en aprobar su estrategia mediante la Resolución por la que se dispone la publicación del Acuerdo de Consejo de Gobierno, de 13 de mayo de 2021, por el que se acuerda aprobar la Estrategia Regional de la Comunidad Autónoma de Cantabria frente al reto demográfico y lucha contra la despoblación 2021-2027. Extremadura cuenta con el Decreto 32/2022, de 30 de marzo, por el que se aprueba la Estrategia ante el Reto Demográfico y Territorial de Extremadura. Asturias, por su parte, aprobó recientemente la Ley 2/2024, de 30 de abril, de Impulso Demográfico que contempla una estrategia de intervención frente al reto demográfico. Aragón, por su parte, cuentan con el Decreto 165/2017, de 31 de octubre, del Gobierno de Aragón, por el que se aprueba la Directriz Especial de Ordenación Territorial de Política Demográfica y contra la Despoblación; y Castilla y León está muy cerca de aprobar su Estrategia de sostenibilidad demográfica y territorial.

5. El impulso de la digitalización y el teletrabajo en el ámbito rural

La última estrategia que se analiza en este trabajo, quedando fuera otras buenas prácticas orientadas a la lucha contra la despoblación (como son el turismo rural, el emprendimiento, el cooperativismo y el comercio justo, por poner sólo algunos ejemplos) es la concerniente al teletrabajo, que debe ir de la mano de la digitalización de los pequeños municipios. La situación provocada por la COVID-19 y la necesidad de adaptarse a las nuevas circunstancias pusieron de actualidad el teletrabajo, surgiendo diversas iniciativas para potenciarlo y prorrogarlo más allá del tiempo exigido por los efectos causados por el coronavirus.

Ofrecer la opción de trabajar desde casa posibilita que muchos empleados cualificados puedan fijar su residencia en los pequeños municipios. El menor coste de vida en los núcleos rurales, especialmente en el acceso a la vivienda, así como la preferencia de muchos de estos trabajadores por vivir en un entorno más próximo a la naturaleza, tranquilo y con menos contaminación hace vislumbrar una posibilidad interesante para revertir la despoblación. De hecho, el teletrabajo aumentó del 13,2 % en el primer trimestre de 2023 (2.725.100 personas) al 14,4 % en ese mismo trimestre de 2024 (3.057.400)[40].

---

40 Son datos recogidos en Teletrabajo 2024. Edición 2024. Observatorio Nacional de Tecnología y Sociedad. Red.es. Secretaría de Estado de Digitalización e Inteligencia Artificial. Ministerio para la Trasformación Digital y de la Función Pública.

Para desarrollar este tipo de prácticas es indispensable contar con una buena conexión digital, algo en lo que España avanza firmemente, aunque aún existen pequeños municipios que tienen mala conexión o directamente carecen de ella[41]. Este problema trata de solucionarse mediante el programa Conéctate Hispasat, que ofrece conexión a Internet por satélite hasta que llegue la fibra óptica a todos ellos.

No obstante, interesa en este apartado hacer una mención especial a propósito del teletrabajo en las Administraciones públicas, así como en el resto de entes, entidades y organismos que forman parte del sector público. Una de las cuestiones que ha llevado a Madrid a ser la ciudad más poblada del país y con mayor PIB per cápita ha sido la de ostentar la capitalidad del Estado. Esto conlleva que la mayor parte de las infraestructuras e inversiones sitúen su epicentro en la capital, también ha supuesto tradicionalmente que la mayoría de los empleados públicos del Estado presten sus servicios en ella, aunque la irrupción de las Administraciones autonómicas produjo un importante adelgazamiento de las Administración General del Estado. Algunas propuestas abogaban por que se desconcentrasen ministerios para llevarlos a otras partes del territorio nacional, pero el teletrabajo puede ser una buena iniciativa para que estos trabajadores fijen su residencia en núcleos rurales.

En España, hay 2.968.522 empleados públicos. De estos trabajadores, 530.104 forman parte del sector público estatal, viviendo el 30 % (159.266) en la Comunidad de Madrid, muy por encima del resto de regiones españolas[42]. ¿Cabe la posibilidad de aprovechar las nuevas herramientas digitales para que una parte de esos empleados puedan fijar su población en los pequeños municipios?

La pandemia propició que la regulación del teletrabajo en las Administraciones públicas avanzase de forma significativa, partiendo de un desierto normativo a importantes avances en la materia[43]. La última regulación que pretende darse a la figura en el ámbito de la Administración General del Estado se encuentra en el Proyecto de Ley de la Función Pública de la Administración. En cualquier caso, se trata de un instrumento que, aunque concebido para impulsar la conciliación laboral y familiar, puede tener efectos positivos en la lucha contra la despoblación.

IV. Conclusiones

Como ya habrá deducido el lector, la despoblación es un problema de muy difícil solución que requiere de políticas estratégicas a medio y largo plazo.

---

41   La cobertura VHCN se situó en el 96,3 %, según datos del Digital Decade Country Report 2024: Spain.

42   Boletín Estadístico del personal al Servicio de las Administraciones Públicas, enero 2024.

43   RASTROLLO SUÁREZ, J. J., «Una función Pública estratégica: El Teletrabajo en la Administración Autonómica. Análisis jurídico-Administrativo», *Revista de Estudios de la Administración Local y Autonómica*, n.º 18, pp. 236-52.

Los distintos gobiernos tratan de financiar los servicios básicos para mantener a las personas de mayor edad que han decidido pasar su vejez en sus pueblos, mientras han asumido desde hace tiempo que buena parte de los municipios más despoblados desaparecerán en los próximos años. Es difícil que un ejecutivo asuma la responsabilidad de impulsar políticas que comenzarán a dar sus frutos con posterioridad a su mandato, sin poderlo explotar en posibles reelecciones.

A lo largo del capítulo, se ha estudiado el ejemplo de las Highlands and Islands como un caso de éxito en la lucha contra la despoblación. La clave ha estado en enfocar en el largo plazo las estrategias para fijar y recuperar población. Desde la creación de una agencia ampliamente despolitizada y una Universidad pública diseñada por y para las necesidades de la región, pero con un amplio espíritu internacional que la han llevado a ser puntera en prácticas innovadoras e investigadoras, marcan el paradigma a seguir por aquellos países que pretenden frenar y revertir esta lacra.

En el mismo país, pero en distinta nación, surgió con fuerza la creación del defensor de las generaciones futuras y una ley que se preocupa por el bienestar del pueblo galés. Los planes de bienestar local son un instrumento loable de participación pública para conocer las necesidades e inquietudes de su población, algo que podría ser útil para evitar la proliferación de macrogranjas y plantas de biogás en núcleos rurales. No parece justo ni acorde con la legislación y los principios que deben regir un procedimiento administrativo de un Estado moderno y avanzado permitir este tipo de construcciones contra la voluntad de sus habitantes, quienes tendrán que soportar todos los efectos negativos de estas explotaciones sin obtener prácticamente beneficio alguno.

Por otra parte, los AKIS pueden ser una herramienta muy interesante para el intercambio de buenas prácticas entre agricultores y ganaderos de toda Europa o incluso de otros territorios, impulsando la innovación para dar respuesta a los múltiples problemas que plantea el cambio climático. También pueden ser excelentes mecanismos para almacenar y compartir el conocimiento y las prácticas que han pasado de generación en generación en municipios que se van quedando despoblados.

Asimismo, la financiación de los servicios en la España vaciada supone un coste mucho más alto que en las zonas densamente pobladas. El panorama político parece plantear un horizonte muy diferente al que querrían las comunidades autónomas que soportan en mayor medida este problema, al otear la posibilidad de que Cataluña abandone el régimen común para pasar a uno foral. Esto supondría una pérdida significativa de fondos para paliar la situación. Algunos ejemplos como los de la Comunidad Valenciana y Castilla-La Mancha muestran la conveniencia de planificar estrategias de lucha contra la despoblación e instrumentos de financiación de estas políticas, desviando fondos de las zonas más ricas a las que sufren este problema.

Por último, la implosión del teletrabajo como consecuencia de la situación sanitaria provocada por la COVID-19 ha planteado la posibilidad de vislumbrar esta herramienta como una aliada de la lucha contra la despoblación. El avance de la conexión digital, que ya llega a casi todo el territorio nacional, así como la posibilidad de que se continúe impulsando esta práctica desde las Administraciones públicas para sus empleados, plantea una interesante oportunidad para fijar población de empleados públicos que ahora se concentran en las grandes capitales, especialmente en Madrid.

Bibliografía

ACHÁVAL, L. G., «Éxodo Rural», *Revista de Economía y Estadística*, 3(1-2), 1950, pp. 3–30.

BANCO DE ESPAÑA, *El acceso a servicios en la España rural*, documentos ocasionales, n.º 2122, 2021.

BARROSO MÁRQUEZ, J. F., «El principio constitucional de solidaridad territorial ante el reto demográfico», en MORENO GONZÁLEZ, G. (Dir.) y PABLOS MATEOS, F. (Dir.), *Las políticas de solidaridad ante el reto demográfico y territorial*, Aranzadi, Cizur Menor (Navarra), 2023, pp. 33-58.

CLARKE, R., «Highlands and Islands Enterprise managing Depopulation with Long Range Lights», *AGER: Revista de Estudios sobre Despoblación y Desarrollo Rural*, n.º 33, 2021, pp. 125-150.

GARCÍA DE ENTERRÍA MARTÍNEZ-CARANDE, E., «La lucha contra las inmunidades del poder en el Derecho administrativo (poderes discrecionales, poderes de gobierno, poderes normativos)», *Revista de Administración Pública*, n.º 38, 1968, pp. 159-208.

GOERLICH, F. J., MAUDOS, J. y MOLLÁ, S., *Distribución de la población y accesibilidad a los servicios en España*, Fundación Ramón Areces, Madrid, 2021.

HALLMANN, C., FOPPEN, R., VAN TURNHOUT, C. *et al.*, «Declines in insectivorous birds are associated with high neonicotinoid concentrations», *Nature*, 511, 2014, pp. 341–343.

HILLS, G. J. and LINGARD, R., *UHI: The Making of a University*, Liverpool University Press, Liverpool, 2004.

KUDO, S. and YARIME, M., «Divergence of the sustaining and marginalizing communities in the process of rural aging: a case study of Yurihonjo-shi, Akita, Japan», *Sustainability Science*, n.º 8 (4), 2013, pp. 491–513.

LLORET, F., ESCUDERO, A., LLORET, J. and VALLADARES, F., «An ecological perspective for analysing rural depopulation and abandonment», *People and Nature*, n.º 6, 2024, pp. 490–506.

López de Sebastián, J., «Efectos de la emigración rural en España», *Revista de Estudios Agrosociales*, n.º 58, 1967, pp. 85-97.

Miñarro, M., García, D. y Martínez Sastre, R., «Los insectos polinizadores en la agricultura: importancia y gestión de su biodiversidad», *Ecosistemas* 27 (2), 2018, pp. 81-90.

Montoya Greenheck, F., «Tradiciones alimentarias: bienestar de las personas y del ambiente», *Cuadernos de Antropología*, núm. 20, 2010.

Münch, A., Gorny, H., Badouix, M. *et al.*, *Study on funding for EU rural areas – Executive summary*, Publications Office of the European Union, 2024.

Pérez Gabaldón, M., «La ruralización de la legislación y las políticas públicas en España: Especial referencia al estado de la cuestión en la Comunitat Valenciana», *Corts: Anuario de derecho parlamentario*, n.º 36, 2022, pp. 239-270.

Rastrollo Suárez, J. J., «Una función Pública estratégica: El Teletrabajo en la Administración Autonómica. Análisis jurídico-Administrativo», *Revista de Estudios de la Administración Local y Autonómica*, n.º 18, pp. 236-52.

SSPA, *Combatir con* éxito *la despoblación mediante un nuevo modelo de desarrollo territorial. La experiencia de Highlands and Islands Enterprise*, 2017.

Talavera Cordero, P., «La nueva Política Agraria Común: avanzando hacia una Unión Europea más verde», *Actualidad Jurídica Ambiental*, n.º 139, pp. 1-38.

Villar Rojas, F. J., «Razones y contradicciones de la Ley de Racionalización y Sostenibilidad de la Administración Local», *El Cronista*, n.º 45, 2014, p. 43.

LA ADMINISTRACIÓN PROSPECTIVA EN EL ÁMBITO EDUCATIVO ESPAÑOL

Miguel Eiros Bachiller
Contratado FPU
Área de Derecho Administrativo
Universidad de Salamanca

SUMARIO: I. La administración prospectiva. 1. Administración de gestión. 2. Administración de misión. 3. El papel subordinado de la administración. 4. ¿Qué es entonces la prospectiva y qué tiene que ver con la administración? II. La administración educativa y la prospectiva. Instrumentos y ejemplos. 1. Prospectiva gubernamental integrada. 2. Prospectiva normativa. El caso estadounidense con la educación diferenciada en el ámbito escolar. 3. La gestión de la transición o *transition managment*. El ejemplo del abandono escolar. III. La guerra escolar como obstáculo permanente. IV. Conclusiones. Bibliografía.

I. La Administración prospectiva[1]

Uno de los centros de investigación más prestigiosos de Derecho Administrativo español durante el siglo XX fue la Escuela Nacional de Administración Pública, que más tarde se integraría en lo que conocemos ahora como el Instituto Nacional de administración pública (INAP) que tuvo como objetivo principal profesionalizar y mejorar las capacidades de los empleados públicos, asegurando una Administración Pública más eficiente y eficaz. Dentro de las áreas por las que destacaba esta institución fue por el fomento de la investigación y las publicaciones en administración y políticas públicas, ade-

---

[1] En este primer apartado, se resume como marco teórico las ideas de la conferencia de WALINE, M., *La Administración prospectiva,* Escuela Nacional de Administración Pública (Centro de Formación y Perfeccionamiento de Funcionarios), 1967.

más de organizar conferencias, seminarios y talleres para discutir las mejores prácticas y los desarrollos recientes de la administración pública.

Dentro de esas conferencias y congresos, actos académicos y sucedáneos, la lección inaugural del curso 1967-1968 fue impartida por el profesor de Derecho Administrativo de la Universidad de París y miembro del Consejo Constitucional Francés, MARCEL WALINE, una referencia para los estudiosos de la ciencia del Derecho Administrativo cuya conferencia versó sobre la *Administración prospectiva.*

Dicha ponencia se resume en el papel de la administración pública y su relación con la prospectiva, utilizando la distinción de EDGARD PISANI entre «Administración de gestión» y «Administración de misión», que ahora se va a hacer referencia[2].

1. Administración de gestión

La «Administración de gestión» es la forma tradicional de administración que gestiona los servicios públicos ya establecidos para satisfacer las demandas de los ciudadanos. Esta administración maneja los recursos asignados en el presupuesto, asegurando el funcionamiento adecuado de servicios cotidianos como el correo, la limpieza urbana, la educación, la distribución eléctrica y el transporte público.

Aunque su tarea principal es mantener la rutina diaria, esta administración también debe adaptarse a las nuevas necesidades y avances técnicos. Los cambios que realiza son episodios que mejoran la ejecución de los servicios existentes, pero la continuidad de estos servicios no depende críticamente de estos cambios.

2. Administración de misión

La «Administración de misión» aborda problemas nuevos e inéditos, innovando para resolverlos. Un ejemplo es el desarrollo de una región costera para el turismo, que implica crear infraestructuras y servicios nuevos para satisfacer a los turistas y generar ingresos de divisas extranjeras.

Esta administración se caracteriza por tomar iniciativas radicales y temporales, enfocándose en alcanzar objetivos específicos y retirándose una vez cumplida la misión. En ocasiones, transfiere las infraestructuras creadas a empresas privadas para su gestión, manteniendo un papel de promotor en relación con la empresa privada.

---

2   PISANI, E., «Administration de Gestion. Administration de Mission», *Revue française de science politique*, Presses Universitaire de France. 1956, pp. 315-330.

Francia distingue entre regiones donde la administración acompaña la economía regional y regiones donde se requiere un esfuerzo de impulso. En la «Administración de misión», la Administración pública juega un papel promotor, innovando y tomando iniciativas para estimular la economía privada.

3. El papel subordinado de la Administración

El texto resalta que la Administración de misión es crucial en la época actual y explica que las decisiones clave, como la definición de metas y la elección del momento para alcanzarlas, son competencia del gobierno, no de la administración pública. La administración pública interviene una vez definidos los objetivos y los plazos, determinando los métodos y procedimientos para alcanzarlos y gestionando los recursos asignados.

La administración ejecuta decisiones mediante expropiaciones, contratos o la ejecución directa de tareas materiales. Aunque subordinada a los gobernantes, la administración conserva amplias iniciativas en la elección de los medios para ejecutar las decisiones gubernamentales.

Además, la administración informa a los gobernantes sobre los problemas emergentes, necesidades y nuevas tecnologías, influyendo en las decisiones gubernamentales.

4. ¿Qué es entonces la prospectiva y qué tiene que ver con la Administración?

Definiciones existen muchas, pero siguiendo a WALINE, la «prospectiva» es el intento de prever el futuro de manera precisa utilizando datos estadísticos y otros elementos, e influir en él en función del interés general. No es una búsqueda desinteresada, sino un esfuerzo de ciencia aplicada que combina conocimientos científicos con un enfoque técnico.

En este sentido, la prospectiva implica una actitud similar a la del especulador, pero con diferencias clave:

- **Búsqueda del interés general**: A diferencia del especulador que busca lucro, los poderes públicos utilizan la prospectiva para perseguir el interés general, considerando las necesidades del público y la conveniencia de los proyectos desde una perspectiva más amplia.
- **Operación a largo plazo**: La prospectiva opera a largo plazo debido a la magnitud de las inversiones necesarias y la naturaleza de los proyectos. Por ejemplo, la planificación educativa y la política forestal requieren previsiones a 25 o 30 años vista para adecuarse a las necesidades futuras.

WALINE menciona cómo la prospectiva debe considerar el futuro a largo plazo, utilizando como ejemplo la política educativa. En cuestiones educativas se necesita prever las necesidades futuras para tomar decisiones informadas hoy. Esta previsión a largo plazo contrasta con la especulación capitalista, que generalmente busca retornos rápidos.

En definitiva, la prospectiva es una previsión seria y a largo plazo que permite a los poderes públicos tomar decisiones informadas y adaptarse a las necesidades futuras, asegurando que las inversiones y los esfuerzos realizados hoy satisfagan las demandas de mañana. La Administración pública, en su papel de «Administración de misión», juega un rol crucial en la implementación de estas previsiones, asegurando que los objetivos del gobierno se cumplan de manera eficiente y efectiva.

La relación entre la administración y la prospectiva es esencial y se puede resumir en dos ideas fundamentales: una política prospectiva necesita la colaboración de la administración pública, y a su vez, la administración, especialmente bajo su nuevo enfoque de «Administración de misión», requiere la colaboración de la prospectiva. Para entender mejor esta relación, exploraremos cómo la administración pública es un medio indispensable para la actividad prospectiva y cómo la prospectiva se ha convertido en un elemento esencial de la administración contemporánea.

Toda actividad prospectiva exige recopilar una gran cantidad de datos y documentación de alta precisión, algo que solo la administración tiene los recursos materiales para lograr. Los institutos de estadística, como el INE en España, son fundamentales para preparar los planes plurianuales de desarrollo económico. En situaciones como las negociaciones en política educativa, la administración debe decidir una línea de conducta, haciendo concesiones que a corto plazo pueden parecer desequilibradas, pero que a largo plazo se vuelvan ventajosas. Este tipo de decisiones requiere una previsión sólida basada en datos seguros sobre la evolución de eventos como la demografía o las propias instituciones educativas. Aunque las organizaciones sindicales proporcionan información, sus datos pueden estar sesgados debido a sus intereses particulares, por lo que la administración ofrece una documentación más objetiva y confiable.

La ejecución de decisiones políticas a largo plazo, como las relacionadas con la economía, educación o asuntos sociales, es responsabilidad de la administración. Los políticos deciden las políticas, pero es la administración la encargada de implementarlas. Una administración consciente de sus deberes y responsabilidades es crucial para evitar sabotajes o retrasos en la ejecución de estas políticas. En resumen, no hay política a largo plazo sin la colaboración activa, fiel y competente de la administración.

En la era moderna, la administración debe ser prospectiva. No puede limitarse a resolver los asuntos corrientes, ya que las necesidades de los ciudadanos evolucionan rápidamente debido a fenómenos como la «aceleración de la historia». Gobernar es prever, y así también debe hacerlo la administración, anticipándose a los cambios demográficos y económicos. La migración interna, el crecimiento urbano y la necesidad de infraestructura adecuada son problemas que requieren una planificación anticipada.

Además, la calidad de las necesidades de los ciudadanos también está en constante evolución. La administración debe adaptar sus servicios para satisfacer las nuevas demandas y aprovechar los avances tecnológicos. Por ejemplo, los usuarios de transporte público pueden exigir en el futuro servicios más avanzados, como fuentes de energía en los respectivos asientos para poder cargar la batería de los dispositivos electrónicos, es crucial que la administración asegure que estos avances técnicos sean válidos y sostenibles a largo plazo.

Las decisiones gubernamentales importantes, como la adhesión a la Unión Europea, requieren evaluaciones prospectivas sobre la evolución de la coyuntura económica. Estas decisiones son apuestas sobre los beneficios y riesgos futuros para la economía nacional. Incluso en cuestiones de organización interna y reclutamiento de personal, la administración debe realizar previsiones a largo plazo. En España, por ejemplo, el aumento demográfico y la extensión de la obligatoriedad de la escolaridad requieren un incremento en el número de profesores. La Administración debe planificar el reclutamiento de manera homogénea y sostenida a lo largo del tiempo para evitar fluctuaciones bruscas en el futuro.

Finalmente, la Administración no puede prescindir de la prospectiva, ya que tiene la responsabilidad de configurar y ordenar el futuro en beneficio del interés público. WALINE concluye que la administración pública y la prospectiva son interdependientes y esenciales una para la otra. La administración proporciona los medios y datos necesarios para la previsión y ejecución de políticas a largo plazo, mientras que la prospectiva permite a la administración anticiparse a los cambios y necesidades futuras. Esta relación sinérgica garantiza una gestión eficaz y adaptada a los tiempos modernos, permitiendo a las sociedades enfrentar los desafíos del futuro con mayor certeza y preparación.

II. La Administración educativa y la prospectiva. Instrumentos y ejemplos

A la hora de hablar de una cuestión tan amplia como un sector tan relevante como la política educativa, cabe al menos señalar que nos referimos en este estudio tanto a la educación obligatoria, tanto primaria como secundaria, como a la educación media y superior. Es decir, la política educativa en todos sus sectores y estamentos. También conviene aclarar que nos referimos a un nivel macro de las políticas educativas, es decir, no se ahondará en las diferentes técnicas y herramientas de prospectiva que tiene cada institución en particular, ya que no hay espacio para profundizar en cada una de ellas.

Pues bien, a la hora de vertebrar unos instrumentos con visión prospectiva dentro de la Administración, se puede tener como referencia a SÁNCHEZ SÁNCHEZ, que clasifica los diferentes instrumentos que utiliza la administración para tomar decisiones que conjugan un enfoque actual de democracia anticipatoria y una actuación gubernamental inteligente[3].

Entre estos instrumentos, en cuestiones de educación, interesa ahondar en la Prospectiva Gubernamental integrada, que trata de solucionar problemas de coordinación, cooperación y solapamiento de competencias. También ahondaremos en otro instrumento como lo es la Prospectiva normativa y, en concreto, en cómo se ha abordado de manera particular la cuestión del abandono escolar de ciertas comunidades en Estados Unidos. Otro instrumento a recordar es lo que SÁNCHEZ SÁNCHEZ denomina Gestión de la transición o *transition managment* que resulta de gran utilidad a la hora de visualizar ciertos problemas y proponer soluciones. Por último, nos encontramos con la dificultad de la falta de participación y consensos en cuestiones educativas.

1. Prospectiva gubernamental integrada

La configuración competencial de España se traduce en un sistema educativo totalmente descentralizado[4]. Dichas competencias se reparten entre la Administración General del Estado, (por ejemplo, el Ministerio de Educación y Formación Profesional y el Ministerio de Ciencia y Universidades) y las autoridades ejecutivas de las comunidades autónomas (como las Consejerías de Educación). En este sentido, el Gobierno central a través del ministerio correspondiente ejecuta unas directrices generales, es decir, los aspectos básicos del sistema educativo tal y como recoge el art 149.1.30.ª de la Constitución Española, en la que se establece las competencias exclusivas del Estado. En concreto se establece que el Estado se encargará de dictar las normas básicas para el desarrollo del art. 27 de la Constitución, a fin de garantizar el cumplimento de las obligaciones de los poderes públicos en esta materia. Por otro lado, las comunidades autónomas elaboran las diferen-

---

3   SÁNCHEZ SÁNCHEZ, Z., «Regulación con prospectiva de futuro y consenso», en SÁNCHEZ SÁNCHEZ, Z. (Dir.) y EIROS BACHILLER, M. (Coord.), *Regulación con prospectiva de futuro y de consenso; Gobernanza Anticipatoria y Prospectiva administrativa*, Aranzadi, Pamplona, 2022.

4   La cuestión sobre la descentralización o centralización es un debate de gran calado en España. En cuestiones de gobernanza anticipatoria y prospectiva, es común encontrarse con opiniones en favor de uno y de otro lado. Es interesante el análisis y el debate que genera Rivero Ortega durante la pandemia del Covid-19. *Vid.* RIVERO ORTEGA, R., «Gobernanza anticipatoria y proactividad administrativa: las virtudes de la descentralización», *Revista Vasca de Administración Pública*, n.º 118, 220. Sobre la descentralización educativa y sus fases *Vid.* PUELLES BENÍTEZ, M., *Política y educación en la España contemporánea*, UNED, Madrid, 2004.

tes normativas, además de tener las competencias ejecutivas y administrativas en cuestiones educativas.

Esta descentralización presenta ventajas frente a la centralización del sistema educativo.

Ahora bien, el sistema educativo español cuenta con una serie de actores de decisión, evaluación y coordinación, como el Instituto Nacional de Evaluación Educativa o la Conferencia sectorial de educación que se erigen como principales órganos a la hora de incluir el mecanismo de decisión prospectiva.

El Instituto Nacional de Evaluación Educativa (INEE), parte del Ministerio de Educación, Formación Profesional y Deportes[5], es responsable de evaluar el sistema educativo español. Fundado en 1990 como INCE, adoptó su nombre actual en 2012 y opera bajo la Dirección General de Evaluación y Cooperación Territorial. En colaboración con las Administraciones educativas autonómicas, el INEE desarrolla planes de evaluación del sistema educativo, estableciendo estándares que aseguran la calidad y fiabilidad de estas evaluaciones. También coordina la participación de España en evaluaciones e indicadores internacionales, y gestiona redes de información sobre sistemas educativos, como EURYDICE-España.

También, es esencial en el ámbito de la coordinación, la evaluación del sistema educativo y las propuestas de cara al futuro la Conferencia Sectorial de Educación. Según el reglamento de la misma, la Conferencia estará constituida por el Ministro de Educación, Cultura y Deporte que la presidirá y por el Consejero o Consejeros con competencia en la materia de cada Comunidad Autónoma. Entre sus funciones están:

- Servir de cauce de información y participación en los procesos de elaboración de las normas educativas.

- Informar, con el alcance que en cada caso corresponda, las normas que en el ejercicio de sus competencias corresponda adoptar el Estado y que deban ser sometidas a la consideración de las Comunidades Autónomas.

- Examinar y proponer medidas que garanticen la igualdad básica de los ciudadanos en el ejercicio del derecho a la educación.

- Intercambio de información entre las Administraciones Públicas que permita el conocimiento general del conjunto del sistema educativo, así como los proyectos y programas de estudio.

- Determinación de los mecanismos que permitan obtener un sistema agregado de estadísticas educativas.

---

5   El hecho que dependa del gobierno puede significar una falta de independencia a la hora de establecer un sistema de evaluación imparcial y eficaz. Existen otros organismos con las mismas funciones en su conjunto, pero independientes respecto al gobierno como es el caso de Portugal.

- Proponer y acordar criterios que permitan asegurar la movilidad de los estudiantes en el territorio.

- El examen de los principios básicos de la política de personal y la fijación de criterios que aseguren la movilidad del personal docente en el territorio español.

- La aprobación de los planes anuales y plurianuales de actuación del Instituto Nacional de Calidad y Evaluación y de la propuesta de criterios para la publicación y difusión de los informes del mismo.

Como se puede comprobar, estas instituciones tienen un gran componente de métodos prospectivos integrados en su actuación. De ahí que sea fundamental que esta Conferencia incluya en sus análisis métodos participación ciudadana y prospectivos. Cobran vital importancia las diferentes comisiones de apoyo a la Conferencia, cuenten con elementos técnicos suficientes para implementar estos mecanismos de prospectiva regulatoria.

En el ámbito universitario, también conviene resaltar algunos órganos de decisión que han ido ganando peso en estos últimos años en el sistema universitario español gracias a la reforma de la nueva Ley Orgánica 2/2023, de 22 de marzo, del Sistema Universitario. Entre estos órganos destacan los siguientes:

La Conferencia General de Política Universitaria (CGPU), destaca por un desempeño más relevante a partir de la aprobación de la LOSU, y desde el punto de vista de la administración prospectiva, es una pieza clave, ya que es la encargada de coordinar las políticas universitarias entre el Estado y las comunidades autónomas y también en la planificación estratégica del sistema universitario y en la distribución de los fondos públicos[6].

---

6   Las funciones que se le atribuye a la Conferencia General de Política Universitaria se encuentran dispuestas en el art. 15 LOSU en el que se establece que:
«1. La Conferencia General de Política Universitaria, sin perjuicio de las funciones atribuidas a los órganos de coordinación universitaria de las Comunidades Autónomas, es el órgano de cooperación y coordinación de la política universitaria entre las distintas Administraciones Públicas, al que corresponden las funciones de:
a) Planificar, informar, consultar y asesorar sobre la programación general y plurianual de la educación universitaria.
b) Informar las disposiciones legales y reglamentarias que afecten al conjunto del sistema universitario.
c) Formular propuestas para asegurar la transparencia, evaluación, desburocratización y eficacia de los principales procesos docentes, investigadores y de financiación y gestión de recursos humanos y económicos, que se desarrollan en las universidades.
d) Informar con carácter preceptivo sobre la creación y reconocimiento de universidades.
e) Aprobar, para cada curso, la oferta general de enseñanzas y plazas de las titulaciones oficiales del sistema universitario.
f) Plantear medidas y acciones que garanticen el acceso a los estudios universitarios, la continuidad en ellos y la finalización de éstos, en igualdad de condiciones para todo el estudiantado.
g) Formular propuestas e informar los planes para fomentar la relación entre el sistema universitario y el entorno social y económico.

Otro órgano relevante en la administración prospectiva es el Consejo de Universidades, compuesto por el Ministro de Universidades, que ejerce como presidente, los rectores de todas las universidades españolas, tanto públicas como privadas, y el número de vocales designados por el Ministerio de Universidades, en representación de las Comunidades Autónomas. Entre sus funciones destaca porque participa en la verificación y acreditación de títulos junto a la ANECA, además de tener un papel relevante en la evaluación de la calidad y en la gobernanza universitaria[7].

---

h) Elaborar informes sobre la aplicación del principio de igualdad de género, y de las políticas anti-discriminación o de reconocimiento de la diversidad en todos los aspectos de la vida universitaria.
i) Establecer y valorar las líneas generales de política universitaria, su internacionalización y, en especial, su articulación en el Espacio Europeo de Educación Superior y su interrelación con las políticas de investigación científica y tecnológica.
j) Desarrollar cuantas otras funciones le atribuya el ordenamiento jurídico.
2. Bajo la presidencia del Ministro o Ministra de Universidades, estará compuesta por las personas responsables de la educación universitaria en los Consejos de Gobierno de las Comunidades Autónomas.
3. La organización y el funcionamiento de la Conferencia se establecerán en su reglamento interno, en el marco de lo dispuesto en la Ley 40/2015, de 1 de octubre, de Régimen Jurídico del Sector Público».

7   Las funciones del Consejo de Universidades se encuentra en el art. 16 LOSU en el que se establece:
«1. El Consejo de Universidades es el órgano de coordinación académica del sistema universitario español, así como de cooperación, consulta y propuesta en materia universitaria. Está adscrito al Ministerio de Universidades y le corresponden las siguientes funciones, que desarrolla con plena autonomía funcional:
a) Servir de espacio para la colaboración, la cooperación y la coordinación en el ámbito académico entre las universidades.
b) Informar las disposiciones legales y reglamentarias que afecten al conjunto del sistema universitario.
c) Prestar el asesoramiento que en materia universitaria sea requerido por el Ministerio de Universidades y la Conferencia General de Política Universitaria o, en su caso, por las Comunidades Autónomas.
d) Formular propuestas al Gobierno y a la Conferencia General de Política Universitaria en materias relativas al sistema universitario.
e) Verificar la adecuación de los planes de estudios, de acuerdo con lo establecido en el artículo 8.
f) Coordinar las características que deben seguirse en las distintas modalidades de impartición docente en el conjunto del sistema universitario, para garantizar su calidad.
g) Desarrollar cuantas otras tareas le encomienden las leyes y sus disposiciones de desarrollo.
2. El Consejo de Universidades será presidido por el Ministro o Ministra de Universidades y estará compuesto por las siguientes vocalías:
a) Los Rectores o Rectoras de las universidades del sistema universitario.
b) Cinco miembros designados por el Presidente o Presidenta del Consejo, uno de los cuales habrá de ser una persona perteneciente a la Conferencia de Consejos Sociales de las Universidades Españolas y otra al Consejo de Estudiantes Universitario del Estado, a propuesta de estos órganos de representación, y otra un representante a propuesta de los sindicatos más representativos en el ámbito universitario. De los dos restantes, uno será el titular de un órgano directivo del ministerio que ejercerá como secretario, y otro, un profesional de reconocido prestigio. Se procurará, en todo caso, la presencia equilibrada de mujeres y hombres.3. La organización y el funcionamiento del Consejo de Universidades se regularán por real decreto del Consejo de

Cabe destacar la ANECA, es decir, la Agencia Nacional de Evaluación de la Calidad y Acreditación cuya influencia ha ido creciendo desde la década de los 2000, en la acreditación del profesorado y en la verificación de títulos. Aunque es criticada por su discrecionalidad, sigue siendo un actor fundamental en la proyección y competitividad del sistema universitario. De hecho, gracias a su estructura y a su autonomía, es la que mejor puede velar por los intereses del sistema universitario[8].

Existen otros organismos relevantes en materia de administración prospectiva, sin embargo como las fundaciones Universitarias y Consejos Sociales dependientes de las mismas universidades que son muchas veces los encargados de promover la captación de recursos y la relación universidad-empresa. En este sentido, su papel ha aumentado considerablemente en cuestiones de administración prospectiva ya que son los encargados de fomentar modelos de financiación mixta y crear y alimentar alianzas estratégicas.

No se incluye aquí a la CRUE (Conferencia de Rectores de las Universidades Españolas), ya que no entran dentro del marco de administración pública, ya que se trata de una asociación sin ánimo de lucro que agrupa a las universidades españolas, tanto públicas como privadas, y actúa como interlocutor entre el Gobierno y las mismas universidades. No gozan por lo tanto de potestades administrativas, por lo que no gozan de la posibilidad de dictar normas ni resoluciones con efectos jurídicos obligatorios, y gozan de una gran autonomía organizativa, en el que sus miembros son las propias universidades, y su funcionamiento no depende directamente del Estado. En definitiva, su función es representativa y consultiva, en el que no gestiona servicios públicos ni ejerce competencias administrativas.

Aun así, qué duda cabe que aunque no se trate de una administración pública, la CRUE tiene un papel estratégico en la política universitaria al representar los intereses de las universidades, muchas veces desdibujado por el panorama institucional, además de impulsar iniciativas en educación, investigación e innovación[9].

Ministros. En los asuntos que afecten en exclusiva a las universidades públicas tendrán derecho a voto el Presidente o la Presidenta del Consejo, los Rectores y Rectoras de las universidades públicas y los cinco miembros del Consejo designados por el Presidente o la Presidenta».

8   En este sentido, el profesor LINDE PANIAGUA, E., *El proceso de Bolonia: un sueño convertido en pesadilla,* Civitas, 2010, explica desde una óptica desenfadada la diferentes cambios que se dieron a través del denominado «proceso Bolonia» en el que el sistema español se caracterizó por la deslegalización de ciertos asuntos, como la elaboración del plan de estudios por parte del Ministerio de Universidades otorgándole dicha potestad a las Universidades, que luego tiene que pasar el filtro previo del proceso de verificación, en el que la ANECA es el responsable directo en este proceso gracias a los protocolos y directrices generales que se disponen para la elaboración de dichos títulos.

9   En sentido, es muy ilustrativo MARTÍNEZ LÓPEZ-MUÑIZ, J. L., «Tres cambios necesarios para revitalizar las universidades españolas», *Revista española de derecho administrativo,* n.º 181, 2016. Una de las patas que constituye este artículo, es la deslegalización a partir del

2. Prospectiva normativa. El caso estadounidense con la educación diferenciada en el ámbito escolar

Se trata de un ejemplo práctico de la prospectiva gubernamental integrada. En este sentido, la profesora Calvo Charro ha realizado un trabajo exhaustivo sobre este modelo pedagógico de la educación diferenciada *(single-sex schools o same-gender education)* tanto a nivel legal, en los diferentes ordenamientos a nivel global, como a nivel antropológico y sociológico. Una de las cuestiones más llamativas que analiza la profesora de Derecho Administrativo, es la implementación de este modelo pedagógico en algunos de los centros escolares estadounidenses públicos a partir del 2002[10].

A partir de los años 80, Estados Unidos comenzó a experimentar una crisis educativa grave que se reflejó en un aumento del fracaso escolar, el absentismo y la violencia en las escuelas. En 1983, la Comisión Nacional para la Excelencia en Educación publicó un informe titulado «Una Nación en Peligro», que advertía sobre la situación alarmante del sistema educativo. El informe citaba a PAUL COPPERMAN, quien destacaba que, por primera vez en la historia del país, las habilidades aprendidas por una generación no superarían ni siquiera igualarían las de sus padres. Esto marcó un punto de inflexión en la percepción de la calidad educativa en Estados Unidos.

Inicialmente, se atribuyeron diversas causas a esta crisis, como el estatus social, la pertenencia a minorías, los ingresos familiares y el aumento de divorcios. Sin embargo, el factor de género no fue considerado relevante hasta los años 90, cuando comenzó a hacerse evidente que las niñas enfrentaban desafíos específicos en el sistema educativo mixto. En 1992, la Asociación Americana de Mujeres Universitarias publicó el informe «*Shortchanging Girls, Shortchanging America*»[11], en el que se describía cómo la autoestima de las niñas caía drásticamente durante la pubertad en aulas mixtas. Esto las desmotivaba para seguir carreras en matemáticas y ciencias, mientras que los profesores, más centrados en los chicos por su comportamiento movido, tendían a relegar a las niñas a un segundo plano.

La profesora de filosofía y psicología de Harvard, CAROL GILLIGAN, influyó significativamente en el debate sobre la educación mixta con su libro «*In a Different Voice*» (1982). GILLIGAN argumentó que las niñas y los niños tienen diferencias

---

proceso Bolonia, incluso antes, del sistema universitario español, en que no se responde desde hace años a un verdadero interés general, sino a la suma de diferentes intereses particulares, y que va en detrimento de la institución universitaria.

10   En este artículo se resume uno de los cosos expuesto por esta autora. *Vid.* CALVO CHARRO, M., «Los colegios diferenciados por sexo en Estados Unidos: Constitucionalidad y actualidad de una tendencia imparable», *Revista de Derecho Político*, n.º 86 enero-abril, 2013, pp. 159-194.

11   AMERICAN ASSOSATION OF UNIVERSITY WOMEN EDUCATIONAL FOUNDATION, How schools shortchange girls, The AAUW Report, 1992. Disponible en: https://www.wcwonline.org/ Publications-by-title/how-schools-shortchange-girls-the-aauw-report-a-study-of-major-findings-on-girls-and-education

cognitivas que deben ser reconocidas y atendidas en la educación. Según ella, la adolescencia es un período crítico en el desarrollo femenino, durante el cual las niñas corren el riesgo de perder su identidad en un entorno educativo que no aborda sus necesidades específicas. Estas ideas llevaron a varios distritos escolares a experimentar con clases diferenciadas por sexo para mejorar tanto el rendimiento de las niñas en matemáticas y ciencias, como la disciplina y el orden entre los chicos.

En la década de los 90, se fundaron escuelas como la *Young Women's Leadership Academy* en Nueva York, una escuela pública solo para niñas que mostró tasas de éxito impresionantes, con un 100 % de sus alumnas graduándose y accediendo a la universidad, a pesar de que la mayoría provenía de familias pobres y sin estudios.

En 2002, la ley *No Child Left Behind* (NCLB) fue promulgada para abordar la crisis educativa. Esta ley otorgó mayor flexibilidad a los estados y distritos escolares para implementar programas innovadores, como la educación diferenciada por sexo. Su objetivo principal era mejorar el rendimiento en matemáticas y comprensión lectora, y permitir la experimentación con nuevos modelos pedagógicos.

El éxito de las escuelas *single-sex* impulsó su crecimiento, y en 2009, había 1,890 escuelas públicas en Estados Unidos con algún tipo de educación diferenciada. Sin embargo, este modelo también se enfrentó a una oposición. Grupos feministas como la Feminist Majority Foundation y la National Organization for Women criticaron estas escuelas por socavar los avances hacia la igualdad de género. Además, la American Civil Liberties Union (ACLU) argumentó que las escuelas *single-sex* violaban las prohibiciones constitucionales y federales contra la discriminación de género, especialmente el Título IX de la ley federal.

A pesar de la controversia, el modelo de educación diferenciada ha seguido creciendo, respaldado por una amplia gama de partidarios, desde republicanos hasta demócratas, y desde neofeministas hasta investigadores progresistas. Bajo la administración de Barack Obama, el impulso hacia la educación diferenciada continuó, con millones de dólares destinados a programas experimentales y nuevas investigaciones en este ámbito.

En definitiva, la crisis educativa en Estados Unidos durante las últimas décadas ha llevado a una serie de reformas y experimentaciones, entre las cuales la educación diferenciada por sexo ha emergido como una estrategia significativa y controvertida para mejorar los resultados académicos, especialmente entre niñas y minorías.

Actualmente, sigue vigente la legislación promulgada por la Administración Obama con la ley *The Every Student Act* que sigue en la misma dirección que su antecesora en cuestiones de educación diferenciada[12].

---

12 *Vid.* Rose, L., Pierce, M., Dale, J., Miller, I. y Zong, L., «Single-Sex Education», *The Georgetown Journal of Gender and the Law*, vol. XXIV, Issue 2, 2023.

CALVO CHARRO ahonda en otro de sus trabajos en la práctica exitosa de este método contra la violencia y el fracaso escolar masculinos en zonas de marginación social[13]. Entre los diferentes ejemplos, destaca el instituto *Eagle Academy for Young Men*, creado en 2004 en el Brox y en 2008 en Brookling. Más tarde, debido a su éxito han ido creciendo y abriendo diferentes institutos públicos a lo largo de la ciudad de Nueva York con un total de 6 centros en toda el área metropolitana.

La situación partía de datos realmente preocupantes para la población de color en la ciudad neoyorkina. En las áreas urbanas, más del 50 % de los varones de color no terminaban la escuela secundaria[14]. En 2004, un grupo de educadores, padres, líderes comunitarios y socios corporativos, encabezados por One Hundred Black Men, Inc., abrieron la primera Eagle Academy for Young Men en el sur del Bronx. Esta fue la primera escuela pública para varones de un solo sexo que abrió en la ciudad de Nueva York en aproximadamente 30 años, y su director fundador fue David C. Banks. En 20 años por sus aulas ya han pasado un total de 40.250 jóvenes, cuya tasa de graduación es del 98 %[15].

En definitiva, se trata de un claro ejemplo de prospectiva normativa, en el que se apuesta decididamente por tratar de cambiar a largo plazo una tendencia que parecía irreversible. Este instrumento de prospectiva administrativa refleja a la perfección el carácter multinivel de este tipo de decisiones. A lo largo del proceso, existe un problema, se diagnostica a través de la literatura científica y la sociedad civil, y más adelante se le trata de poner un remedio con la forma de una normativa que trate de adaptarse a las necesidades del momento. En el caso concreto, no es la norma la que establece un criterio, sino que da amplias facultades para abordar los problemas que afrontan las diferentes comunidades e instituciones educativas. No es la norma la que crea la realidad, sino que sirve a la ciudadanía como punto de apoyo para afrontar los desafíos del futuro.

Además, este caso refleja lo que RIVERO ORTEGA y otros autores denominan como «deliberación prospectiva»[16]. Se trata de ofrecer alternativamente una salida a los responsables de las políticas públicas para prever las reacciones concretas a adoptar en situaciones de incertidumbre previa. Añade RIVERO citando a CAIRNS y WHRIGT que: «las comunidades pueden ser habilitadas para reconocer y responder de forma autónoma ante las circunstancias locales o regionales (un argumento en contra de la centralización de los procesos de decisión), para poder actuar con un criterio más adaptado y eficiente. Siempre, claro está, que los expertos en el diseño de escenarios les permitan hacerlo (lo que

---

13   *Vid.* CALVO CHARRO, M., «La Educación diferenciada en el siglo XXI. Regreso al futuro», *Iustel*, Madrid, 2016.

14   Fuente. Eagle Academy Foundation. https://eafny.org/crisis/

15   Fuente: Eagle Academy Foundation https://eafny.org/

16   RIVERO ORTEGA, R., «Gobernanza anticipatoria y proactividad administrativa: las virtudes de la descentralización», *Revista Vasca de Administración Pública*, n.º 118, 220, p.88.

supondría renunciar en parte a su protagonismo y poder decisorio, lo que no parece nada fácil)»[17]/[18].

Es una cuestión que encaja perfectamente en esta situación particular. Los indicadores reflejaban una desproporción por el colectivo masculino y de color en el área urbana de Nueva York. La academia hizo su función deliberativa junto con la sociedad civil. No hay que omitir los puntos de vista divergentes a la hora de plantear una solución, que no fue óbice para permitir a las comunidades locales de implementar el proyecto de los colegios de educación diferenciada para reforzar a este sector de la población.

Los resultados de estos centros escolares son asombrosos y un ejemplo de regulación prospectiva.

3. La gestión de la transición o *transition managment.* El ejemplo del abandono escolar

A la hora de articular las diferentes fases de elaboración previa reglamentaria, es imprescindible que la administración debata desde la prospectiva con distintos actores dentro del mundo educativo. Entre estos actores destacan algunos por el prestigio que han ido cosechando a lo largo de los años a través de sus trabajos de análisis de las diferentes cuestiones relativas a la educación. Entre estos destacan la OCDE o la UNESCO[19].

Una de las herramientas que se disponen para afrontar decisiones con una visión a largo plazo o prospectiva es la aportación por la comunidad de expertos de los diferentes informes relativos a la educación en su tarea evaluadora. Sin embargo, evaluar la calidad del sistema educativo es una tarea compleja. A veces los indicadores no son del todo medibles u objetivos, aunque cabe señalar que los más significativos tienen que ver con la tasa de abandono escolar, los resultados en pruebas estandarizadas internacionales y la inserción laboral de los graduados. Entre estos informes, nos vamos a detener en una temática que se suelen abordar en ellos como lo es el abandono escolar temprano (AET) debido a su facilidad a la hora de cuantificarlos. Estos proceden de ciertas instituciones especialmente significativas como la Oficina Nacional de Prospectiva del Gobierno de España, o de la OCDE.

---

17 *Ibidem*.

18 *Op cit.*, CAIRNS, G. y WRIGHT, G., «A reflection on the mass production of scenarios in response to COVID-19», *Futures and Foresight Science*, 2020.

19 *Vid.* HERNÁNDEZ SERRANO, M. J. y MORALES ROMO, N., «Prospectiva de futuro desde y hacia la educación: análisis multidimensional», SÁNCHEZ SÁNCHEZ, Z. (Dir.) y EIROS BACHILLER, M. (Coord.), *Regulación con prospectiva de futuro y de consenso; Gobernanza Anticipatoria y Prospectiva administrativa*, Aranzadi, Pamplona, 2022.

La Oficina de Prospectiva y Estrategia del Gobierno de España dependiente de la Presidencia del Gobierno de España, se creó en 2020 como herramienta para luchar el cortoplacismo. Entre las diferentes funciones que desempeña la oficina se encuentra: ayuda a anticipar riesgos y oportunidades que a menudo resultan poco visibles en el presente más inmediato, lo que a su vez permite ganar tiempo y responder de manera proactiva (y no reactiva) a ellos; contribuye a establecer prioridades; abre la mente a nuevas posibilidades; visibiliza los costes de la inacción; permite diseñar políticas más resilientes y ayuda a atenuar discrepancias, acercar posturas y construir acuerdos[20].

De los trabajos por los que más se ha destacado la Oficina de Prospectiva es el informe «España 2050. Fundamentos y propuestas para una Estrategia Nacional de Largo Plazo» que proporciona un análisis diacrónico y prospectivo de nueve grandes desafíos que España deberá superar de aquí a mediados de siglo si quiere converger con el grupo de los países más avanzados de Europa: 200 propuestas para lograrlo y un cuadro de 50 objetivos e indicadores cuantitativos para diseñar líneas de acción, tomar medidas concretas y monitorear el progreso en los próximos años.

Dicho informe, agrupa las temáticas más relevantes en una suerte de «desafíos» que se han de afrontar en los siguiente treinta años. Dentro de estos desafíos, destaca el «desafío 2: Conquistar la vanguardia educativa». En este análisis de los principales retos del mundo educativo español, destaca el informe en que una de las asignaturas pendientes es la Tasa de abandono escolar temprano[21].

Dentro de los diferentes datos que se revelan a través de este informe sobre la Tasa AET, destaca que a pesar de las notables mejoras en estas últimas décadas en este aspecto, España sigue estando a la cola europea, con más de un 17 % de población sin que termine sus estudios obligatorios. Se está 7 puntos porcentuales por encima del objetivo marcado por la UE en 2020. También llama la atención que el fenómeno afecta sobre todo a los varones. En 2019, la tasa de abandono escolar temprano en España era del 21 % para los hombres y del 13 % para las mujeres[22].

Por otro lado, la OCDE publicó un informe de 2023 con cierta repercusión mediática en el que la institución trataba de dar respuesta a una petición del Ministerio de Educación sobre cómo reducir la tasa de abandono temprano, en el que se señalaba una de las debilidades del sistema educativo español como el porcentaje de jóvenes entre 18 y 24 años sin titulación más que la educación

---

20   Fuente: https://futuros.gob.es/la-oficina

21   OFICINA NACIONAL DE PROSPECTIVA Y ESTRATEGIA, *España 2050: Fundamentos y propuestas para una Estrategia Nacional de Largo Plazo*. 2022.

22   Para más detalles, véase: Eurostat. Early leavers from education and training [edat_lfse_14]. https://ec.europa. eu/eurostat/data/database

obligatoria era una de las más altas de toda Europa[23]. Es interesante profundizar en este informe que apoya sus argumentos en los diferentes mecanismos de prospectiva que se analizan en este trabajo e identifica las fortalezas y los principales desafíos para abordar el AET en España y más adelante realiza una serie de propuestas para un plan de acción para reducir el abandono escolar temprano en España. En concreto establece cinco áreas de acción:

- Área de acción 1: Establecer un enfoque común para identificar los «centros vulnerables» y orientar los recursos que se traduce en Desarrollar un «índice de vulnerabilidad escolar» que sea equiparable en toda España y que pueda utilizarse para identificar y asignar recursos a los centros educativos. Para ello recomienda establecer un grupo de trabajo para diseñar y supervisar la puesta a prueba del índice de vulnerabilidad escolar.

- Área de acción 2: Desarrollar la capacidad del profesorado para prestar apoyo a los alumnos diversos, fomentar la inclusión y el bienestar, y prevenir el abandono escolar temprano.

- Área de acción 3: Promover intervenciones a nivel escolar y comunitario para apoyar a los alumnos diversos y fomentar la inclusión y la equidad.

- Ámbito de actuación 4: Seguir fomentando la flexibilidad curricular, una formación profesional atractiva y de calidad y los programas de reincorporación escolar.

- Área de acción 5: Fomentar e institucionalizar la colaboración y el intercambio de conocimientos a escala nacional sobre «aquello que da resultado».

Después de establecer un plan de acción con las líneas maestras, establece las diferentes propuestas de manera más concreta, fija a las partes implicadas y el grado de prioridad a la hora de realizar esa acción. Por ejemplo, recomienda que sea la Conferencia Sectorial de Educación la encargada de desarrollar un índice de vulnerabilidad escolar que incluya un componente básico, con indicadores comunes a todas las comunidades autónomas y un componente discrecional para responder a las circunstancias locales.

Otras instituciones también ahondan y profundizan en estos problemas educativos. Por ejemplo, la Fundación Europea Sociedad y Educación (EFSE), elaboraron un informe en 2021 titulado «*Mapa del abandono educativo temprano en España*», que realiza un extenso análisis sobre la problemática. Vuelve a poner el acento en las causas como el entorno socioeconómico de los jóvenes y sus hogares y también afirma que se trata de un fenómeno «claramente masculino, que aumenta a medida que crece la edad de los jóvenes»[24].

---

23   OECD, *Propuestas para un plan de acción para reducir el abandono escolar temprano en España*, n.º 71, Paris. Disponible en: https://doi.org/10.1787/9bc3285d-es

24   SANCHO, M. A. (Dir.), *Mapa del abandono educativo temprano en España. Informe general.* Departamento de Publicaciones de la Fundación Europea Sociedad y Educación. Disponi-

En este sentido, podemos observar que tanto actores tanto públicos como privados, se convierten así en un elemento esencial a la hora de colaboración e incentivo en un análisis prospectivo del sistema educativo. Como afirma SÁNCHEZ SÁNCHEZ: «El sistema obliga a replantear las estructuras claves del sistema para elaborar nuevos planes estratégicos prospectivos: nueva regulación normativa, nuevas infraestructuras físicas, o diferente infraestructura financiera. […] Por ello, es preciso el consenso, la participación y las asociaciones público-privadas, que garanticen retos y objetivos que deben respetarse y afectan a largo plazo a generaciones futuras»[25].

Ahora bien, se puede percibir que existen diferencias en el tono de los informes[26]. Mientras unos subrayan más las cuestiones de equidad, otros plantean otros debates. Eso sí, se puede llegar a un consenso, que resalta la mejora de los datos de estas últimas décadas, y de que existen ciertas tareas pendientes e interrogantes a resolver, véase por ejemplo la gran diferencia porcentual entre varones y mujeres en referencia a la tasa de abandono escolar, a la necesidad de una mayor formación y especialización del profesorado o la oportunidad que presentan las nuevas tecnologías en favor del aprendizaje.

III. La guerra escolar como obstáculo permanente

Una de las denuncias más habituales dentro del sector educativo, es la falta de consenso y diálogo. Es frecuente encontrarse con el término de «guerra escolar»[27] como reflejo de la historia reciente de España en términos sociales, políticos e incluso doctrinales y jurisprudenciales. El gran número de leyes orgánicas de educación, los diferentes reales decretos y las diferentes opiniones vertidas por los diferentes tribunales han sido causa y a la vez reflejo de una sociedad incapaz de llegar a grandes acuerdos en cuestiones tan relevantes para un país como la educación. De ahí la importancia de asumir la responsabilidad de llegar al diálogo y a grandes pactos.

La prospectiva, en este sentido, se convierte en una herramienta útil para aunar voluntades para llegar a un mismo objetivo educativo. Por ejemplo, los

---

ble en: http://www.sociedadyeducacion.org/publicaciones/

25   SÁNCHEZ SÁNCHEZ, Z., «Regulación con prospectiva de futuro y consenso», en SÁNCHEZ SÁNCHEZ, Z. (Dir.) y EIROS BACHILLER, M. (coord.), *Regulación con prospectiva de futuro y de consenso. Gobernanza Anticipatoria y Prospectiva administrativa*, Aranzadi, Pamplona, 2022.

26   En este sentido, *Vid.* RODRÍGUEZ-BOLARDO, F. «La educación española, a examen. Tres puntos de vista», *Aceprensa*, 2023. Disponible en: https://www.aceprensa.com/educacion/calidad-de-ensenanza/la-educacion-espanola-a-examen-tres-puntos-de-vista/

27   Este término está tomado por MARTÍNEZ LÓPEZ-MUÑIZ, J. L., «Autonomía de los centros escolares y derecho a la educación en libertad», *Persona y Derecho*, n.º 50, pp. 447-448, 2004; y DIEZ PICAZO, L. M, *Sistema de derechos fundamentales*, 3.ª edición, Madrid, Thomson-Civitas, 2008.

diálogos de futuro o las redes de *Foresight* son instrumentos necesarios para un proceso normativo consensuado y con vistas al largo plazo. Es el caso de la Universidad de Salamanca junto con la Oficina de Prospectiva, acogieron en 2021 los Diálogos de Futuro y la educación diseñada para impulsar conversaciones plurales e informadas sobre las oportunidades y los desafíos a los que se enfrentarán España y la UE en este siglo en materia educativa[28].

Sin embargo, no hay visos de que la «guerra escolar» atenúe. La reciente modificación de la Ley Orgánica de Educación (LOMLOE) o la Ley Orgánica del Sistema Universitario (LOSU) son un claro signo de falta de grandes acuerdos y consensos entre los grandes actores en cuestiones educativas, tanto a nivel político como a nivel social y académico[29].

No es posible alcanzar mecanismos de prospectiva eficientes, si no alcanzamos cierto grado de consenso en las decisiones más relevantes. Todo esto perjudica no solo a las generaciones que se están formando, sino que tiene una dimensión multinivel. Como afirma el profesor SIMÓN COSANO: «no es solo que la educación se trate de un bien público con efectos positivos sobre el conjunto de la sociedad, también lo tiene sobre los individuos en particular»[30]. Y no solo a las de ahora, sino en gran medida se afecta a las futuras generaciones.

Una de las grandes consecuencias que genera esta falta de consenso y prospectiva en el mundo educativo es indudablemente la falta de seguridad jurídica en ciertas cuestiones relevantes que afectan tanto a nivel individual como al colectivo.

---

28 Fuente: https://futuros.gob.es/nuestro-trabajo/dialogos-sobre-el-futuro/la-educacion#instituciones

29 Lo ilustra perfectamente en rector de la Universidad de Sevilla CASTRO ARROYO, M. A., «La nueva ordenación de las universidades. Estudios sobre la Ley Orgánica 2/2023 del Sistema Universitario», HORGUÉ BAENA, C. (Dir.), *Iustel*, 2023. En dicho prólogo, el rector de la universidad hispalense afirma: «En primer lugar, es notoria que la Ley no ha sido fruto de un gran Pacto de Estado. La Ley fue aprobada con sólo 182 votos a favor y no se produjo un gran acuerdo entre las dos principales fuerzas políticas del país [...]. En segundo lugar, la elaboración de la Ley tampoco ha propiciado la participación activa y cooperativa de todos los sectores directa o indirectamente afectados. De manera elocuente, cabe recordar la omisión deliberada de petición de informe del Proyecto de Ley al Consejo de universidades, contraviniendo lo establecido en el artículo 28 de la Ley Orgánica anterior, vigente al elaborar la Ley actual». En este sentido también *vid.* EIROS BACHILLER, M., «Ley Orgánica 2/2023, de 22 de marzo, del Sistema Universitario [BOE-A-2023-7500]», *Ars Iuris Salmanticensis: AIS : revista europea e iberoamericana de pensamiento y análisis de derecho, ciencia política y criminología*, vol. 11, n.º 2, 2023, pp. 127-32.

30 SIMÓN COSANO, P., «Adultos y jóvenes: una revisión de sus diferencias en valores y preferencias», en SÁNCHEZ SÁNCHEZ, Z. (Dir.) y EIROS BACHILLER, M. (coord.), *Regulación con prospectiva de futuro y de consenso. Gobernanza Anticipatoria y Prospectiva administrativa*, Aranzadi, Pamplona, 2022.

Existen diferentes reformas que no han sido consensuadas en las últimas modificaciones legislativas como la educación concertada[31], el sistema de becas[32], la financiación de la educación centros de un solo sexo[33] o la financiación de la educación especial que refleja la tensión de la política educativa.

IV. Conclusiones

Existen numerosos retos y diferentes problemáticas en las políticas educativas. Los mecanismos de prospectiva son el punto de partida para alcanzar un grado de eficiencia que no comprometa a las generaciones futuras.

Efectivamente existen una gran variedad de modelos pedagógicos que permiten el desarrollo y el crecimiento vital de una persona. Por eso es importante que ese desarrollo sea compatible con unas medidas que favorezcan la dignidad y el respeto que se le ha de brindar al individuo garantizando la libertad de educación y que a su vez se garantice la prestación a la educación.

Este difícil equilibrio es posible con los diferentes actores que pueden participar de los mecanismos de prospectiva expuestos en el trabajo. Esto incluye tanto la colaboración en la elaboración de normas de instituciones públicas y privadas, junto con la academia, expertos en la materia y la sociedad en general a través de mecanismo de participación ciudadana.

También es significativo el caso expuesto anteriormente sobre los colegios de educación diferenciada en Estados Unidos. La implementación de la ley *No Child Left Behind*, es un ejemplo de prospectiva normativa como herramienta para ayudar a las diferentes comunidades más desfavorecidas y afrontar los retos del futuro.

En este sentido, se ha de analizar cuáles son las diferentes medidas a nivel macro y micro que podrían ser implementadas en los diferentes niveles educativos teniendo en cuenta la realidad social de las diferentes comunidades educativas, así como su encaje jurídico en el ordenamiento.

---

31 GUARDIA HERNÁNDEZ, J. J., «Marco constitucional de la enseñanza privada española sostenida con fondos públicos: Recorrido histórico y perspectivas a futuro», *Estudios Constitucionales*, n.º 17, 2019, pp. 321-362.

32 SIMÓN YARZA, F., «Universidades no estatales y servicio público. Reflexiones a la luz de la reciente jurisprudencia constitucional sobre la discriminación en el acceso a las becas», *Revista General de Derecho Constitucional*, n.º 34, 2021.

33 EIROS BACHILLER, M. y MARTÍNEZ LÓPEZ-MUÑIZ, J. L., «El Tribunal Constitucional y la financiación pública de un derecho fundamental de libertad: (Sentencias de 2018 y 2023 sobre concertación de centros educativos de un solo sexo)», *Revista de Administración Pública*, n.º 224, 2024.

Bibliografía

CAIRNS, G. y WRIGHT, G., «A reflection on the mass production of scenarios in response to COVID-19», *Futures and Foresight Science*, 2020.

CALVO CHARRO, M.,

- «Los colegios diferenciados por sexo en Estados Unidos: Constitucionalidad y actualidad de una tendencia imparable», *Revista de Derecho Político*, n.º 86 enero-abril, 2013, pp. 159-194.

- «La Educación diferenciada en el siglo XXI. Regreso al futuro», *Iustel*. Madrid, 2016.

CASTRO ARROYO, M. A., «La nueva ordenación de las universidades. Estudios sobre la Ley Orgánica 2/2023 del Sistema Universitario», en HORGUÉ BAENA, C. (Dir.), *Iustel*, 2023.

DIEZ PICAZO, L. M., *Sistema de derechos fundamentales*, Thomson-Civitas, 3.ª edición, Madrid, 2008.

EIROS BACHILLER, M. y MARTÍNEZ LÓPEZ-MUÑIZ, J. L., «El Tribunal Constitucional y la financiación pública de un derecho fundamental de libertad: (Sentencias de 2018 y 2023 sobre concertación de centros educativos de un solo sexo)», *Revista de Administración Pública*, n.º 224, 2024.

EIROS BACHILLER, M., «Ley Orgánica 2/2023, de 22 de marzo, del Sistema Universitario [BOE-A-2023-7500]», *Ars Iuris Salmanticensis: AIS: revista europea e iberoamericana de pensamiento y análisis de derecho, ciencia política y criminología*, vol. 11, n.º 2, 2023, pp. 127-32.

GUARDIA HERNÁNDEZ, J. J., «Marco constitucional de la enseñanza privada española sostenida con fondos públicos: Recorrido histórico y perspectivas a futuro», *Estudios Constitucionales*, n.º 17, 2019.

HERNÁNDEZ SERRANO, M. J. y MORALES ROMO, N., «Prospectiva de futuro desde y hacia la educación: análisis multidimensional», en SÁNCHEZ SÁNCHEZ, Z. (Dir.) y EIROS BACHILLER, M. (coord.), *Regulación con prospectiva de futuro y de consenso. Gobernanza Anticipatoria y Prospectiva administrativa*, Aranzadi, Pamplona, 2022.

LINDE PANIAGUA, E., El proceso de Bolonia: un sueño convertido en pesadilla, Civitas, 2010.

MARTÍNEZ LÓPEZ-MUÑIZ, J. L., «Autonomía de los centros escolares y derecho a la educación en libertad», en *Persona y Derecho*, n.º 50, 2004.

«Tres cambios necesarios para revitalizar las universidades españolas», Revista española de derecho administrativo, n°. 181, 2016.

PISANI, E., «Administration de Gestion. Administration de Mission», *Revue française de science politique*, Presses Universitaire de France, 1956, pp. 315-330.

PUELLES BENÍTEZ, M., *Política y educación en la España contemporánea*, UNED, Madrid, 2004.

RIVERO ORTEGA, R., «Gobernanza anticipatoria y proactividad administrativa: las virtudes de la descentralización» *Revista Vasca de Administración Pública*, n.º 118, 220.

RODRÍGUEZ-BOLARDO, F., «La educación española, a examen. Tres puntos de vista», *Aceprensa*, 2023. Disponible en: https://www.aceprensa. com/educacion/calidad-de-ensenanza/la-educacion-espanola-a-examen-tres-puntos-de-vista/

ROSE, L., PIERCE, M., DALE, J., MILLER, I. y ZONG, L., «Single-Sex Education», *The Georgetown Journal of Gender and the Law*, vol. XXIV, Issue 2, 2023.

SÁNCHEZ SÁNCHEZ, Z., «Regulación con prospectiva de futuro y consenso», en SÁNCHEZ SÁNCHEZ, Z. (Dir.) y EIROS BACHILLER, M. (coord.), *Regulación con prospectiva de futuro y de consenso. Gobernanza Anticipatoria y Prospectiva administrativa*, Aranzadi, Pamplona, 2022.

SIMÓN COSANO, P., «Adultos y jóvenes: una revisión de sus diferencias en valores y preferencias», en SÁNCHEZ SÁNCHEZ, Z. (Dir.) y EIROS BACHILLER, M. (coord.), *Regulación con prospectiva de futuro y de consenso. Gobernanza Anticipatoria y Prospectiva administrativa*, Aranzadi, Pamplona, 2022.

SIMÓN YARZA, F., «Universidades no estatales y servicio público. Reflexiones a la luz de la reciente jurisprudencia constitucional sobre la discriminación en el acceso a las becas», *Revista General de Derecho Constitucional*, n.º 34, 2021.

WALINE, M., *La administración prospectiva*, Escuela Nacional de Administración Pública (Centro de Formación y Perfeccionamiento de Funcionarios), 1967.

Informes

OFICINA NACIONAL DE PROSPECTIVA Y ESTRATEGIA, *España 2050: Fundamentos y propuestas para una Estrategia Nacional de Largo Plazo*. 2022.

AMERICAN ASSOSATION OF UNIVERSITY WOMEN EDUCATIONAL FOUNDATION, *How schools shortchange girls*, The AAUW Report, 1992. Disponible en: https://www.wcwonline.org/Publications-by-title/how-schools-shortchange-girls-the-aauw-report-a-study-of-major-findings-on-girls-and-education

SANCHO, M. A. (Dir.), *Mapa del abandono educativo temprano en España. Informe general*. Departamento de Publicaciones de la Fundación Europea Sociedad y Educación. Disponible en: https://www.sociedad-yeducacion.org/site/wp-content/uploads/INFORME-GENERAL-AET_WEB_23032021.pdf

OECD, *Propuestas para un plan de acción para reducir el abandono escolar temprano en España*, n.º 71, Paris, 2023. Disponible en: https://doi.org/10.1787/9bc3285Kd-es

GOBERNANZA ANTICIPATIVA E INTELIGENCIA ARTIFICIAL PREDICTIVA EN LA INCORPORACIÓN DE LA PROSPECTIVA A LUCHA CONTRA LA VIOLENCIA DE GÉNERO

Emilio Ferrero García[1]
Universidad de Salamanca

> **SUMARIO:** I. Introducción. II. Prospectiva algorítmica y género. III. Instrumentos algorítmicos en la predicción de reincidencia. IV. Inteligencia artificial y sistemas predictivos contra la violencia de género. V. Problemas y desafíos en el cálculo automatizado del riesgo: el caso de VioGén. VI. Propuestas de mejora, buenas prácticas y perspectiva de futuro. VII. Conclusiones. Bibliografía.

I. Introducción

El presente capítulo tendrá por finalidad el estudio del recurso a los sistemas algorítmicos de predicción probabilística y cálculo del riesgo de reincidencia en la lucha contra la violencia de género, para lo cual se hará un análisis holístico e interdisciplinar de sus distintas dimensiones y aristas, si bien presidido por una perspectiva de género y constitucionalista de los Derechos Fundamentales.

---

1   Personal Investigador Predoctoral de Derecho Constitucional en el Departamento de Derecho Público General. Miembro del Grupo de Investigación de Excelencia Reconocido «Derechos y libertades en la sociedad actual», del Instituto Iberoamericano de Derecho Constitucional y de la Red Internacional en Estudios Interdisciplinares de Género y Diversidad Sexual. Ha sido financiado con cargo a la convocatoria de concurrencia competitiva de contratos predoctorales USAL 2023, cofinanciada por el Banco de Santander.

Por consiguiente, se abordará en primer lugar la incorporación de la anticipación y la predicción al Derecho en la prospectiva de la mano de la inteligencia artificial y sus consecuencias para los derechos de las mujeres al integrar el género como categoría social y jurídica, así como su impacto en la perpetuación de roles, estereotipos y sesgos en sus procedimientos y respuestas matemáticas. De otra parte, se estudiarán los principales sistemas de anticipación algorítmica de cálculo del riesgo aplicado al Derecho, a fin de abordar la aparente neutralidad e infalibilidad digital, en primer término, respecto a los programas virtuales predictivos de cálculo del riesgo y, a continuación, concretados en los dedicados a la reincidencia en materia de violencia contra las mujeres.

Así las cosas, abordaremos las principales problemáticas y amenazas de la aplicación de dichos sistemas a la hora de estimar la probabilidad de reincidencia y determinar las eventuales medidas de protección a las víctimas, para lo cual centraremos nuestra atención en el sistema español VioGén, su respuesta jurisprudencial y la enunciación de una serie de propuestas de mejora, buenas prácticas y reflexiones constitucionalistas con perspectiva de futuro con la finalidad de arbitrar mecanismos efectivos de gobernanza digital anticipativa a la prospectiva bajo óptica científica del género.

II. Prospectiva algorítmica y género

En el actual contexto global, en que los algoritmos de predicción se erigen nítidamente como piedra angular de la inteligencia artificial[2] y si esta, a su vez, constituye el mayor desafío y bajo continuo de nuestro tiempo, entonces la respuesta jurídico-política a su fuerza arrolladora debe venir de la mano de la incorporación real de la anticipación, en tanto que nuevo factor a integrar por medio de la prospectiva en la acción pública.

La IA está programada y su propio sistema de aprendizaje se funda precisamente en procesos de adaptación flexible para la detección y articulación de patrones, a fin de automatizar las posibles opciones de solución de problemas[3]. Dicho de otra forma, se encarga de la generación arquetípica de modelos por medio de sesgos, lo cual, indudablemente, no escapa al género y a cuantos patrones de comportamiento respondan a un sistema cultural estructural cisheteropatriarcal.

---

2   Miró Llinares, F., «El sistema penal ante la inteligencia artificial: actitudes, usos, retos», en Dupuy De Repetto, D. S. y Corvalán, J. G. (Dir.), *Inteligencia artificial, automatización, algoritmos y predicciones en el derecho penal y procesal penal*, B de F, Buenos Aires, 2020, pág. 89.

3   Haenlein, M. & Kaplan, A., «A Brief History of Artificial Intelligence: On the Past, Present, and Future of Artificial Intelligence», *California Management Review*, vol. 61, núm. 4, 2019, pág. 17.

Ciertamente, la categorización es la forma intelectiva más eficaz y extendida de organización y parcelación de diferentes ámbitos, disciplinas, estilos, épocas, ciencias, etc., puesto que nos permite catalogar, diferenciar y agrupar diferentes áreas y fenómenos, individualizándolos en su propia nomenclatura, caracterización y configuración de su propia entidad, a fin de facilitar —cuando no posibilitar— su estudio, separando el grano de la paja.

Sin embargo, corremos con ello el riesgo de que los árboles no nos permitan ver el bosque, cayendo en una compartimentación estanca, simplificadora y arquetípica completamente alejada de una realidad demasiado compleja y poliédrica para una segmentación parcial que, en última instancia, no hará sino responder a una serie de preconfiguraciones y sesgos.

Por consiguiente, la IA se encuentra cargada de preconfiguraciones plasmadas en millones de datos, a fin de agruparlos y categorizarlos con idénticos sesgos de los introducidos en su sistema de aprendizaje mediante la detección de patrones, variaciones estadísticas y valores entre dichos datos[4]. En ese sentido, la perpetuación de los roles, la estereotipación, la división sexual del trabajo y los sesgos de género, introducida a su vez de la mano de quienes programan y diseñan los algoritmos es un elemento de la IA que no podemos ignorar[5].

Así las cosas, la prospectiva resulta esencial en materia de igualdad de género a la hora de incorporar al procedimiento legislativo y la acción de los poderes públicos la sociedad del futuro, cuyas formas de discriminación pretendemos abordar y, en última instancia, erradicar. Ejemplo exitoso de ese enfoque de gobernanza anticipativa sería el análisis de impacto de género *ex ante* de las acciones llevadas a cargo por la Administración, previendo las consecuencias, secuelas y resultados esperados a la hora de prevenir eventuales desviaciones y disfuncionalidades[6].

III. Instrumentos algorítmicos en la predicción de reincidencia

Ante un contexto multipolar y poliédrico de cadenas de incertidumbres y una creciente preocupación por la búsqueda de certezas, en general, y de

---

4   Roa Avella, M. P., Sanabria Moyano, J. E. y Dinas Hurtado, K., «Herramientas de predicción de violencia basada en género y feminicidio mediante la Inteligencia Artificial», *Revista Jurídica Mario Alario D'Filippo*, vol. 15, núm. 30, 2023, pág. 366.

5   Belloso Martin, N., «La problemática de los sesgos algorítmicos (con especial referencia a los de género) ¿Hacia un derecho a la protección contra los sesgos?», en Llano Alonso, F. (Dir.) *Inteligencia artificial y filosofía del derecho*, Laborum, Murcia, 2022, pág. 55.

6   Sánchez, Sánchez, Z., «Promoción de la igualdad en la administración, prospectiva y fondos Next Generation», en Morales Romo, N., *Igualdad y coeducación retos para las escuelas del siglo XXI*, Ed. Universidad de Salamanca, Salamanca, 2022, pág. 153.

seguridad, en particular, no es de extrañar que se haya movilizado a la inteligencia artificial persiguiendo dar una respuesta aparente —y falsariamente— omnisciente en la lucha contra el crimen, en tanto que una de las principales lacras de una sociedad concebida y enarbolada como bien jurídico y código cívico moral de nuestra civilización.

En ese sentido, viciada *a priori* la posibilidad futurista distópica de una tecnología de corte orwelliano o lombrosiana capaz de identificar aquellas personas potencialmente llamadas o determinadas a delinquir antes de cometer ilícito penal alguno, los esfuerzos se han centrado en la predicción de la reincidencia, en tanto que mecanismo prospectivo más o menos objetivable a la hora de articular distintos sistemas algorítmicos en la materia.

Sin embargo, dichos programas no se han visto libres de la incorporación de los sesgos y prejuicios de quienes los programan, diseñan y alimentan en su utilización, tal y como hemos señalado previamente se ha constatado en sistemas como COMPAS *(Correctional Offender Management Profiling for Alternative Sanctions)*, dirigido a calcular el nivel de reincidencia para la judicatura en el proceso de determinación de la excarcelación de la población reclusa susceptible de recibir beneficios penitenciarios en Estados Unidos[7], parcialmente análogo al *RisCanvi* implementado en el sistema penitenciario catalán, al igual que su implementación en sistemas de control y puntuación social, muy extendido ya en China por medio de un *software* llamado *Citizen Score*[8].

Otro tanto se podría decir del programa FAST *(Future Attribute Screening Techonology)* a propósito de los sesgos racistas empleados a la hora de calcular el riesgo de atentado terrorista en el medio aéreo e instalaciones estratégicas, empleado por el Departamento de Seguridad Nacional de EE. UU., fundamentalmente en base a parámetros corporales o biométricos[9].

Así las cosas, no han sido pocos los sistemas algorítmicos diseñados y utilizados por distintas agencias gubernamentales —e incluso empresas de seguridad privada o proveedoras de servicios de defensa— en numerosos países para la implementación de programas de justicia predictiva o cálculo de riesgos, también en compañías privadas en materias de trascendencia económica como los seguros[10].

---

7   Roa Avella, M. D., Sanabria-Moyano, J., y Dinas Hurtado, K., «Uso del algoritmo COMPAS en el proceso penal y los riesgos a los derechos humanos», *Revista Brasileira de Direito Processual*, vol. 8, núm. 1, 2022 pág. 275-311.

8   López de Zubiría Díaz, S., «Discriminación algorítmica e ilusoria neutralidad. Actuales desafíos ante el fortalecimiento de tradicionales desigualdades en materia de violencia contra la mujer», *Femeris*, vol. 9, núm. 2, pág. 81.

9   Herranz, I., «Inteligencia artificial para predecir crímenes», *Año Cero*, núm. 1, 2021.

10 Simón Castellano, P., «Inteligencia artificial y Administración de Justicia: ¿Quo vadis, justitia?», *IDP Revista de Internet, Derecho y Política*, núm. 33, 2021, pág. 6.

En ese sentido, la predicción y la anticipación se demuestran como demandas esenciales de los operadores jurídicos y su incorporación por medio de sistemas de inteligencia artificial resulta ya imparable, particularmente en lo tocante a la reincidencia y predicción delictiva, *verbi gratia*: SVR-20, *Cloudwalk*[11] *Static*-99R[12], *Citizen Score* o HCR-20[13]. Algunos de estos programas o evoluciones de los mismos son ya utilizados en España de hecho, razón por la cual la incorporación de la anticipación algorítmica al sistema policial y judicial resulta de especial interés para la doctrina y los operadores jurídicos[14].

Buena muestra representa el *software* Veripol, utilizado por el Cuerpo Nacional de Policía para el cálculo probabilístico de existencia de denuncias falsas por robo con violencia e intimidación, desarrollado por un grupo de investigación de la Universidad Complutense de Madrid, la *Sapienza* di Roma y el propio Ministerio del Interior[15].

Sin embargo, para poder hablar de una genuina prospectiva será necesario dotar a la justicia anticipativa y la predicción algorítmica de una serie de mecanismos de gobernanza y *check and balance* que aseguren ciertas garantías tanto procesales en sede penal y administrativa como en cuanto respecta a su impacto sobre los Derechos Fundamentales en el orden constitucional.

IV. Inteligencia artificial y sistemas predictivos contra la violencia de género

Con carácter preliminar hemos de tener en cuenta el doble filo de la IA en materia de violencia de género, no ya por las amenazas intrínsecas que su utilización en su combate pueda representar y que serán objeto de discusión en las siguientes páginas, sino su potencial para articular nuevas formas de violencia de género, particularmente por medio de su capacidad generativa.

---

11   PIZARRO, A. A., «Evaluación del riesgo de reincidencia para agresores sexuales», *Revista de Estudios Criminológicos y Penitenciarios*, núm. 11, 2007, págs. 39-55.

12   ARIZA, L., PATIÑO MONTOYA, M. y QUIROZ CAÑIZARES, J., «Análisis documental sobre el instrumento de evaluación de reincidencia de agresión sexual STATIC 99R y el programa de reducción de revocación de alto riesgo (HRRR)», *Revista Jurisprudencial, Lijursanchez*, núm. 2, 2021, págs. 33-47.

13   ROMEO CASABONA, C. M., «Riesgo, procedimientos actuariales basados en inteligencia artificial y medidas de seguridad», *Revista de Derecho, Empresa y Sociedad*, núm. 13, 2018, pág. 44.

14   Véase GONZÁLEZ ÁLVAREZ, J. L., SANTOS HERMOSO, J. y CAMACHO COLLADOS, M., «Policía predictiva en España aplicación y retos futuros», *Behavior & Law Journal*, vol. 6, núm. 1, 2020, págs. 26-41.

15   MONTESINOS GARCÍA, A., «Inteligencia artificial en la justicia con perspectiva de género: amenazas y oportunidades», *Actualidad jurídica iberoamericana*, núm. 21, 2024, pág. 574.

Estas *deepfakes* serán creaciones artificiales generadas por distintos sistemas de IA manipuladores o productores de contenido audiovisual, sin mediar consentimiento y dotadas de un realismo prácticamente indistinguible para una persona dotada de una diligencia media, constituyendo genuinos ataques contra las mujeres, su cosificación e hipersexualización, mediante la generación de contenido pornográfico *fake*, ciber-venganzas, chantajes, campañas de descrédito o acoso[16].

Esta realidad ya cuenta con numerosos ejemplos, algunos de ellos muy sonados, lo que ha promovido —y de forma muy positiva— que la nueva Directiva 2024/1385 de la Unión Europea recientemente aprobada por el Parlamento Europeo y el Consejo reconozca las *deepfakes* como nueva forma de violencia de género en su considerando 19 y artículo 5.1 b), debiendo trasponer dicho espíritu a la legislación nacional, tal vez no tanto por medio de cambios legislativos en lo tocante a dicho fenómeno como en su (re)interpretación[17].

Dicho esto, abordaremos los principales sistemas de IA creados para el combate contra la violencia de género, centrados mayoritariamente en sus facultades anticipativas y predictivas de la reincidencia[18].

El sistema SARA *(Spousal Abuse Risk Assessment)* es un *software* implementado en Canadá y encargado de valorar el riesgo de feminicidio en base a cuatro grados: «bajo», «moderado», «elevado» e «inminente», conforme a la utilización de veinte ítems: historial delictivo (aun no necesariamente acotado a la violencia de género), ajuste psicosocial (como el consumo de drogas, conductas autolíticas o problemas psíquicos), historial de violencia en pareja, delito que motiva la valoración de riesgo, así como otras consideraciones que puedan aportar un mayor riesgo (como ciertas conductas de riesgo o prácticas sexuales)[19].

De otra parte, destacamos la herramienta actuarial ONDARA implementada en EE. UU. y Canadá, si bien sin excesivo éxito, y concretada en la aplicación de únicamente trece ítems. Sin embargo, no será solo su falta de precisión la que centre las críticas doctrinales sobre dicho sistema, sino la

---

16   SIMÓ SOLER, S., «Retos jurídicos derivados de la inteligencia artificial generativa», *InDret*, núm. 2, pág. 498 y véase BARBA ARTEAGA, C., «Deepfakes sexuales: impacto, prevención y perspectivas de género en el entorno digital», en MIGUEL HERNÁNDEZ, *Communication Journal*, vol. 15, núm. 2, 2024, págs. 229-244.

17   DOUE núm. 1385, de 24 de mayo de 2024. DOUE-L-2024-80770.

18   Véase PINTO-MUÑOZ, C., ZUÑIGA-SAMBONI, J. A. y ORDOÑEZ-ERAZO, H. A., «Machine Learning Applied to Gender Violence. A Systematic Mapping Study», *Revista Facultad de Ingeniería*, vol. 32, núm. 64, 2023.

19   PUEYO, A., LÓPEZ, S. y ÁLVAREZ, E., «Valoración del riesgo de violencia contra la pareja por medio de la SARA», *Papeles del psicólogo*, vol. 29, núm. 1, 2008, pág. 115-117.

apreciación de sesgos racistas y diversas formas de discriminación, particularmente recaídas sobre personas indígenas y racializadas[20].

Así las cosas, sus indicadores se concentran eminentemente en la existencia de violencia previa en otras relaciones o fuera de ellas, la subsistencia de antecedentes penales y judiciales, eventual incumplimiento de libertad condicional, confinamiento de la víctima, amenazas previas, preocupación de la víctima por agresiones futuras, maternidad tanto con el agresor como fuera de dicha relación, dos o más indicadores de abuso de sustancias psicotrópicas, la eventual agresión a la víctima en estado de gestación y, finalmente la existencia o no de barreras para el apoyo a la víctima (tanto físicas o psicológicas, económicas o geográficas)[21].

Otros modelos alternativos sería el *Proyect SAFE*, presentado programa experimental implementado en Nigeria o el proyecto BINDI, desarrollado por la Universidad Carlos III de Madrid y dirigido a la detección y alerta automática en situaciones en que la víctima usuaria se encuentre bajo un intenso estado emocional, a través de la medición fisiológica, utilizando un pendiente y una pulsera sincronizadas por una aplicación instalada en el móvil a fin de enviar una alerta, incluyendo un botón del pánico[22].

Por su parte, el sistema Erik-Leal Enríquez implementado en México, se caracteriza por el énfasis en la garantía de una pronta intervención que pueda interrumpir el ciclo de la violencia de género, integrando pues en su proceso de diseño otras disciplinas propias de las ciencias sociales, generando multitud de hipotéticos escenarios posibles de violencia de género por medio de simulaciones algorítmicas y computacionales matemáticas, articulando como eje central la gestión del autocontrol del agresor como indicador clave[23].

De otra parte, conviene dejar constancia de la existencia de otros muchos sistemas con menor incidencia o implantación a los efectos desarrollados en los siguientes apartados pero relevantes en sus campos de actuación, entre los que señalaremos los programas DVSI-R *(Domestic Violence Screening Instrument)*, B-SAFER *(Brief Spousal Assault Form for the Evaluation of Risk)*,

---

20 ULMER, J. C., «La evaluación del riesgo de agresión doméstica en Ontario (ODARA): un estudio de validación y comparación para una agencia de aplicación de la ley de Oregón», *Doctor of Psychology (PsyD), George Fox University*, vol. 177, 2015, pág. 9.

21 Vv. Aa., *The Maine Coalition to end domestic violence & Violence Intervention Partnership of Maine Cumberland County, Maine Guidelines & General Scoring Criteria ODARA*, 2014, págs. 2-13.

22 DZIECH, A., MEES, W. & CZYŻEWSK, A., *Multimedia Communications, Services and Security (10th International Conference, MCSS)*, Springer, 2020, págs. 224.225.

23 LEAL ENRÍQUEZ, E., «Mathematical modeling of intimate partner violence: Simulations of loss of control scenarios», *Journal of Computational and Applied Mathematics*, núm. 330, págs. 1060-1061, 2018. Disponible en: https://doi.org/10.1016/j.cam.2017.07.002

KSID *(Kingston Screening Instrument for Domestic Violence)*, PAPS *(Partner Prognostic Scale)*, DA (Danger Assessment *Tool)*[24], SVRA-I *(Spouse Violence Risk Assessment Inventory)*, DV-MOSAIC *(Threat Assessment Systems)* o RIC de CAADA-DASH *(Risk Identification Checklist for the identification of risk in cases of domestic abuse, stalking and honour-based violence)*[25].

Finalmente, hemos de referirnos a otros sistemas desarrollados en España como serían el propio VioGén, en que luego nos centraremos, así como otros programas autonómicos a los que haremos referencia como SIAV o EBA-R, bajo la lupa por críticas de sesgos racistas incorporadas a su algoritmo, así como el Protocolo RVD-BCN, diseñado en la Universidad de Barcelona para su Guardia Urbana y *Mossos*[26].

Igualmente, destaca el reciente proyecto experimental «Certeza de Voz», del Instituto Andaluz de la Mujer, centrado en la detección precoz mediante el reconocimiento de patrones de identificación por voz a potenciales víctimas de violencia de género en la atención de llamadas de mujeres a los servicios sanitarios[27]. Empero, el riesgo de reproducción de sesgos y alineación a un único patrón de víctima de violencia de género todavía debe ser superado a nuestro juicio, dada su dependencia exclusivamente de factores ligados a la voz, tono y lenguaje por teléfono, con las consiguientes limitaciones.

V. Problemas y desafíos en el cálculo automatizado del riesgo: el caso de Viogén

El sistema VioGén nace en el año 2007, tres años después de la aprobación de la Ley Orgánica 1/2004, de 28 de diciembre, de medidas de protección integral contra la violencia de género[28], como una herramienta algorítmica y de acceso virtual coral por diversos perfiles institucionales dirigida funda-

---

24 LÓPEZ OSSORIO, J. J., GONZÁLEZ-ÁLVAREZ, J. L. y ANDRÉS-PUEYO, A., «Eficacia predictiva de la valoración policial del riesgo de la violencia de género», *Psychosocial Intervention*, vol. 25, núm. 1, 2016, págs. 1-7

25 ANDRÉS PUEYO, A. y ECHEBURÚA, E., «Valoración del riesgo de violencia: instrumentos disponibles e indicaciones de aplicación», *Psicothema*, núm. 22, págs. 403-409. Véase para más información el RUÍZ PÉREZ, I. *et al.*, *Catálogo de instrumentos para cribado y frecuencia del maltrato físico, psicológico y sexual*, Observatorio de Salud de la Mujer - Dirección General de la Agencia de Calidad del Sistema Nacional de Salud – Ministerio de Sanidad y Consumo, Madrid.

26 ÁLVAREZ, M. *et al.*, *Protocolo de Valoración del Riesgo de Violencia contra la Mujer por parte de su pareja o expareja (RVD-BCN)*, Circuito Barcelona Contra la Violencia hacia las Mujeres, Barcelona, 2011.

27 CONSEJERÍA DE IGUALDAD, POLÍTICAS SOCIALES Y CONCILIACIÓN, *Informe anual en materia de violencia de género en la Comunidad Autónoma de Andalucía*, Junta de Andalucía, 2019, pág. 70.

28 BOE núm. 313, de 29-12-2004 (BOE-A-2004-21760).

mentalmente a autoridades policiales y judiciales para el cálculo probabilístico de reincidencia en la materia. Empero, la gran característica diferencial de VioGén respecto a otros sistemas reside en que no agota su actuación en ese cálculo anticipativo, sino que, en consecuencia, despliega una serie de medidas de protección a la víctima.

Cabe señalar que este *software* se encuentra implantado en todo el territorio nacional a excepción de Cataluña y el País Vasco, donde los *Mossos d'Esquadra* y la *Ertzaintza* utilizan sistemas propios[29], como son el SIAV *(Sistema Integral d'Atenció a la Víctima)* y EBA *(Emakumeen eta Etxekoen Babesa*[30]*)*, respectivamente, si bien recientemente se llegó a un acuerdo para la incorporación del sistema EBA-R al sistema VioGén-2 desde octubre del 2024[31], a fin de solventar problemas de coordinación en la materia.

Este carácter integral, tuitivo y garantista consta de dos evaluaciones de riesgos: de una parte, una primera Valoración Policial del Riesgo (VPR), nutrida de la información introducida por los propios agentes policiales en base a los datos extraídos de la entrevista y declaración de la propia víctima, así como de cualquier otra información profesional, testifical o policial relevante y, de otra parte, una segunda Valoración Policial de la Evaluación del Riesgo (VPER). Tal desglose es fundamental puesto que los distintos grados de apreciación del riesgo no son estáticos y pueden cambiar decisivamente, por lo que resulta esencial su evaluación cuyo riesgo se considerará en base a las circunstancias existentes como «no apreciado», «bajo», «medio», «alto» o «extremo».

Dichas circunstancias hallarán su correspondencia con una serie de factores de peligrosidad del agresor, tales como conductas autolíticas, trastornos psíquicos o prácticas tóxicas, así como elementos de vulnerabilidad de la víctima, como dependencia económica, adicciones, discapacidad o embarazo[32].

Sin embargo, es preciso tener presente que su algoritmo no solo dista mucho de ser infalible, sino que tiende a reproducir una serie de sesgos de género que se traduce en una infra-evaluación del riesgo como «no apreciado» en un muy elevado 45 % de los supuestos denunciados, algunos de los cuales finalizaron con el asesinato de la víctima[33], sobre cuyas repercu-

---

29   López Ossorio, J. J., Loinaz, I. y González Álvarez J. L., «Protocolo para la valoración policial del riesgo de violencia de género (VPR 4.0): revisión de su funcionamiento», *Revista Española de Medicina Legal*, vol. 45, núm. 2, 2019, págs. 52-58.

30   Escala de predicción del riesgo de violencia grave contra la pareja.

31   Materializado en el mes de noviembre tras finalizar las pruebas de interconexión.

32   González Álvarez, J. L., López Ossorio, J. J. y Muñoz Rivas, M., *La valoración policial del riesgo de violencia contra la mujer pareja en España – Sistema VioGén*, Ministerio del Interior-Gobierno de España, 2018, págs. 43-44.

33   López De Zubiría Díaz, S., «El uso de herramientas de inteligencia artificial en materia de violencia de género ¿una adecuada estrategia preventiva y represiva?», *Revista penal*

siones jurisprudenciales a efectos de responsabilidades del Estado ahondaremos más adelante.

Así, por medio de cuatro dimensiones, compuestas por doce factores y un total de treinta y nueve indicadores, el VPR desempeña su acción de conformidad con la propia gravedad del hecho, el historial de violencia en la pareja y la propia percepción de la situación por la víctima —lo cual resulta fundamental—. De otra parte, el VPER alcanza la considerable cifra de cuarenta y tres indicadores, de los cuales treinta y cuatro versarían respecto al propio riesgo y nueve abarcarían la protección a la víctima[34], pues este último elemento es, como hemos señalado una de las señas de identidad del programa.

Empero, el diseño de este sistema, visto como modelo en el exterior y, ciertamente, con elementos muy positivos en su haber, cuenta igualmente con numerosas problemáticas que merecieron diversas críticas desde la doctrina hacia el funcionamiento de su algoritmo, así como la escasa trasparencia, siendo fundamental su estudio de cara a evaluar y constatar la existencia de sesgos de género en su algoritmo.

En ese sentido y, con carácter preliminar, hemos de tener en cuenta que la utilización misma de inteligencia artificial para el cálculo de riesgo para una víctima de violencia de género puede ser incluso contradictoria. Tal calificativo viene dado por la propia naturaleza de la IA, cuyo funcionamiento y cálculo probabilístico se funda en la correlación matemática en base a los innumerables datos introducidos para nutrirla a fin de extraer conclusiones fundadas en la estadística.

Así, la tendencia al arquetipo enunciada al inicio del presente trabajo, sumamente problemática desde una perspectiva de los Derechos Fundamentales y la diversidad, puede resultar funesta en cuanto a violencia de género se refiere, puesto que resulta esencial dejar claro que no existe un perfil único ni prototípico de víctima, como tampoco lo existe del agresor.

Por consiguiente, la IA, por su propia naturaleza, viene a amplificar la aplicación de esa estereotipación a las víctimas de violencia de género, expulsando del sistema a aquellas mujeres que no encajen a la perfección en los modelos estadísticamente mayoritarios y socialmente extendidos, traduciéndose en una menor apreciación del riesgo y, en consecuencia, una menor prestación de medidas de protección.

Si además tenemos en cuenta que dicho algoritmo ha sido diseñado evidentemente por personas —mayoritaria y abrumadoramente hombres—, con sus prejuicios y subjetividades, no podemos escudarnos, tal y como

---

México, núm. 25, 2024, pág. 224.

34   González Álvarez, J. L, López Ossorio, J. J. y Muñoz Rivas, M., *La valoración policial...* *op. cit.*, págs. 57 y ss.

hemos señalado, en la ilusoria neutralidad y objetividad de la IA, a la que se le han incorporado los sesgos y prejuicios humanos preexistentes, también respecto a la violencia de género y el machismo, particularmente respecto a la predicción[35].

No obstante, no terminan aquí los problemas detectados en lo tocante a los sesgos de género, sino que debemos tener muy presente que VioGén se trata de un sistema semiautomatizado, en tanto requiere necesariamente de la intervención humana; es el caso de los agentes policiales encargados de cumplimentar el cuestionario VPR 5.0. Dicho de otra forma, si el agente encargado de rellenar el cuestionario tiene sesgos de género, estos se sumarán a los propios de la IA y, según los últimos datos disponibles de los 24.000 agentes de las Fuerzas y Cuerpos de Seguridad del Estado partícipes de Vio-Gén únicamente 1.276 guardias civiles y 1.426 policías nacionales contaban con formación especializada en violencia de género[36], lo que supone apenas un mísero e inasumible 11 % de profesionales capacitados.

De otra parte, no es menor el debate si atendemos a lo delicado, por no decir controvertido, de delegar a la IA una cuestión tan sensible como la protección de las víctimas de violencia de género, siendo en ocasiones la confianza en un algoritmo plagado de sesgos su única protección y muro frente a la reincidencia de su agresor e incluso, su único seguro de vida. No obstante, este desamparo trashumanista, que desdibuja la capacidad efectiva de actuación del Estado no borra su responsabilidad *in vigilando* como garante, dado el incumplimiento del deber de diligencia debida[37].

En ese sentido, se ha pronunciado la jurisprudencia en la materia, destacando por su enorme trascendencia la Sentencia del Tribunal Supremo 371/2018, de 19 de julio[38], así como la dictada por la Sección 5.ª de la Sala Contencioso-Administrativa de la Audiencia Nacional, a 30 de septiembre de 2020[39], llegando a condenarse al Ministerio del Interior por la deficiente protección prestada a una víctima de violencia de género. Igualmente, la doctrina del mismísimo Tribunal Constitucional en su Sentencia 87/2020, de

---

35   LÓPEZ DE ZUBIRÍA DÍAZ, S., «Discriminación algorítmica e ilusoria neutralidad. Actuales desafíos ante el fortalecimiento de tradicionales desigualdades en materia de violencia contra la mujer», *Femeris*, vol. 9, núm. 2, págs. 77-94.

36   MOLINA SÁNCHEZ, M., «La inteligencia artificial como mecanismo para perennizar la desigualdad. Especial referencia al sistema VioGén», en DOMÍNGUEZ ÁLVAREZ, J. L. y TERRÓN SANTOS, D. (Dirs.), *Desafíos éticos, jurídicos y tecnológicos del avance digital*, Ed. Iustel, Madrid, 2023, pág. 127.

37   GARCÍA ORTIZ, A. M. y MOLINA SÁNCHEZ, M., «Inteligencia artificial y prevención de la violencia contra las mujeres», *Revista de Estudios penales y criminológicos*, núm. extra. 44, 2023.

38   Roj: STS 2758:2018 - ECLI: ES:TS:2018:2758. Núm. de recurso: 10067/2018.

39   Roj: SAN 2350:2020 - ECLI: ES:AN:2020:2350. Núm. de recurso: 2187/2019.

20 de julio[40], exige la revisión y conformidad en última instancia del agente con el grado de riesgo y medidas de protección propuestas, configurando una suerte de reserva de humanidad, al menos en último término.

Cierto es que el grado de riesgo determinado por el algoritmo es susceptible de modificación al alza por el agente policial si lo considera insuficiente[41], pero no es menos cierto que la praxis nos demuestra que apenas un testimonial 5 % de los casos son modificados[42].

Empero, relevante es señalar que VioGén sería modificado en el año 2021 y su segunda versión introduciría el *software* SAS Iberia con el objetivo de optimizar la ponderación de los anteriores indicadores por medio de un programa algorítmico automático de *smart policing*, compuesto por cincuenta indicadores y capacitado para graduar el riesgo y proponer medidas en un lapso de tiempo inferior a una hora[43].

No obstante, dicha modificación por sí sola no levantaría los reparos jurisprudenciales, sino que, por el contrario, generaría más dudas razonables al presentar como principal ventaja la minimización del factor humano, con la consiguiente pérdida en términos garantistas de tutela humana de los derechos y la mayor cesión de confianza en la falsaria infalibilidad de la inteligencia algorítmica.

VI. Propuestas de mejora, buenas prácticas y perspectiva de futuro

Visto lo anterior, y a buena cuenta de la frecuente capacidad de cuantos desafíos de tan alta envergadura a la hora de despertar más preguntas que respuestas, para bien o para mal, este capítulo no representará una excepción, razón por la cual trataremos de esbozar algunas reflexiones, planteamientos y propuestas bajo la prometeica empresa de mayor alineamiento de la justicia anticipativa y la policía predictiva para con el interés general por medio de un arbitraje real de canales eficaces de protección multinivel de forma sostenida y sostenible en el tiempo[44].

---

40 «BOE» núm. 220, de 15-08-2020 (BOE-A-2020-9775). Núm. de recurso de amparo: 6127/2018.

41 Instrucción 4/2019, de la Secretaria de Estado de Seguridad, por la que se establece un nuevo protocolo para la valoración policial del nivel de riesgo de violencia de género (Ley Orgánica 1/2004), la gestión de la seguridad de las víctimas y seguimiento de los casos a través del sistema de seguimiento integral de los casos de violencia de género (Sistema VIOGÉN).

42 Molina Sánchez, M., «La inteligencia artificial… *op. cit.*, pág. 127.

43 Roa Avella, M. P., Sanabria Moyano, J. E. y Dinas Hurtado, K., «Herramientas de predicción de violencia basada en género y feminicidio mediante la Inteligencia Artificial», *Revista Jurídica Mario Alario D'Filippo*, vol. 15, núm. 30, 2023, pág. 371.

44 Sánchez, Sánchez, Z., «Promoción de la igualdad en la administración… *op. cit.*, pág. 155.

Así, no podemos olvidar que estos sistemas no desbordan la movilización masiva de datos y su tratamiento e implementación en operaciones automatizantes —o semi automáticas— de toma de decisiones en el derecho penal y administrativo por medio del establecimiento de patrones de correlación determinista[45], con las consiguientes reservas y legítimos reparos desde el punto de vista constitucional.

La determinación no existe, como tampoco los patrones arquetípicos de víctimas y agresores, que tan pernicioso papel desempeñan en el combate contra la violencia de género, en muchos términos, perpetuando precisamente los estereotipos machistas que subyacen en la discriminación estructural a la violencia contra las mujeres por el mero hecho de serlo, elevados por obra y gracia del algoritmo a una trascendencia procesal inaudita y desproporcionada, carente de toda la legitimidad para con las eventuales secuelas en términos de lesiones de los Derechos Fundamentales.

Bajo esta premisa, es imprescindible mudar la falsa expectativa de los agentes policiales en la fiabilidad absoluta de la predicción automatizada[46], para lo cual urge la desacralización de la inteligencia artificial y la consagración efectiva, en cumplimiento con los mandatos jurisprudenciales y doctrinales, de las debidas reservas de humanidad, bajo el carácter tuitivo y garantista que ha de presidir la aplicación práctica tanto del sistema VioGén, como de cuantos sistemas algorítmicos se utilicen, de manera que la última palabra descanse en profesionales policiales y judiciales en posición efectiva de garantes.

Igualmente, frente al riesgo de creciente apreciación preliminar de sesgos de automatización en el sistema VioGén sería conveniente evolucionar hacia un método de valoración simultánea, en lugar de sucesiva, por parte de los propios agentes especializados de las FCSE[47].

Por consiguiente, debe ser el propio órgano jurisdiccional el encargado de verificar la existencia de dicho grado de peligro cierto para la víctima, del que se extraerá el imperativo de adoptar tal o cual medida prevista para la salvaguarda de su seguridad y bienestar, como podría suponer la orden de protección, pudiendo ser preciso cotejar dicha propuesta de riesgo con cuantos informes periciales, forenses o circunstancias fácticas resul-

---

45   De Miguel Beriain, I. y Pérez Estrada M. J., «La inteligencia artificial en el proceso penal español: un análisis de su admisibilidad sobre la base de los derechos fundamentales implicados», *Revista de Derecho de la UNED*, vol. 25, 2019, pág. 536

46   Estévez Mendoza, L. M., «Inteligencia artificial y violencia contra las mujeres: ¿funcionan los sistemas automatizados de evaluación del riesgo?», *Perspectivas, Revista de Ciencias Jurídicas y Políticas*, núm. 3, 2020, pág. 136.

47   Presno Linera, M. Á., «Policía predictiva y prevención de la violencia de género: el sistema VioGén», *IDP: revista de Internet, derecho y política*, núm. 39, 2023.

ten convenientes en la exigencia de la tutela judicial efectiva consagrada constitucionalmente[48].

De otra parte, es preciso actualizar el cuestionario propio de VRP a fin de incorporar las nuevas formas de violencia de género algorítmica de la mano de las TICs, en la línea de la nueva directiva europea en la materia, particularmente en lo tocante a *deepfakes* y formas de ciber-violencias machista. Para ello, resulta más acuciante que nunca caminar desde el concepto de violencia de género de la ley integral 1/2004 al propio del Convenio de Estambul de 2011, a fin de incluir en su seno todas las formas de violencia por razón de género.

En ese sentido y de forma complementaria, debe darse más peso a la violencia psíquica y psicológica, puesto que el actual cuestionario calcula el riesgo centrado, sobre todo, en formas de violencia física, cuando la inmensa mayoría de formas de violencia de género denunciadas en VioGén son psíquicas, cuyo daño no es menor a las físicas y sus consecuencias tienen una enorme gravedad.

De otra parte, se requiere ineluctablemente la incorporación del sistema autonómico SIAV catalán al sistema VioGén-2, a fin de salvaguardar el intercambio unificado, pleno y absoluto de información, tanto sobre el perfil de la víctima como sobre el historial del presunto agresor, siguiendo la estela del sistema vasco EBA, garantizando su sincronización y coordinación eficaz.

No obstante, la mejor prevención frente a la antijuridicidad sigue siendo la educación, arma incombustible e insondablemente cargada de futuro, para lo cual no es necesario descubrir la rueda o la pólvora de nuevo, pero sí resulta imprescindible la tan cotizada y a veces escasa coincidencia entre la voluntad política y el sentido común. Por tanto, un sistema como VioGén donde los agentes policiales deban introducir los datos al algoritmo debe asegurarse de proveer a los mismos de una formación especializada en perspectiva de género, al igual que para la supervisión y eventual corrección de las previsiones algorítmicas.

No existen soluciones fáciles para problemas estructurales y complejos. La IA tiene mucho que aportar, pero flaco favor nos hará si lo tomamos como espejismo, como brocha gorda cuantitativa allí donde se requieren los más precisos pinceles cualitativos. No se trata de la panacea ni solucionará el problema que constituye la lacra execrable de la violencia de género, puesto que seguimos necesitando perspectiva de género y ni la IA ni los santos apóstoles Pedro y Pablo podrán ofrecer una fórmula mágica alternativa a la formación de género.

---

48   DEL POZO PÉREZ, M., «¿Los algoritmos sirven para proteger a las víctimas de violencia de género?», en BUENO DE MATA, F (Dir.), *El impacto de las tecnologías disruptivas en el derecho procesal*, Ed. Aranzadi, Cizur Menor, 2022, págs. 155-181.

VII. Conclusiones

La sustitución de la peligrosidad por el riesgo de violencia viene a constituir un cambio de paradigma crucial en el derecho penal, en general, y en la lucha contra la violencia de género, en particular, al incorporar sistemas de inteligencia artificial para el cálculo probabilístico de la reincidencia.

Sin embargo, estas formas de justicia predictiva y anticipatoria no pueden bajo ningún concepto implicar una deshumanización del Estado en tanto que proveedor último de soluciones jurídicas, pues su delegación ilegítima a la IA vendría a alterar, no ya su responsabilidad, garantizada jurisprudencialmente, sino la vigencia del propio sistema de legitimidad de su soberanía y razón de ser, dimanante de una tutela de los Derechos Fundamentales que no admite dejación de funciones ni transacciones.

De otra parte, la perpetuación de los sesgos, unida a la falta de formación en perspectiva de género de sus operadores, viene a suponer una estela más en ese mosaico de amenazas y desafíos que presenta el algoritmo en su movilización contra la violencia de género, dada su misma naturaleza computacional dirigida al establecimiento de patrones, modelos y arquetipos, con tanta frecuencia estereotipados. Empero, demasiadas son las excepciones, inherentes a la propia humanidad como para uniformizarlas por medio de la imposición meramente cuantitativa.

«Lies, damned lies, and statistics»[49]; esta cita apócrifa, que MARK TWAIN puso en boca del primer ministro británico Benjamin Disraeli, refleja a la perfección la máxima que habría de presidir grabada en piedra el frontispicio de nuestro tiempo, a modo de manual de instrucciones acerca de la inteligencia artificial, sobre todo, en relación con la discriminación, también a modo de conclusión de la presente contribución científica.

Sin embargo, hemos de ser cautos en la materialización de tal necesidad a la hora de recurrir a la IA, puesto que la gobernanza no puede ni podrá fundarse de forma alguna exclusivamente en la estadística, en tanto cuando supondría la elevación misma del amparo de la discriminación a la categoría de ley y el asesinato civil de la diversidad como concepto. Al cada vez más necesario y, con todas sus desafíos y aristas, potencialmente beneficioso recurso del Derecho a la anticipación y la predicción algorítmica, hemos de aunar la articulación de herramientas y dispositivos para su gobernanza, condición de posibilidad para hablar, en pulcritud, de una verdadera prospectiva.

En definitiva, podemos afirmar con rotundidad y decisión que la inteligencia artificial, desposeída de su omnisciencia todopoderosa, no va a hacer desaparecer la discriminación, eso sí, como mucho puede llevarnos —y, de hecho, con frecuencia— a un falso espejismo de neutralidad y rigurosidad

---

49   Traducido por «Mentiras, malditas mentiras y estadísticas»

que traiga aparejado un proceso de racionalización de la desigualdad, al someter sus parámetros a la exactitud empírica de las matemáticas, pero igualmente discriminatoria, con el factor añadido de la mayor certidumbre en sus efectos.

Para evitar tal escenario, aún no escrito, será necesario su sometimiento al Estado de Derecho y a los valores constitucionales, revigorizados y robustecidos por nuevos contrapesos y mecanismos eficaces de gobernanza digital en que la prospectiva está llamada a ocupar un papel central.

Bibliografía

ÁLVAREZ, M. et al., *Protocolo de Valoración del Riesgo de Violencia contra la Mujer por parte de su pareja o expareja (RVD-BCN)*, Circuito Barcelona Contra la Violencia hacia las Mujeres, Barcelona, 2011.

ANDRÉS PUEYO, A. y ECHEBURÚA, E., «Valoración del riesgo de violencia: instrumentos disponibles e indicaciones de aplicación», *Psicothema*, núm. 22, págs. 403-409.

ARIZA, L., PATIÑO MONTOYA, M. y QUIROZ CAÑIZARES, J., «Análisis documental sobre el instrumento de evaluación de reincidencia de agresión sexual STATIC 99R y el programa de reducción de revocación de alto riesgo (HRRR)», *Revista Jurisprudencial, Lijursanchez*, núm. 2, 2021, págs. 33-47.

BARBA ARTEAGA, C., «Deepfakes sexuales: impacto, prevención y perspectivas de género en el entorno digital», en MIGUEL HERNÁNDEZ, *Communication Journal*, vol. 15, núm. 2, 2024, págs. 229-244.

BELLOSO MARTIN, N., «La problemática de los sesgos algorítmicos (con especial referencia a los de género) ¿Hacia un derecho a la protección contra los sesgos?», en LLANO ALONSO, F. (Dir.), *Inteligencia artificial y filosofía del derecho*, Laborum, Murcia, 2022, págs. 45-78.

CONSEJERÍA DE IGUALDAD, POLÍTICAS SOCIALES Y CONCILIACIÓN, *Informe anual en materia de violencia de género en la Comunidad Autónoma de Andalucía*, Junta de Andalucía, 2019.

DE MIGUEL BERIAIN, I. y PÉREZ ESTRADA M. J., «La inteligencia artificial en el proceso penal español: un análisis de su admisibilidad sobre la base de los derechos fundamentales implicados», *Revista de Derecho de la UNED*, vol. 25, 2019, págs. 531-561.

DEL POZO PÉREZ, M., «¿Los algoritmos sirven para proteger a las víctimas de violencia de género?», BUENO DE MATA, F. (Dir.), *El impacto de las tecnologías disruptivas en el derecho procesal*, Aranzadi, Cizur Menor, 2022, págs. 155-181.

DZIECH, A., MEES, W. & CZYŻEWSK, A., *Multimedia Communications, Services and Security (10th International Conference, MCSS)*, Springer, 2020.

ESTÉVEZ MENDOZA, L. M., «Inteligencia artificial y violencia contra las mujeres: ¿funcionan los sistemas automatizados de evaluación del riesgo?», *Perspectivas, Revista de Ciencias Jurídicas y Políticas*, núm. 3, 2020, págs. 127-141.

GARCÍA ORTIZ, A. M. y MOLINA SÁNCHEZ, M., «Inteligencia artificial y prevención de la violencia contra las mujeres: la responsabilidad del Estado ante el incumplimiento del deber de debida diligencia», *Revista de Estudios penales y criminológicos*, núm. extra. 44, 2023, https://doi.org/10.15304/epc.44.8854

GONZÁLEZ ÁLVAREZ, J. L, LÓPEZ OSSORIO, J. J. y MUÑOZ RIVAS, M., *La valoración policial del riesgo de violencia contra la mujer pareja en España - Sistema VioGén*, Ministerio del Interior-Gobierno de España, 2018.

GONZÁLEZ ÁLVAREZ, J. L., SANTOS HERMOSO, J. y CAMACHO COLLADOS, M., «Policía predictiva en España aplicación y retos futuros», *Behavior & Law Journal*, vol. 6, núm. 1, 2020, págs. 26-41.

HAENLEIN, M. & KAPLAN, A., «A Brief History of Artificial Intelligence: On the Past, Present, and Future of Artificial Intelligence», *California Management Review*, vol. 61, núm. 4, 2019, págs. 5-14, https://doi.org/10.1177/0008125619864925

HERRANZ, I., «Inteligencia artificial para predecir crímenes», *Año Cero*, núm. 1, 2021.

LEAL ENRÍQUEZ, E., «Mathematical modeling of intimate partner violence: Simulations of loss of control scenarios», *Journal of Computational and Applied Mathematics*, núm. 330, 2018. págs. 1052-1062, https://doi.org/10.1016/j.cam.2017.07.002

LÓPEZ DE ZUBIRÍA DÍAZ, S., «Discriminación algorítmica e ilusoria neutralidad. Actuales desafíos ante el fortalecimiento de tradicionales desigualdades en materia de violencia contra la mujer», *Femeris*, vol. 9, núm. 2, págs. 77-94, doi: 10.20318/femeris.2024.8641

LÓPEZ DE ZUBIRÍA DÍAZ, S., «El uso de herramientas de inteligencia artificial en materia de violencia de género ¿una adecuada estrategia preventiva y represiva?», *Revista penal México*, núm. 25, 2024, págs. 213-236.

LÓPEZ OSSORIO, J. J., GONZÁLEZ-ÁLVAREZ, J. L. y ANDRÉS-PUEYO, A., «Eficacia predictiva de la valoración policial del riesgo de la violencia de género», *Psychosocial Intervention*, vol. 25, núm. 1, 2016, págs. 1-7.

LÓPEZ OSSORIO, J. J., LOINAZ, I. y GONZÁLEZ ÁLVAREZ J. L., «Protocolo para la valoración policial del riesgo de violencia de género (VPR 4.0): revisión de su funcionamiento», en Revista Española de Medicina Legal. Vol. 45, núm. 2, 2019, págs. 52-58.

MIRÓ LLINARES, F., «El sistema penal ante la inteligencia artificial: actitudes, usos, retos», en DUPUY DE REPETTO, D. S. y CORVALÁN, J. G. (Dir.), Inteligencia artificial, automatización, algoritmos y predicciones en el derecho penal y procesal penal, B de F, Buenos Aires, 2020, págs. 81-136.

MOLINA SÁNCHEZ, M., «La inteligencia artificial como mecanismo para perennizar la desigualdad. Especial referencia al sistema VioGén», en DOMÍNGUEZ ÁLVAREZ, J. L. y TERRÓN SANTOS, D. (Dirs.), Desafíos éticos, jurídicos y tecnológicos del avance digital, Iustel, Madrid, 2023, págs. 119-134.

MONTESINOS GARCÍA, A., «Inteligencia artificial en la justicia con perspectiva de género: amenazas y oportunidades», Actualidad jurídica iberoamericana, núm. 21, 2024, págs. 566-597.

PINTO-MUÑOZ, C., ZUÑIGA-SAMBONI, J. A. y ORDOÑEZ-ERAZO, H. A., «Machine Learning Applied to Gender Violence. A Systematic Mapping Study», Revista Facultad de Ingeniería, vol. 32, núm. 64, 2023.

PIZARRO, A. A., «Evaluación del riesgo de reincidencia para agresores sexuales», Revista de Estudios Criminológicos y Penitenciarios, núm. 11, 2007, págs. 39-55.

PRESNO LINERA, M. Á., «Policía predictiva y prevención de la violencia de género: el sistema VioGén», IDP: revista de Internet, derecho y política, núm. 39, 2023.

PUEYO, A., LÓPEZ, S. y ÁLVAREZ, E., «Valoración del riesgo de violencia contra la pareja por medio de la SARA», Papeles del psicólogo, vol. 29, núm. 1, 2008, págs. 107-122.

ROA AVELLA, M. D., SANABRIA-MOYANO, J. y DINAS HURTADO, K., «Uso del algoritmo COMPAS en el proceso penal y los riesgos a los derechos humanos», Revista Brasileira de Direito Processual, vol. 8, núm. 1, 2022 pág. 275-311, https://doi.org/10.22197/rbdpp.v8i1.615.

ROA AVELLA, M. P. et al., «Los estándares internacionales de protección de la violencia basada en género de las mujeres aplicados a la inteligencia artificial predictiva», Justicia, vol. 28, núm. 43, 2023, págs. 43-56.

ROA AVELLA, M. P., SANABRIA MOYANO, J. E. y DINAS HURTADO, K., «Herramientas de predicción de violencia basada en género y feminicidio mediante la Inteligencia Artificial», Revista Jurídica Mario Alario D'Filippo, vol. 15, núm. 30, 2023, págs. 360-390.

Romeo Casabona, C. M., «Riesgo, procedimientos actuariales basados en inteligencia artificial y medidas de seguridad», *Revista de Derecho, Empresa y Sociedad*, núm. 13, 2018, págs. 39-55.

Ruíz Pérez, I. *et al.*, *Catálogo de instrumentos para cribado y frecuencia del maltrato físico, psicológico y sexual*, Observatorio de Salud de la Mujer - Dirección General de la Agencia de Calidad del Sistema Nacional de Salud - Ministerio de Sanidad y Consumo, Madrid.

Sánchez, Sánchez, Z., «Promoción de la igualdad en la administración, prospectiva y fondos Next Generation», en Morales Romo, N., *Igualdad y coeducación retos para las escuelas del siglo XXI*, Ed. Universidad de Salamanca, Salamanca, 2022, págs. 143-164.

Simó Soler, S., «Retos jurídicos derivados de la inteligencia artificial generativa», *InDret*, núm. 2, págs. 493-515, https://doi.org/10.31009/InDret.2023.i2.11.

Simón Castellano, P., «Inteligencia artificial y Administración de Justicia: ¿Quo vadis, justitia?», *IDP: Revista de Internet, Derecho y Política*, núm. 33, 2021.

Ulmer, J. C., «La evaluación del riesgo de agresión doméstica en Ontario (ODARA): un estudio de validación y comparación para una agencia de aplicación de la ley de Oregón», *Doctor of Psychology (PsyD), George Fox University*, vol. 177, 2015.

VV. AA., *The Maine Coalition to end domestic violence & Violence Intervention Partnership of Maine Cumberland County, Maine Guidelines & General Scoring Criteria ODARA*, 2014.

UNIÓN EUROPEA, PROSPECTIVA Y REGULACIÓN. ANÁLISIS DE CASOS

Roberto Rodríguez García

Investigador Predoctoral
Departamento de Derecho Administrativo, Financiero y Procesal
Universidad de Salamanca

I. Introducción

En los últimos años, como solución a los desafíos derivados de la falta de interés por parte de los representantes políticos por el futuro y el traslado de los costes ocasionados por la inacción en áreas políticas claves hacia las siguientes generaciones, un gran número de países han incorporado en sus estructuras gubernamentales y en sus respectivos parlamentos oficinas de prospectiva y comités parlamentarios sobre el futuro[1].

La gobernanza anticipatoria proporciona un conjunto de prácticas, conocimientos y esquemas teóricos que posibilitan la utilización de la prospectiva en la planificación administrativa y en los proyectos legislativos. Estos instrumentos tienen como fundamento la realidad burocrática y el funcionamiento de las Administraciones públicas. Las prácticas de gobernanza anticipatoria aplicadas por los Estados miembros de la Unión Europea analizados en el presente capítulo son las comisiones de futuro[2].

---

1 GONZÁLEZ RICOY, I., «Instituciones intergeneracionales y cortoplacismo político», *Revista Española de Ciencia Política*, núm. 41 (2016), pp. 67-92.

2 SÁNCHEZ SÁNCHEZ, Z., «Regulación para la recuperación económica: comparada, prospectiva y de consenso», *Derecho Administrativo: Revista de Doctrina, Jurisprudencia, Legislación y Práctica*, núm. 136 (2021), pp.11-23.

Las comisiones de futuro son institutos de comunicación o unidades que llevan a cabo ese trabajo prospectivo cuyas conclusiones son adoptadas por la Administración pública y por la sociedad. Su finalidad es doble: por un lado, evalúan las consecuencias en el largo plazo de las actuaciones que se implementen por parte del Ejecutivo y administraciones públicas y, por otro lado, fomentar la discusión y la reflexión ciudadana. El objetivo de las comisiones de futuro o prospectiva es hacer frente a ciertas deficiencias en el sistema democrático que se trasladan a las políticas y medidas de las administraciones debido a los planes orientados al corto plazo que se toman como referencia para la elaboración de leyes[3].

El objetivo del presente capítulo es realizar un análisis descriptivo de los Estados miembros de la Unión Europea que han incorporado la prospectiva estratégica en sus estructuras gubernamentales o que cuentan en sus respectivos parlamentos nacionales con comisiones o comités parlamentarios sobre el futuro. Los países analizados han sido seleccionados de manera coordinada con la autora del capítulo siguiente. Una vez realizado el análisis elaboraremos unas conclusiones en donde señalamos los puntos en común de cada una de las unidades de prospectiva y unas propuestas de mejora.

II. Unión Europea, prospectiva y regulación. Análisis de casos

1. Comisión Europea

Naturaleza: Poder Ejecutivo. La Comisión Europea publica cada año un informe acerca de la prospectiva estratégica que ayuda a la definición de sus actuaciones y a la planificación de sus actividades a largo plazo[4]. Los informes se realizan mediante un procedimiento de prospectiva colaborativa y que involucra a diferentes actores liderado por los servicios de la Comisión en colaboración con los Veintisiete y se discuten tanto con el Sistema Europeo para el Análisis Estratégico y Político como con ciudadanos o grupos afectados.

La implementación de una red de prospectiva a nivel comunitario quedó reflejada en el informe de prospectiva estratégica de 2020 de la Comisión. La finalidad es el fomento de la cooperación para utilizar las habilidades de prospectiva de la Administración Pública recopilando el conocimiento científico y las buenas prácticas de los diferentes Estados miembros y de la Comisión Europea, con la intención de usarlos en la transmisión de conocimiento y

---

3   SÁNCHEZ SÁNCHEZ, Z., *ibid*.

4   COMISIÓN EUROPEA. (s.f.). *Prospectiva estratégica*. Consultado en [https://commission.europa.eu/strategy-and-policy/strategic-planning/strategic-foresight_es].

experiencias y en la cooperación acerca de asuntos clave para el devenir de nuestras sociedades.

La red de prospectiva a nivel comunitario está compuesta por dos categorías. En primer lugar, los Ministros para el futuro, cada uno de los Ejecutivos de los veintisiete Estados miembros nombra a instancias del Vicepresidente Šefčovič un representante ministerial de su gobierno. Los Ministros celebrarán, con una periodicidad mínima anual, uno o varios encuentros de carácter informal y su trabajo consiste en dialogar y en llegar a acuerdos con la Comisión sobre los temas centrales de su programa de prospectiva estratégica, evaluar los avances, discutir temas cruciales para el devenir de la Unión y establecer un plan de acción y definir los medios para su supervisión. Este trabajo forma parte de la agenda a largo plazo de la Unión Europea.

La misión de los Ministros para el futuro es asistida por una estructura de personal de la alta dirección de los ejecutivos de los diferentes Estados miembros, los cuales celebrarán al menos dos encuentros anuales para planificar las sesiones de los Ministros, supervisar sus resultados y colaborar de manera conjunta para alcanzar objetivos comunes.

La prospectiva estratégica orienta a la Comisión hacia el logro de las prioridades políticas de la presidenta Von der Leyen a través de las actuaciones descritas a continuación:

- Llevar a cabo actividades de prospectiva acerca de temas centrados en el futuro, para analizar la forma de alcanzar los objetivos planteados en las prioridades políticas de la Comisión y examinar las grandes transformaciones, los desafíos y los temas en desarrollo, además de definir las cuestiones trascendentales para la Unión Europea. Estas actividades comprenden la elaboración por parte de la Comisión Europea de un informe de prospectiva estratégica cada año.

- Respaldo a las actuaciones de la Comisión en el contexto del Programa de Mejora de la Legislación actualizado. Las acciones y estrategias políticas prioritarias tienen que plasmar la prospectiva estratégica y asegurar de esta manera que las políticas comunitarias se formulen desde un conocimiento explícito de las grandes transformaciones y los temas en desarrollo, los potenciales futuros y las amenazas y las posibles situaciones positivas vinculadas.

- Respaldo mediante los boletines Foresight ON, los cuales se centran en prospectivas específicas, al pensamiento futuro de los encargados de la formulación de políticas y al estímulo para los planes de acción orientados al futuro acerca de los asuntos políticos fundamentales.

- Guiar el análisis en el contexto del programa de adecuación y eficacia de la regulación, que identifica las posibilidades para reducir la legislación comunitaria y se utiliza como fundamento para analizar si la normativa en vigor de la Unión se continúa considerando apropiada para el largo plazo.

- **Composición**: Ningún otro responsable político de la Comisión Europea, hasta el vicepresidente ejecutivo Maroš Šefčovič, había tenido competencias en el ámbito de la prospectiva estratégica. Entre su trabajo se incluye dirigir las acciones que tienen como objetivo incorporar la prospectiva estratégica en el centro de la formulación de las políticas comunitarias. La Secretaría General y el Centro Común de Investigación se encargan de llevar a cabo la misión del vicepresidente, el Centro Común de Investigación utiliza sus propias habilidades de prospectiva para realizar esta tarea. La Red de Prospectiva Estratégica de la Comisión asegura la armonización de las políticas para el futuro entre las diferentes Direcciones Generales. La Comisión está cooperando íntimamente y estableciendo acuerdos en cuestiones de prospectiva con el resto de las instituciones comunitarias, principalmente en el marco del Sistema Europeo para el Análisis Estratégico y Político. Además, coopera con aliados afines y crea alianzas que utilizan las habilidades de prospectiva pública de los Estados miembros mediante la red de prospectiva a nivel comunitario.

2. España

Nombre: Oficina Nacional de Prospectiva y Estrategia.

Naturaleza: Poder Ejecutivo. La Oficina Nacional de Prospectiva y Estrategia[5] fue establecida en enero de 2020. Situada en el Palacio de la Moncloa, dentro de la estructura orgánica del Gabinete de la Presidencia del Gobierno, informa ante el Presidente del Gobierno y el Director del Gabinete de la Presidencia. Según el Real Decreto 890/2023, de 27 de noviembre, por el que se aprueba la estructura de la Presidencia del Gobierno, la Oficina Nacional de Prospectiva y Estrategia[6] se integra dentro de la Secretaría General de Políticas Públicas, Asuntos Europeos y Prospectiva Estratégica con rango de dirección general.

La falta de una visión a largo plazo constituye uno de los principales desafíos a los que nos enfrentamos en la actualidad. Durante los últimos años, procesos como la globalización o la rápida transformación digital, entre otros, han supuesto que las perspectivas políticas de los Estados de nuestro entorno se orienten cada vez más en el corto plazo. Las instituciones actuales deben hacer frente a transformaciones cada vez más regulares; tienen que gobernar las dinámicas sociales, económicas y tecnológicas que evolucionan a un ritmo frenético; y hacer frente a una avalancha de información

---

5   Oficina Nacional De Prospectiva Y Estrategia (s.f.). La Oficina. Oficina Nacional de Prospectiva y Estrategia. Consultado en [https://futuros.gob.es/la-oficina].

6   Real Decreto 890/2023, de 27 de noviembre, por el que se aprueba la estructura de la Presidencia del Gobierno (BOE núm. 284, de 28 de noviembre de 2023).

en donde «la última hora» perdura un breve periodo de tiempo y los sucesos casi nunca se examinan con el detenimiento y la tranquilidad que requieren.

La consecuencia de todo ello es una ciudadanía enfocada progresivamente en el corto plazo, en donde el presente tiende a desplazar al futuro. Los efectos de esta visión cortoplacista se manifiestan en diferentes aspectos. La falta de una visión a largo plazo perjudica el bienestar de la sociedad y dificulta hacer frente de manera efectiva a los principales retos de la actualidad. Además, compromete el bienestar de las generaciones futuras, postergando de manera indefinida cambios que pese a su dificultad son imprescindibles y trasladando al futuro gran parte de las deficiencias del sistema en el que vivimos.

Por suerte, un número creciente de Estados está tomando conciencia ante este asunto. Recientemente, diferentes gobiernos y organizaciones internacionales han implementado proyectos orientados a ampliar el marco temporal de sus actuaciones y a fomentar sus habilidades de «gobernanza anticipatoria» y planificación estratégica. En la actualidad, países como Alemania, Finlandia, Francia o Portugal, organizaciones internacionales como la ONU, la OCDE y la OTAN e instituciones comunitarias como la Comisión y el Parlamento Europeo disponen de unidades de prospectiva.

La misión de la Oficina Nacional de Prospectiva y Estrategia es examinar de forma organizada los datos existentes con el objetivo de establecer los potenciales retos y situaciones favorables, en términos demográficos, económicos, geopolíticos, medioambientales, sociales o educativos, a los que el país deberá hacer frente en el medio y largo plazo, y contribuir a que España pueda afrontarlos con éxito.

Con el fin de llevar a cabo este objetivo, la Oficina colabora íntimamente con los ministerios y demás instituciones del Estado, universidades, *think tanks*, fundaciones, ONGs y organizaciones de la sociedad civil. Asimismo, actúa en nombre de España en la EU-wide Foresight Network de la Comisión Europea y coopera con instituciones de la Unión como el Joint Research Centre.

En definitiva, la misión de la Oficina no es «adivinar el futuro», lo que resulta manifiestamente inviable, sino mejorar su comprensión, a través de la utilización de técnicas cuantitativas y cualitativas aceptadas por la comunidad científica.

Entre el trabajo realizado por la Oficina destaca la Estrategia España 2050, un estudio de conocimiento colaborativo y prospectiva estratégica orientada a alcanzar una doble finalidad: ampliar el conocimiento como sociedad de los retos y las posibles situaciones favorables que puedan surgir a nivel social, económico y medioambiental que el país deberá hacer frente en el futuro; crear, sobre la base de un proceso participativo y de comunicación entre las partes interesadas, una Estrategia Nacional de Largo Plazo que haga posible el establecimiento de los objetivos principales, trabajar conjuntamente y de manera eficiente, y asegurar la calidad de vida de la sociedad en el futuro.

Composición: La Oficina Nacional de Prospectiva y Estrategia está compuesta por un conjunto de investigadores licenciados y/o doctorados de diferentes campos de estudio como la ciencia política, economía, historia, sociología, derecho e ingeniería ambiental.

Fundación: Creada mediante el Real Decreto 136/2020, de 27 de enero, por el que se reestructura la Presidencia del Gobierno[7].

3. Estonia

Nombre: Foresight Centre. An independent think tank at the Riigikogu.

Naturaleza: Poder legislativo. Foresight Centre[8] es un think tank perteneciente al Parlamento de Estonia cuyos objetivos son examinar las transformaciones a largo plazo en el conjunto de la ciudadanía, detectar los cambios que están surgiendo y las diferentes formas en las que puede evolucionar la sociedad y elaborar previsiones de la evolución de la sociedad. Foresight Centre fundamenta sus investigaciones en una amplia gama de potenciales evoluciones y plantea futuros posibles.

Foresight Centre realiza investigaciones de prospectiva acerca de diferentes asuntos con la finalidad de examinar las transformaciones a largo plazo en el conjunto de la ciudadanía y detectar los cambios que están surgiendo y desarrollos. Los grupos de investigación integran a expertos de reconocido prestigio nacionales e internacionales.

Para las diferentes iniciativas de prospectiva, Foresight Centre analiza y representa el estado de los proyectos, organiza las conclusiones de las investigaciones disponibles y lleva a cabo investigaciones complementarias en el caso de que sea preciso. En la fase final, Foresight Centre diseña posibles futuros hasta 2030 y señala las actuaciones pendientes por parte de los formuladores de políticas.

La finalidad última de las iniciativas de prospectiva es exponer la posible evolución de las áreas investigadas en el futuro.

El Parlamento Estonio aprobó en el año 2016 una ley que regula la finalidad y cómo se estructura la prospectiva[9]. En el segundo capítulo de la ley se recoge la estructura de la prospectiva, la cual está gestionada por el Foresight Centre, las funciones del Foresight Centre y la elaboración del programa de actuación prospectivo; así como las tareas, la composición, la elección y el

---

7   Real Decreto 136/2020, de 27 de enero, por el que se reestructura la Presidencia del Gobierno (BOE núm. 24, de 28 de enero de 2020).

8   REPUBLIC OF ESTONIA GOVERNMENT, *Foresight Center: An independent Think Tank at the Riigikogu. Latest reports*. Disponible en: https://arenguseire.ee/en/about/

9   Ley de Seguimiento del Desarrollo, de 14 de junio de 2016 (RT I, 28.06.2016, 4).

mandato de los integrantes y la estructura y el funcionamiento interno del Consejo.

Composición: Foresight Centre: Tea Danilov, Uku Varblane, Eneli Kindsiko, Märt Masso, Berit Brandt, Marina Bachmann. Foresight Council: Jaan Pillesaar, Annika Uudelepp, Tiit Land, Mait Palts, Tarmo Soomere.

Fundación: 2016.

Nombre: Estonia 2035

Naturaleza: Poder Ejecutivo. La Estrategia «Estonia 2035»[10] define cinco metas estratégicas a largo plazo establecidas tras un proceso participativo en el conjunto del país que duró dos años. Estas metas a largo plazo se asientan sobre una serie de principios básicos que constituyen los fundamentos para la elección entre las diferentes opciones con el objetivo de alcanzar los objetivos a largo plazo de Estonia y a lo que los diferentes planes que establecen los objetivos que el país quiere alcanzar en el futuro y lo necesario para lograrlo ayudan a su cumplimiento, además, se toman en consideración tanto en la planificación financiera de Estonia como en la elaboración del plan de actuación del Ejecutivo. Para lograr las metas estratégicas, es imprescindible tomar en consideración las áreas de mejora, los cambios y transformaciones a nivel mundial, las políticas e iniciativas comunitarias y los Objetivos de Desarrollo Sostenible.

El fundamento para alcanzar las metas es la existencia de un Estado asentado en los valores esenciales de la democracia y en el Estado de Derecho, que se atenga a los pilares del Estado de Derecho y del Estado Social, que conserve y fomente la identidad nacional. Todo ello se asegura a través de una ciudadanía innovadora y comprometida, que aprecia el progreso y la diversidad, al tiempo que protege y fomenta la historia, la lengua, la religión y la cultura estonia y asegura una vida cultural dinámica, plural, inclusiva e innovadora.

Los objetivos estratégicos son los siguientes: las personas, la sociedad, la economía, las condiciones de vida y la gobernanza. El cumplimiento de cada una de las metas, al igual que el respeto a los principios básicos, se supervisa a través de una serie de indicadores. Sobre la base de las investigaciones acerca de la realidad del país y de los cambios a nivel global, es imprescindible llevar a cabo acciones significativas en la mayoría de las áreas que configuran la experiencia humana a fin de hacer frente a los desafíos que se presentan o sacar partido de las situaciones favorables. Estas acciones se incluyen en la Estrategia como nueve áreas de mejora de igual relevancia que tienen que tomarse en consideración en el momento de elegir

---

10 REPUBLIC OF ESTONIA GOVERNMENT, *Foresight Center: An independent Think Tank at the Riigikogu. Latest reports*. Disponible en: https://arenguseire.ee/en/about/

entre las diferentes opciones. Dichas necesidades de desarrollo se centran en los siguientes asuntos: población; salud y esperanza de vida de las personas; sociedad y oportunidades; oportunidades de aprendizaje; ambiente de negocios; biodiversidad y medioambiente; espacio cultural y entorno vital; seguridad y protección; gobernanza.

La Oficina del Gobierno se encarga de dirigir la elaboración, la ejecución y las transformaciones de la Estrategia «Estonia 2035» en colaboración con el Ministerio de Finanzas. La Estrategia se implementa fundamentalmente mediante actuaciones de mejora en los ámbitos correspondientes. Para alcanzar las metas a largo plazo del país se necesita además la colaboración de la administración municipal y las entidades estatales, no gubernamentales y el sector privado, y también de la información y la experiencia de la sociedad en el momento de adoptar elecciones en el día a día.

La Estrategia «Estonia 2035» define las metas a largo plazo que el país y la sociedad tienen que alcanzar en el año 2050 y establece las transformaciones imprescindibles para lograrlos. La Estrategia ha sido acordada a través de discusiones, estudios, seminarios y recopilación de ideas y puntos de vista entre organizaciones e instituciones no asociadas al gobierno, expertos, investigadores, políticos, empresarios, empleados públicos y un gran número de ciudadanos o grupos en los que la Estrategia puede ejercer cierta influencia.

Fundación: La Estrategia «Estonia 2035» fue aprobada por el Parlamento el 12 de mayo de 2021.

4. Francia

Nombre: France Stratégie.

Naturaleza. Poder Ejecutivo. France Stratégie[11], institución de inteligencia y estudios prospectivos acerca de los grandes temas sociales, económicos y medioambientales, elabora documentos e investigaciones sobre diferentes asuntos.

Informando al Primer Ministro, presenta propuestas al poder ejecutivo, impulsa la discusión, coordina actividades de participación y colabora en el análisis posterior a la implementación de las políticas públicas.

Toma en consideración los aspectos regionales, departamentales, comunales y de los territorios de ultramar y además dota a sus investigaciones de un punto de vista europeo y global.

---

11 FRANCE STRATÉGIE (s.f.). *À propos de France Stratégie*. Consultado en [https://www.strategie.gouv.fr/propos-de-france-strategie]

France Stratégie se configura alrededor de cuatro unidades organizacionales que se ocupan de los siguientes asuntos: Economía; Trabajo, empleo, habilidades; Sociedad y políticas sociales; Desarrollo sostenible y digital.

Los objetivos de France Stratégie son los siguientes:

- Prever las transformaciones creando y mejorando herramientas prospectivas de medio y largo plazo.

- Formular alternativas de políticas públicas valiéndose de una cualificación especializada, examinando ejemplos de otros países y basándose en análisis.

- Analizar políticas públicas utilizando una metodología precisa con el objetivo de lograr que los resultados de la implementación de dichas políticas sean más eficaces, fundamentándose en una perspectiva empírica.

- Discutir con las diferentes personas u organizaciones afectadas implicándolos en la elaboración de análisis, prospectiva y recomendaciones.

De acuerdo con la recomendación del Consejo de la Unión Europea, el 23 de junio de 2018 se estableció el Consejo Nacional de Productividad (CNP). Integrado en France Stratégie, su finalidad es examinar los factores y el crecimiento de la productividad y la competitividad en el conjunto del país y de la eurozona.

France Stratégie alberga la Plataforma RSE, un foro de debate, asesoramiento y formulación de recomendaciones presidido por Pierre Victoria y liderado por Sabine Buis como secretaria permanente. Convoca desde su creación a un gran número de ciudadanos o grupos afectados.

France Stratégie coordina un entramado de nueve instituciones estatales con atribuciones en determinadas materias:

- El Consejo de Análisis Económico elabora, sin sujeción al poder político, estudios sobre asuntos económicos para el Ejecutivo y los comparte con el conjunto de la sociedad. Está compuesto por profesores del ámbito de la economía de las principales universidades de Francia y del extranjero e investigadores de prestigio.

- El Centro de Estudios de Prospectiva e Información Internacional (CEPII) elabora informes, estudios, bases de datos y análisis acerca de los grandes asuntos de la economía mundial. Celebra seminarios y simposios acerca de cuestiones vinculadas con las diferentes economías del mundo.

- El Consejo de Orientación del Empleo es un órgano consultivo compuesto por los diferentes agentes del mercado de trabajo. Su finalidad es elaborar evaluaciones conjuntas y presentar recomendaciones de reforma.

– El Consejo de Orientación para la Jubilación es un órgano consultivo que reúne a los diferentes agentes del sistema de pensiones. Presta atención a los cambios de los regímenes y elabora recomendaciones para asegurar su sostenibilidad y la solidaridad del sistema.

– El Alto Consejo para el Futuro del Seguro de Salud (HCAAM) es un organismo que se encarga del análisis y de la formulación de recomendaciones ayudando, desde su fundación, a entender de manera más clara las dificultades, los mecanismos y los cambios potenciales de las pólizas del seguro de enfermedad.

– El Alto Consejo para el Clima (HCC) es el encargado de ofrecer, sin sujeción al poder político, los datos acerca de la política medioambiental del Ejecutivo. El HCC elabora cada año estudios acerca de las emisiones de gases de efecto invernadero en el conjunto del país y acerca de la consecución de los objetivos de reducción de emisiones que intenta alcanzar.

– El Alto Consejo para la Familia, la Infancia y la Edad (HCFEA) fue establecido en diciembre de 2016. Entre sus objetivos se encuentran: dirigir la discusión abierta a la ciudadanía y facilitar a los responsables información prospectiva e interdisciplinar acerca de asuntos vinculados con la familia y la infancia, el envejecimiento, la adecuación del país a la nueva realidad derivada del incremento de la longevidad y prevenir el edadismo, con una perspectiva intergeneracional.

– El Consejo Superior de Financiación de la Protección Social se estableció en 2012. Es el encargado de analizar la situación en la que se encuentra el sistema de financiación de la protección social y presentar recomendaciones para su reforma. Tanto el Primer Ministro como los Ministros de Seguridad Social o de Economía tienen la capacidad de plantear diferentes asuntos al Consejo.

– El Alto Consejo para la Remuneración, el Empleo y la Productividad (HCREP) se creó el 28 de marzo de 2024 por la actual Ministra de Trabajo, Salud y Solidaridad Catherine Vautrin. Su objetivo principal es intercambiar datos para el análisis, si fuera necesario, basándose en investigaciones existentes y expresa su juicio y parecer en diferentes áreas.

Siguiendo con la experiencia de los últimos años, el programa de trabajo de 2024 de France Stratégie se organiza alrededor de tres asuntos fundamentales: una planeación ambiental adecuada; una mejora en la productividad de la economía combinado con un nivel de desempleo bajo o inexistente; y una nueva actuación institucional para un país más equitativo.

Creación: Establecida mediante el decreto n.º 2013-333 de 22 de abril de 2013 que crea la Comisión General de Estrategia y Prospectiva[12]. France Stra-

---

12   Decreto n.º 2013-333 de 22 de abril que crea la Comisión General de Estrategia y Prospectiva (JORF núm. 0095, de 23 de abril de 2013).

tégie sustituyó a la Comisión General de Planificación (1946-2006) y al Centro de Análisis Estratégico (2006-2013).

Composición: France Stratégie está integrada por un equipo conformado por más de 40 profesionales que tienen una relación laboral indefinida con la institución (economistas, juristas, ingenieros, sociólogos, politólogos, etc.), 15 asesores científicos que desempeñan su actividad en cuatro unidades que se ocupan de distintos ámbitos y 20 empleados destinados a tareas de apoyo (recursos humanos, finanzas, asuntos internos y archivos). Cédric Auden es el actual comisario general interino de France Stratégie.

Nombre: Conseil National de la Refondation.

Naturaleza: Poder Ejecutivo. El Conseil National de la Refondation[13] proporciona a la sociedad, sindicatos y organizaciones empresariales, expertos y representantes políticos diferentes espacios para debatir conjuntamente y de una forma beneficiosa para las partes con el objetivo de ofrecer respuestas a los retos del futuro, ya sea en el conjunto del país como a nivel regional.

El Conseil National de la Refondation se organiza de la siguiente manera:

- CNR plenario: convoca a una amplia variedad de agentes pertenecientes a diversos sectores de la sociedad para debatir y reflexionar acerca de los principales retos de la sociedad y exponer los obstáculos o dificultades a los que se enfrentan cada uno de ellos. Las sesiones del CNR plenario se celebrarán con una periodicidad de 3 a 6 meses, sin embargo, bajo el amparo del Presidente de la República y el Primer Ministro pueden reunirse con mayor frecuencia. Representa una ocasión para añadir otras cuestiones a la orden del día, pero además para evaluar los avances y el CNR temático y territorial.

- CNR temático: en él se debatirán acerca de las principales transformaciones de la actualidad convocando a cada uno de los agentes involucrados.

- CNR territorial: se podrán en marcha mecanismos de participación a nivel regional acerca de cuestiones fundamentales para la vida en sociedad. Se ocupará sobre la base de las situaciones cotidianas de la sociedad francesa, teniendo en cuenta las particularidades de cada una de las regiones, para plantear novedades, ideas políticas y respuestas realistas. Se realizará un análisis de estas políticas y se tratará de exportar las políticas que han resultado un éxito al resto de regiones.

Los temas que se abordan en estos talleres son los siguientes: reuniones laborales; envejecer bien; clima y biodiversidad; juventud; vivienda; modelo productivo y social; digital; primera infancia.

---

13   CONSEIL NATIONAL DE LA REFONDATION (s.f.). Consultado en [https://conseil-refondation.fr/].

Fundación: 8 de septiembre de 2022.

5. Grecia

Nombre: Secretaría Especial de Prospectiva.

Naturaleza: Poder Ejecutivo. El trabajo de la Secretaría Especial de Prospectiva[14] consiste en: utilizar la prospectiva para identificar los retos, las amenazas y las posibles situaciones ventajosas a las que Grecia debe hacer frente en el largo plazo; respaldar la elaboración de planes orientados hacia el futuro del Ejecutivo que tienen como objetivo garantizar tanto la capacidad de anticipación y de reponerse ante contextos desfavorables como la independencia y la capacidad de actuación de Grecia en áreas claves; fomentar que la ciudadanía helena tome partido y se involucre en la conformación de la Grecia del futuro.

La Secretaría Especial de Prospectiva se compone de la Oficina de Prospectiva, dicha Oficina está integrada a su vez por los departamentos de Cooperación y Networking; de Investigación y Documentación; y de Relaciones Internacionales.

La misión del Departamento de Cooperación y Networking es establecer una alianza de funcionarios públicos expertos en la utilización de técnicas de prospectiva para las entidades estatales; contribuir a la reflexión y a la planeación a largo plazo de las entidades estatales; establecimiento y coordinación de laboratorios de futuro e iniciativas que comparten objetivos análogos; formar a la sociedad con visión de futuro e incrementar las capacidades y la comprensión acerca del largo plazo.

Las tareas del Departamento de Investigación y Documentación consisten en el desarrollo y ejecución de proyectos de investigación y en la cooperación con instituciones de educación superior y centros de investigación; intervención en proyectos de investigación a escala estatal, comunitaria y global; fomentar y administrar plataformas virtuales, examinar el *big data* e incorporar las conclusiones de la investigación en las actividades de la Secretaría.

Los objetivos del Departamento de Relaciones Internacionales son examinar las iniciativas europeas y del resto de instituciones internacionales en el ámbito de la anticipación y la planificación orientada hacia el futuro; coordinar y garantizar una correcta contribución de Grecia en las discusiones y procesos en el seno de las redes de prospectiva a nivel comunitario y global; gestionar la ejecución de iniciativas de prospectiva a nivel comunitario y global.

---

14 HELLENIC REPUBLIC. PRESIDENCY OF THE GOVERNMENT. SPECIAL SECRETARIAT OF FORESIGHT. (s.f.). *Yannis Mastrogeorgiou is the Special Secretary of Foresight Strategy since March 2022*. Consultado en [https://foresight.gov.gr/en/special-secretariat/].

Composición: Yannis Mastrogeorgiu es el actual Secretario Especial de Estrategia Prospectiva.

6. Letonia

Naturaleza: Poder Ejecutivo. El objetivo de la planificación del desarrollo nacional[15] es fomentar el desarrollo sostenible y duradero de Letonia y aumentar el bienestar de sus ciudadanos.

De acuerdo con la Ley del Sistema de Planificación del Desarrollo, aprobada por el Parlamento de Letonia en 2008, los informes de planificación del desarrollo abarcan diferentes horizontes temporales que incluyen el largo plazo (un máximo de 25 años), el medio plazo (un máximo de 7 años) y el corto plazo (un máximo de 3 años).

Cada uno de los informes de planificación del desarrollo contienen las metas a largo plazo y los logros que se esperan cumplir en el ámbito de la política correspondiente, la exposición de los desafíos actuales y sus respuestas, una evaluación de impacto, además de las acciones ulteriores para la aplicación y análisis de la política planeada. Asimismo, se definen los medios y activos esenciales y los organismos encargados de la ejecución de los planes y estrategias.

La Estrategia de Desarrollo Sostenible de Letonia hasta 2030 (Letonia 2030) es el instrumento de planificación estratégica más importante del Estado. Expone las acciones fundamentales que deben llevar a cabo tanto el conjunto del país como de la ciudadanía para alcanzar un bienestar social, económico y medioambiental respetuoso con las generaciones futuras y equitativo. Letonia 2030 define siete áreas en las que se centran los esfuerzos para alcanzar un desarrollo equilibrado y sostenible (desarrollo del espacio cultural; inversión en capital humano; cambio de paradigma en educación; economía innovadora y ecoeficiente; naturaleza como capital futuro; perspectiva de desarrollo espacial; gobierno innovador y participación pública), siete herramientas de medición del nivel de cumplimiento de los objetivos (crecimiento natural de la población; coeficiente GINI; PIB per cápita; huella ecológica; Índice de Desarrollo Humano; Índice de Competitividad Global; dispersión del PIB per cápita regional), once metas, once orientaciones para alcanzar un desarrollo equilibrado y sostenible, cuarenta y dos ámbitos de actuación y veintisiete herramientas de evaluación y medición del grado de consecución de los objetivos contenidos en la Estrategia.

---

15   CABINET OF MINISTERS. REPUBLIC OF LATVIA (1 de marzo de 2023). *National development planning*. Consultado en [https://www.mk.gov.lv/en/national-development-planning].

El Plan Nacional de Desarrollo de Letonia para 2021-2027 (NDP2027) es el instrumento de planificación del desarrollo a medio plazo más importante del país. El Plan contempla las metas a largo plazo, las áreas en las que se centran los esfuerzos y las acciones para lograr un bienestar social, económico y medioambiental respetuoso con las generaciones futuras y equitativo durante los siguientes siete años para cumplir con la Estrategia de Desarrollo Sostenible de Letonia 2030, los Objetivos de Desarrollo Sostenible de las Naciones Unidas y aumentar el bienestar de la ciudadanía en el transcurso del periodo 2021-2027.

El Plan de Acción del Gobierno se desarrolla sobre la base de la Declaración de Actividades Previstas del Gabinete de Ministros. El informe establece los objetivos fundamentales y las acciones contenidas en el Plan de Acción que tienen que llevar a cabo los organismos para ejecutar los objetivos y las medidas definidas por el Ejecutivo. La ley asegura la conformidad de la Declaración y el Plan de Acción del Gobierno con las áreas en las que se centran los esfuerzos definidos en los informes de planificación del desarrollo a largo y medio plazo más importantes.

Fundación: La Estrategia de Desarrollo Sostenible de Letonia hasta 2030 fue publicada en junio de 2010 y El Plan Nacional de Desarrollo de Letonia para 2021-2027 fue aprobado por el Parlamento en 2020.

7. Lituania

Nombre: Committe for the Future.

Naturaleza: Poder legislativo. El Parlamento de la República de Lituania (Seimas) estableció, durante la XIII legislatura (2020-2024), un Comité para el Futuro el 23 de diciembre de 2020. La propuesta de crear el Comité para el Futuro[16] se originó de la exigencia de representar una tradición de visión a largo plazo acerca del futuro de Lituania, que formase la prospectiva estratégica definida de la política de Lituania que constituyen el fundamento para los ámbitos políticos y las medidas fundamentales en cada uno de los ámbitos, entre ellas la incorporación de la prospectiva estratégica en la elección entre las diferentes opciones políticas.

La misión del Comité para el Futuro es:

1. Elaborar y examinar proyectos de leyes y demás legislación que establezcan actos normativos o administrativos de, por ejemplo, los esquemas de evolución de los próximos años del conjunto de la ciudadanía y de Lituania y elaboren y analicen iniciativas acerca de estos asuntos.

---

16 Lietuvos Respublikos Seimas (s.f.). *Committee for the Future*. Consultado en [https://www.lrs.lt/sip/portal.show?p_r=38855&p_k=2].

2. Debatir y presentar al Parlamento documentos, recomendaciones y resultados acerca de asuntos vinculados con las orientaciones a largo plazo de la evolución del Estado y las estimaciones para las transformaciones en los próximos años y los elementos que repercuten en la evolución a largo plazo y las estrategias de evolución de Lituania.

3. Formular recomendaciones para la realización de investigaciones vinculadas con la planificación y la simulación estratégica de la evolución a largo plazo de Lituania.

4. Dirigir las actividades de las entidades estatales, además de las tareas de las instituciones que no pertenecen al sector público, en la elaboración de proyectos de ley y del resto de la legislación acerca de los asuntos que son atribuciones del Comité.

5. Exponer los resultados acerca de la coherencia entre los proyectos de ley y el resto de la legislación y la legislación que establece un plan orientado al futuro para la transformación de Lituania y sus efectos en la evolución a largo tanto en el conjunto del país como en el conjunto de la ciudadanía.

6. Examinar las leyes y las experiencias de terceros países vinculadas con la creación de esquemas teóricos de la evolución de los cambios que suponen novedades significativas y de los avances tecnológicos, la elaboración y puesta en marcha de planes a largo plazo y las posibles situaciones de la evolución a largo plazo de Lituania, los efectos de dichos cambios y de los avances tecnológicos en la evolución tanto en el conjunto del país como en el conjunto de la ciudadanía, además de formular recomendaciones y exponer sus resultados al Parlamento.

7. Analizar la utilización de los recursos destinados a las tareas vinculadas con los temas que son atribución del Comité en las diferentes partidas del responsable de la adjudicación de los fondos y examinar la adecuación y la eficiencia de su aplicación.

8. Desempeñar funciones de supervisión acerca de las materias que son atribución del Comité, recibir las comunicaciones y los documentos de los ministerios y del resto de entidades públicas acerca la aplicación de las normas y demás legislación aprobadas por el Parlamento con respecto a las cuestiones que son atribuciones del Comité.

Composición: Raimundas Lopata es el actual presidente del Comité para el Futuro, Matas Maldeikis y Lucas Savickas son los vicepresidentes del Comité y sus miembros son Kasparas Adomaitis, Zigmantas Balchytis, Rasa Budbergytė, Angelė Jakavonytė, Hasta Kubilienė, Paulė Kuzmickienė, Laima Nagienė, Andrius Navickas, Rasa Petrauskienė, Liuda Pociūnienė, Viktoras Pranckietis, Arūnas Valinskas, Valdemaras Valkiūnas, Kęstutis Vilkauskas.

Fundación: 23 de diciembre de 2020.

8. Luxemburgo

Nombre: Luxembourg Stratégie.

Naturaleza: Poder Ejecutivo. Luxembourg Stratégie[17] es la división del Ministerio de Economía responsable de la prospectiva estratégica. Elabora investigaciones de prospectiva para los planes económicos. Consiste en la elaboración conjunta de las proyecciones de la evolución de la economía de Luxemburgo hasta el año 2050. La finalidad es asegurar la consistencia de los propios planes del Ministerio de Economía en las diferentes áreas, así como las estrategias del resto de Ministerios que tienen impacto en la economía, con el objetivo de favorecer los cambios estructurales de la economía de Luxemburgo orientados a mejorar la competitividad y la capacidad de adaptación en el futuro.

En particular, Luxembourg Stratégie se encarga de la prospectiva estratégica colaborativa enfocada en la puesta en marcha de medidas para la economía de Luxemburgo hasta el año 2050. Entre sus objetivos se encuentran:

- Comunicar: comunicar las actuaciones del Gobierno y de esta manera contribuir a la elección entre las diferentes opciones políticas, recopilando los planes que influyen en la economía.

- Respaldar: respaldar mediante técnicas y métodos la prospectiva estratégica y el proceso de introducción de novedades que se adelanta a eventos futuros a disposición de las políticas públicas enfocadas en la economía.

- Diseñar: elaborar, de forma conjunta y reiterada, proyecciones de la evolución de la economía hasta el año 2050, fundamento en supuestos comunes, claros y posibles.

- Cuantificar: medir los movimientos de recursos que definen el potencial de las empresas para generar riqueza. Una vez que tengamos claro el escenario actual y el escenario que esperamos alcanzar en el año 2050 en cuanto a la utilización de energía, recursos naturales, emisiones contaminantes o empleo, a continuación, debemos determinar las estrategias efectivas en la utilización de los medios que se tienen que poner en marcha para reactivar una economía sostenible, que genere empleo digno y se ajuste a los medios económicos y financieros de los que dispone.

- Modelizar: favorecer la creación de una representación que aúna los determinantes del crecimiento económico elaborado por STATEC.

---

17 LE GOUVERNMENT DU GRAND-DUCHÉ DE LUXEMBURG (s.f.). Mission - Luxemburg Stratégie. Le Gouvernment du Grand-Duché de Luxemburgo. Consultado en [https://luxstrategie. gouvernement.lu/fr/mission.html].

– Debatir: dirigir el Foro Estratégico de Luxemburgo fortaleciendo la discusión y la reflexión ciudadana con investigaciones que abarcan diferentes disciplinas e incorporan otros actores y puntos de vista, mejorando la capacidad y el conocimiento de la sociedad acerca de los retos y las oportunidades que supone el futuro, fomentando un sistema de comunicación compartido y promoviendo el conocimiento y comportamiento común.

Fundación: Establecido a finales de 2020 y adjunto al Gabinete del Ministerio, Luxembourg Stratégie, se integra en el mantenimiento del punto de vista prospectivo y participativo puesto en marcha en 2016 por el estudio estratégico a largo plazo sobre la Tercera Revolución Industrial («proceso Rifkin» o «TIR 2050»).

III. Conclusiones

Las unidades de prospectiva de los diferentes Estados miembros de la Unión Europea aquí analizados comparten una serie de objetivos comunes: en primer lugar, la identificación de las nuevas tendencias, el desarrollo a largo plazo de la sociedad, así como la identificación de los retos y las oportunidades que representa el futuro. Por otro lado, la elaboración de escenarios de desarrollo de la sociedad u otros aspectos como los económicos constituyen otro de los objetivos comunes, además de la incorporación de la prospectiva estratégica al diseño de las políticas públicas.

En lo respectivo a su naturaleza, la mayor parte de las unidades de prospectiva aquí analizadas están integradas en la estructura de los diferentes Gobiernos, solo dos países cuentan con comisiones de futuro en sus respectivos parlamentos. Centrándonos ahora en el momento de su creación observamos diferencias por países, entre aquellos como Francia que mantienen una tradición de análisis prospectivo, otros como Letonia, Estonia y Luxemburgo que mostraron interés por la prospectiva en la década anterior, en los años posteriores a la crisis económica y financiera del año 2008 y, por otro lado, Lituania, Grecia y España que crearon sus unidades de prospectiva en el momento en que la Comisión Europea comenzó a incorporar la prospectiva estratégica en el proceso de formulación de las políticas comunitarias.

Como propuesta de mejora podemos señalar un aumento de la transparencia a la hora de hacer públicos quiénes son los responsables políticos encargados de pensar en el futuro.

Bibliografía

CABINET OF MINISTERS. REPUBLIC OF LATVIA (1 de marzo de 2023). *National development planning*. Consultado en [https://www.mk.gov.lv/en/national-development-planning].

COMISIÓN EUROPEA (s.f.). *Prospectiva estratégica*. Consultado en [https://commission.europa.eu/strategy-and-policy/strategic-planning/strategic-foresight_es].

CONSEIL NATIONAL DE LA REFONDATION (s.f.). Consultado en [https://conseil-refondation.fr/].

Decreto n.º 2013-333 de 22 de abril que crea la Comisión General de Estrategia y Prospectiva (JORF núm. 0095, de 23 de abril de 2013).

FRANCE STRATÉGIE (s.f.). À *propos de France Stratégie*. Consultado en [https://www.strategie.gouv.fr/propos-de-france-strategie].

GONZÁLEZ RICOY, I., «Instituciones intergeneracionales y cortoplacismo político», *Revista Española de Ciencia Política*, núm. 41 (2016), pp. 67-92.

HELLENIC REPUBLIC. PRESIDENCY OF THE GOVERNMENT. SPECIAL SECRETARIAT OF FORESIGHT. (s.f.). *Yannis Mastrogeorgiou is the Special Secretary of Foresight Strategy since March 2022*. Consultado en [https://foresight.gov.gr/en/special-secretariat/].

LE GOUVERNMENT DU GRAND-DUCHÉ DE LUXEMBURG (s.f.). *Luxembourg Stratégie (2020-2024)*. Consultado en [https://luxstrategie.gouvernement.lu/fr/mission.html].

Ley de Seguimiento del Desarrollo, de 14 de junio de 2016 (RT I, 28.06.2016, 4).

LIETUVOS RESPUBLIKOS SEIMAS (s.f.). *Committee for the Future*. Consultado en [https://www.lrs.lt/sip/portal.show?p_r=38855&p_k=2].

OFICINA NACIONAL DE PROSPECTIVA Y ESTRATEGIA (s.f.). La Oficina. Oficina Nacional de Prospectiva y Estrategia. Consultado en [https://futuros.gob.es/la-oficina].

Real Decreto 890/2023, de 27 de noviembre, por el que se aprueba la estructura de la Presidencia del Gobierno (BOE núm. 284, de 28 de noviembre de 2023).

REPUBLIC OF ESTONIA. GOVERNMENT (s.f). *Strategic goals*. Consultado en [https://valitsus.ee/en/estonia-2035-development-strategy/strategy/strategic-goals].

SÁNCHEZ SÁNCHEZ, Z., «Regulación para la recuperación económica: comparada, prospectiva y de consenso», *Derecho Administrativo: Revista de Doctrina, Jurisprudencia, Legislación y Práctica*, núm. 136 (2021), pp.11-23.

UNIÓN EUROPEA, PROSPECTIVA Y REGULACIÓN. ANÁLISIS DE CASOS II

Paula M.ª Tomé Domínguez
Doctora en Derecho Administrativo
Universidad de Salamanca

I. Introducción

El presente trabajo se encarga del análisis descriptivo de la incorporación de actuaciones de prospectiva en los gobiernos de un grupo determinado de países de la Unión Europea, seleccionados de manera coordinada con el capítulo que acompaña a este en la publicación colectiva de la que ambos son integrantes. De esta manera, se ha procedido a enmarcar brevemente desde un punto de vista teórico la prospectiva regulatoria, administrativa y en el ámbito de las políticas públicas, para continuar con un desarrollo de las acciones llevadas a cabo recientemente en el ámbito de la Unión Europea que han servido de marco y orientación en muchas ocasiones, para el desarrollo de estas políticas de previsión y planificación estratégica en cada uno de los Estados miembros.

Una vez realizada esta aproximación, nos centraremos, en el epígrafe tercero, en la descripción de los planes, estrategias e instituciones o agencias que se han implementado en los estados elegidos con el fin de dar un panorama general del estado de la cuestión y poder llegar a una serie de conclusiones en cuanto a su desarrollo actual y a sus perspectivas de evolución futura. Se pretende que esto último sea un instrumento útil para que la investigación avance en términos comparativos y que pueda ser utilizado igualmente como instrumento base para la investigación concreta en cada uno de los Estados miembros analizados.

II. Marco teórico y prospectiva en la Unión Europea

1. Marco teórico y antecedentes históricos

Los inicios de la planificación estratégica en el ámbito de las actuaciones en política pública en materia de prospectiva se remontan al periodo 1963-1973 lo que hoy en día se ha denominado como la «década de planificación»[1] o «euforia de planificación»[2]. Así mismo, la institucionalización de la investigación en prospectiva en el campo regulatorio y de la política pública comienzan en la década de 1960[3]. Algunos autores pioneros fueron ROBERT JUNGK, ROLF KREIBICH o OSSIP K. FLECHTHEIM y las primeras instituciones fueron creadas en este momento, como veremos posteriormente, algunas de ellas en países europeos en los que se ha desarrollado ampliamente una política de prospectiva desde entonces (Finlandia y Alemania, fundamentalmente)[4].

El objetivo de estos institutos, que interconectaban de alguna manera la investigación con la actuación política y gubernamental, era, y es, precisamente apoyar y asesorar al poder ejecutivo y legislativo aportando orientación en la toma de decisiones con el fin de que estas se adecúen lo máximo posible y respondan de la manera más eficiente y eficaz a los desafíos futuros en base a una serie de escenarios previsibles. De esta manera, estos organismos fueron institucionalizándose, desarrollándose y extendiéndose en los diferentes países, aunque se vio ralentizado su crecimiento y consolidación a finales de la década de 1970[5]. Fue ya a finales de la década de 1990 cuando resurgieron de nuevo estos estudios (y actuaciones políticas

---

1 RUCK, M.: «Planung - Prosperität - Partizipation. Planende Politikgestaltung in der Bundesrepublik Deutschland», *INDES - Zeitschrift für Politik und Gesellschaft* (3), 2020, p. 81.

2 JANN. W.: «Praktische Fragen und theoretische Antworten: 50 Jahre Policy-Analyse und Verwaltungsforschung», *Politische Vierteljahresschrift* 50 (3), 2009, p. 490.

3 STEINMÜLLER, K.: «Zukunftsforschung in Deutschland - Versuch eines historischen Abrisses (Teil 1)», *Zeitschrift für Zukunftsforschung* 1 (1), pp. 6–19, 2012. Disponible en: http://nbn-resolving.de/urn:nbn:de:0009-32-34116

4 FRAUNHOFER-INSTITUT FÜR SYSTEM- UND INNOVATIONSFORSCHUNG ISI, *Studie zur Institutionalisierung von Strategischer Vorausschau als Prozess und Methode in der deutschen Bundesregierung*, Berlín, 2022.

5 STEINMÜLLER, K., «Zukunftsforschung in Deutschland - Versuch eines historischen Abrisses (Teil 1)», *Zeitschrift für Zukunftsforschung* 1 (1), 2012, p. 14. Disponible en: http://nbn-resolving.de/urn:nbn:de:0009-32-34116

consecuentes)[6] en algunas latitudes del mundo occidental[7] (véase por ejemplo el impulso que se le da a estas cuestiones en Finlandia, como veremos posteriormente)[8] como consecuencia de la crisis económica que acuciaba a muchos países, y de la necesidad de anticiparse desde el poder público, al menos, a los vaivenes de la economía. Es en este momento cuando empieza una fase de perfeccionamiento, impulso de la ciencia e investigación en este ámbito y de institucionalización real de la prospectiva. Este proceso continuará de manera sostenida en el tiempo, con ciertas oscilaciones, y volverá a resurgir de manera clara a partir del año 2020 como consecuencia de la pandemia global provocada por la Covid-19 que generó una crisis económica, política e institucional a nivel global lo que obligó a todos los gobiernos a generar una política de prospectiva y de anticipación regulatoria seria ante desafíos tan importantes como este, pero también ante retos de otro tipo. Así lo hizo la Unión Europea, con una apuesta clara por la inclusión transversal, pero también sectorial de la prospectiva en toda actuación política que se llevara a cabo, tal y como se explica en epígrafes siguientes.

Así las cosas, en el momento actual, a nivel europeo, nos encontramos con una consolidación y extensión de estas actuaciones y de la investigación en prospectiva en el ámbito del poder público de todos los Estados miembros, quienes, influenciados en mayor o menor medida por las instancias europeas están adoptando la prospectiva en todas sus políticas públicas a través de la creación de instituciones, organismos, agencias o departamentos, y de la creación de planes de actuación específicos, algunos de los cuales detallaremos posteriormente[9].

2. Prospectiva y gobernanza anticipatoria en la Unión Europea

La anticipación regulatoria o previsión estratégica en el ámbito de las políticas públicas y del derecho, en un entorno tan cambiante e inestable como el actual, es fundamental para la correcta y eficiente respuesta a los

---

6   GAVIGÁN, J. P., «Panorama de la prospectiva en Europa. Principios y visión general por países», *Economía Industrial*, 342, 2001, p. 108, donde relata la evolución que se produce en la década de los 90 del siglo XX, haciendo hincapié en cómo se produce este impulsa a partir de la convergencia de tres tendencias diferentes, en tres ámbitos: en el desarrollo de políticas, en la planificación estratégica y en los estudios de futuro.

7   CÁLIX RODRÍGUEZ, J. A., «La importancia de la prospectiva estratégica para la gestión pública: situación y condiciones para su institucionalización», *Colección Desarrollo Humano para la Transformación*, PNUD, 2023, p. 16.

8   HEO, K. y SEO, Y., «Anticipatory governance for newcomers: lessons learned from the UK, the Netherlands, Finland, and Korea», *European Journal Futures*, 9 (1), 2021. DOI: 10.1186/s40309-021-00179-y, p. 3.

9   OECD. *Strategic Foresight for Better Policies. Building Effective Governance in the Face of Uncertain Futures*. Unter Mitarbeit von Joshua Polchar. Paris, 2019, pp. 10-12.

problemas, retos o desafíos que se presentan en este siglo. No se puede continuar «reaccionando» a las transformaciones o demandas sociales con cierta demora y una vez existe un problema social real, se debe apostar, por tanto, por la prospectiva o la previsión estratégica en la toma de decisiones, en este caso, desde las instancias públicas. Esto se basa en un conocimiento de diferentes escenarios de futuro, más o menos probables, y en el desarrollo de reacciones estructuradas y planificadas acordes a los mismos[10].

A ello se une, igualmente, la idea de que el desarrollo de la prospectiva estratégica no es más que la generación de una inteligencia colectiva que parte de diversas inteligencias individuales que por sí mismas no tienen fuerza suficiente para afrontar los desafíos del presente y del futuro, pero que unidas en un contexto multidisciplinar sí son enormemente útiles.

En este sentido, la gobernanza anticipatoria se comprende como la integración de todos los debates sobre escenarios futuros en la actuación de los diferentes gobiernos cuestión que se está impulsando de manera decisiva en diferentes países[11]. Para que esto pueda llevarse a cabo, no obstante, es necesario un esfuerzo de todos los agentes gubernamentales, de los diversos departamentos, una colaboración y cooperación estrecha y un contacto continuo con los diversos agentes sociales ajenos a las administraciones públicas.

Por otro lado, la Previsión Estratégica es una herramienta enormemente útil ya que impulsa la capacidad de apreciar el cambio y de evaluar sus consecuencias en el medio-largo plazo, sensibiliza sobre los diferentes escenarios y coyunturas en algunos casos representativas de cambios disruptivos, fortalece la gestión de riesgos y potencia la tolerancia ante diferentes escenarios futuros muy cambiantes y diferentes entre sí[12].

Por su parte, la prospectiva estratégica consiste en una disciplina que se basa en prever y configurar futuros probables con el fin de obtener información relevante que permita prever las actuaciones gubernamentales ante esos diversos escenarios[13], ya sea en contexto de reacción directa a dicha

---

10 *Vid.* Miller, R., *Transforming the future. Anticipation in the 21st century*, London, New York: Routledge Taylor & Francis Group, 2018. Disponible online en: https://doi.org/10.4324/9781351048002.

11 School of International Futures: *Features of effective systemic foresight in governments around the world*, 2021, p. 10. Disponible en: https://assets.publishing.ser-vice.gov.uk/government/uploads/system/uploads/attachment_data/file/985279/effective-sys-temic-fo-resight-governments-report.pdf

12 Fraunhofer-Institut für System- und Innovationsforschung ISI: *Studie zur Institutiona-lisierung von Strategischer Vorausschau als Prozess und Methode in der deutschen Bundes-regierung*, Berlín, 2022, pp. 9-22.

13 Cálix Rodríguez, J. A.: «La importancia de la prospectiva estratégica para la gestión pública: situación y condiciones para su institucionalización», *Colección Desarrollo Humano para la Transformación*, PNUD, 2023, p. 15, donde se pueden apreciar distin-tas definiciones o conceptos de prospectiva en función del autor estudiado. En la pri-

coyuntura como de transición hacia nuevas realidades De esta manera, se pretende anticiparse a los posibles riesgos futuros y a sus implicaciones, buscando también oportunidades de desarrollo de alternativas innovadoras, en el ámbito legislativo en concreto, sin perjuicio de otros[14].

En este punto, la Unión Europea ha sido una de las pioneras en el desarrollo holístico y más o menos homogéneo de una política de prospectiva que vincule de manera relativa, al menos en los objetivos y en su incorporación conceptual a la reforma normativa y configuración de políticas públicas, a los Estados miembros[15].

Si bien es cierto que los antecedentes de la prospectiva se remontan al año 1989 en el que el entonces presidente de la Comisión Europea, Jacques Delors, desarrolló el departamento de «Cellule de prospective» que será sustituido (en parte) por el Bureau des Conseillers de Politique Européenne (BEPA), no es hasta el año 2020 cuando se produce un verdadero desarrollo de la prospectiva estratégica como eje transversal de todas las actuaciones de la Unión Europea. Quizá un gran impulso se produjo como consecuencia de la pandemia del Covid-19 que ha puesto de relieve la necesidad de elaborar procesos colectivos de previsión ante escenarios diversos e inciertos que pueden ocasionar graves crisis mundiales. Se considera que si hubiera existido una mínima previsión y un espacio de diálogos colectivo con estrategias de actuación predefinidas se podrían haber evitado algunos errores y perjuicios graves[16].

Esta integración en los diferentes ámbitos de la actuación pública incluye, desde la UE, diferentes aspectos. El primero de ellos es que la prospectiva estratégica forma parte de la llamada «Herramienta de Mejora de la Regulación»[17], a través de las evaluaciones de impacto *ex ante*, que es una manera

---

mera parte de este estudio se aborda la evolución histórica, el concepto, los objetivos, el alcance, y las metodologías en prospectiva estratégica (pp. 12-20).

14   NACIONES UNIDAS (CEPAL). «Planificación, prospectiva y gestión pública: reflexiones para el desarrollo», *Colección Planificación para el Desarrollo*, 2014, p. 111.

15   Ejemplo de esta actuación son las guías dedicadas a la mejora normativa de la UE, lo cual bebe de los resultados de la prospectiva estratégica y se sirve de la misma para poder potenciar la calidad de las normas en cuanto a su eficacia en la respuesta a los desafíos futuros. EUROPEAN COMMISION, Communication from the Commission to the European Parliament, the Council, the European Economic and Social Committee and the Committee of the Regions: *Better regulation: Joining forces to make better laws*, COM/2021/ 219 final. EUROPEAN COMISSION. *Communication from the Commission to the European Parliament and the Council: Commission Staff Working Document: Better regulation guidelines*, SWD (2021) 305 final.

16   FRAUNHOFER-INSTITUT FÜR SYSTEM- UND INNOVATIONSFORSCHUNG ISI: *Studie zur Institutionalisierung von Strategischer Vorausschau als Prozess und Methode in der deutschen Bundesregierung*, Berlín, 2022, pp. 22 y ss.

17   EUROPEAN COMISSION, *Better regulation toolbox*, 2023. Disponible en: https://commission.europa.eu/law/law-making-process/planning-and-proposing-law/better-regulation/better-regulation-guidelines-and-toolbox

de integrar la prospectiva que ya se ha consolidado desde hace unos años, seguido de un desarrollo de procesos regulares de previsión transversales, pero también, y sobre todo, especializados de temas concretos, un ejemplo claro de esta cuestión en la Comunicación «Una Visión a largo plazo para las zonas rurales de la UE»[18].

En particular, el vicepresidente de la Comisión será el encargado de literalmente los asuntos vinculados a «Relaciones interinstitucionales y previsión», ámbito en el que se comprenden tareas como la elaboración anual de informes de previsión, los cuales mencionaremos posteriormente, y la celebración de la Conferencia sobre el Futuro de Europa[19]. Así mismo, se ha creado una Agenda de previsión estratégica 2024-2029 a partir del primer informe del año 2020 que se retoma como estrategia en el informe del año 2022, que contiene diez prioridades para el futuro de Europa y actuaciones dirigidas a tres metas concretas: *Una Europa libre y democrática, una Europa fuerte y segura y una Europa próspera y competitiva*.

Igualmente, como valor añadido, en 2020 se creó una red colaborativa de previsión a nivel de la UE, la denominada «Ministers for the Future» integrada por un representante de cada EM, que se reúne con carácter anual. El objetivo fundamental es impulsar la planificación estratégica de los programas de la UE.

Por otro lado, todas estas cuestiones se integran de una manera concreta en los diferentes ámbitos departamentales de las diferentes instituciones de la UE, entre los que podemos mencionar por ejemplo la sección A5 de Previsión y Comunicación Estratégica de la Secretaría General de la Comisión Europea, responsable máxima de elaborar el informe anual de previsión. Otro ejemplo es el Centro Común de Investigación (JRC) de la Comisión Europea, del que forma parte el «Centro de Competencia de Previsión», grupo encargado en la actualidad de implementar la Agenda Estratégica de Previsión de la UE, y del desarrollo de actuaciones y políticas de la UE desde tres enfoques: orientando las políticas a las previsiones de escenarios futuros, impulsando la cultura de la previsión en la Comisión Europea e investigando diferentes métodos de previsión con el fin de encontrar el más óptimo. Además, este grupo ofrece servicios muy peculiares como por ejemplo un *Hub de Megatendencias* (listado de 14 megatendencias a nivel global y una serie de orientaciones para trabajar y orientar las políticas basándose en las mismas)

---

18   Comunicación de la Comisión al Parlamento Europeo, al Consejo, al Comité Económico y Social europeo y al Comité de las Regiones: *Una Visión a largo plazo para las zonas rurales de la UE: hacia unas zonas rurales más fuertes, conectadas, resilientes y prósperas antes de 2040*, COM (2021) 345 final.

19   Se trata de una plataforma digital en la que ciudadanos de la UE seleccionados al azar realizan recomendaciones sobre cómo afrontar el futuro de la UE en cuatro ámbitos de actuación clave y cuyos resultados fueron entregados en abril de 2022.

y simuladores de escenarios futuros con el fin de comprobar la efectividad de las diversas estrategias[20].

Por otro lado, este Centro también elabora previsiones estratégicas bajo demanda en colaboración con las direcciones generales que corresponda en cada caso concreto y con el JCR, demanda que está incrementándose exponencialmente según los últimos datos de la UE, sin embargo, aún es escasa la interacción entre la comunidad científica e investigadora en este ámbito con los agentes gubernamentales[21].

La labor de previsión, por otro lado, se ha plasmado igualmente en los últimos años en el programa Horizonte Europa[22] (Programa Marco de Investigación e Innovación 2021-2027) que ha tenido en cuenta las recomendaciones de grupos de expertos de las diferentes áreas de la Dirección General de Investigación e Innovación. Una función clave de la previsión. Así mismo, un área con una gran tradición en la prospectiva estratégica son las políticas agrícolas de la UE, reflejado en el Comité Permanente de Investigación Agrícola (SCAR).

Además, podemos mencionar, desde un punto de vista sectorial, la Agencia Europea de Medio Ambiente, especialmente activa en la labor de previsión y, por su parte, en el seno del Parlamento Europeo también hay una unidad dedicada a esta cuestión, aunque el grueso de la labor prospectiva se lleva a cabo en todo caso en la Comisión Europea[23]. Se trata de la Unidad de Previsión Estratégica y Capacidades, que es parte del Servicio de Investigación Parlamentaria de la UE (EPRS) que también colabora con el Panel para el Futuro de la Ciencia y la Tecnología (STOA).

Finalmente, como representación de la colaboración interinstitucional en esta materia nos encontramos con el Sistema Europeo de Análisis y Política Estratégica (ESPAS)[24], proyecto en el que participan el Parlamento Europeo, la

---

20   Estas megatendencias identificadas por la Unión Europea son: *Aceleración del cambio tecnológico y la hiperconectividad, la agravación de la escasez de recursos, la naturaleza cambiante del trabajo, el cambio de paradigma en la seguridad, cambio climático y degradación ambiental, continuación de la urbanización, diversificación de la educación y el aprendizaje, aumento de las desigualdades, la influencia del Este y del Sur se expande, consumo creciente, desequilibrios demográficos crecientes, creciente influencia de los nuevos sistemas de gobierno, la creciente importancia de la migración y cambios en los desafíos de salud.* COMISIÓN EUROPEA, Centro de Competencia en Prospectiva, El centro de Megatendencias. Disponible en: https://knowledge4policy.ec.europa.eu/foresight/tool/megatrends-hub_en?etrans=es

21   *Vid.* COMISIÓN EUROPEA. *Prospectiva estratégica.* Disponible en: https://commission.europa.eu/strategy-and-policy/strategic-planning/strategic-foresight_es

22   *Vid.* CONSEJO EUROPEO. *Horizonte Europa.* Disponible en: https://commission.europa.eu/strategy-and-policy/strategic-planning/strategic-foresight_es

23   EUROPEAN ENVIRONMENTAL AGENCY. *Topics, analysis and data.* Disponible en: https://www.eea.europa.eu/en

24   Sistema Europeo de Análisis y Política Estratégica (ESPAS). Consultar web oficial: https://espas.eu/

Comisión Europea y otras instituciones de la UE en la realización de diversas actividades, como, por ejemplo, la creación de una base de datos común denominada ORBIS, donde pueden encontrarse todos los proyectos de previsión.

Como hemos mencionado, consecuencia de este impulso a la política de prospectiva estratégica por parte de la Unión, la Comisión ha elaborado tres informes anuales, siendo el más reciente el Informe sobre prospectiva estratégica 2022 que lleva como título «Hermanamiento de las transiciones digital y ecológica en el nuevo contexto geopolítico», informes sobre prospectiva estratégica el cual aborda la importancia geoestratégica de ambas cuestiones en el medio-largo plazo en concreto en sectores clave como son el transporte, la energía, la agricultura, la industria y la construcción. Igualmente, describe diez ámbitos de actuación en los que se debe incidir con el fin de reducir las tensiones y maximizar las sinergias en este proceso de transición en un entorno cambiante e incierto como el actual[25].

Igual de importante ha resultado la Red de Prospectiva creada a nivel europeo, creada a partir del primer informe del año 2020, en la cual participan los denominados «Ministros para el Futuro», personas destacadas de cada Estado miembro que se reúnen con carácter anual con el fin de diseñar estrategias o planes de futuro que permitan reaccionar ante escenarios previsibles, en diálogo con la Comisión, cuestiones que posteriormente serán integradas en la programación de la Unión Europea. Este grupo de Ministros para el Futuro, se ve apoyado y asesorada por un grupo de Altos funcionarios de las administraciones de cada EM, también integrados en la Red de Prospectiva Europea.

En definitiva, a partir de todos estos instrumentos se apoya la configuración de políticas de la UE valiéndose de diferentes técnicas como la exploración de horizontes, el análisis de megatendencias, ya mencionado, la planificación de escenarios y la estrategia de visión a medio-largo plazo. En este sentido, una de las actuaciones más relevantes de la Comisión basándose en la realización de ejercicios constantes de prospectiva sobre diferentes ámbitos, consistente en el refuerzo del Programa de Revisión de la Legislación revisado con una perspectiva de planificación estratégica de escenarios futuros.

Teniendo presente este escenario, los pasos futuros de la Comisión pasan por continuar con la labor iniciada, reforzar el marco de cooperación fundamentalmente en lo que tiene que ver con la Red mencionada y en las sinergias con el ESPAS, la aprobación del nuevo informe sobre prospectiva estratégica de 2023 y la ejecución en los próximos años de la Agenda de Prospectiva Estratégica de la Comisión, entre otras cuestiones[26].

---

25 EUROPEAN COMMISION. *Communication from the commission to the European Parliament and the council: Strategic Foresight Report Twinning the green and digital transitions in the new geopolitical context*, COM/2022/289 final, pp. 5 y ss.

26 COMISIÓN EUROPEA. *Prospectiva estratégica*. Disponible en: https://commission.europa.eu/strategy-and-policy/strategic-planning/strategic-foresight_es

III. Análisis de casos

1. Finlandia

Finlandia es uno de los países con un mayor recorrido y experiencia en la configuración de políticas de prospectiva y planificación estratégica de la Unión Europea[27], ya que ya desde finales de la década de los años 60 del siglo pasado se empezaron a implementar estrategias en este sentido, o al menos se integró este concepto como parte de la programación política del gobierno finlandés, aunque fuera de forma incipiente. Esto se produjo primeramente en 1967 a través de la creación de la actual organización SITRA, es decir, Fondo Finlandés para la Innovación, que es una organización independiente desde el punto de vista orgánico y financiero de cualquier partido o tendencia política, encargada de asesorar a las instancias gubernamentales rindiendo en todo momento cuentas ante el Parlamento.

En el poder legislativo, además, Finlandia ha creado en 1993 el denominado Comité del Futuro, organismo de prospectiva centrado sobre todo en tendencias futuras de tipo científico o tecnológico. Tras una modificación estructural de su organigrama, hoy en día se configura como un órgano permanente integrado por 17 miembros del Parlamento que elaboran un informe «Informe futuro del Gobierno» en cada legislatura[28]. Algunos autores consideran que este impulso fue consecuencia de la crisis económica tan profunda que vivió el país lo que le impulsó a desarrollar una política de previsión y prospectiva en el ámbito económico fundamentalmente[29].

A ello se sumó posteriormente la creación de una red de colaboración, la Red Nacional de Prospectiva de Finlandia dependiente, en este caso, del poder ejecutivo que colabora y coopera con SITRA. Es importante destacar como en Finlandia la prospectiva es un tema prioritario que ocupa tanto al legislativo como al ejecutivo, los cuales operan en estrecha colaboración entre ellos y además con las instituciones, universidades y entidades de la sociedad civil, y además se incorpora en cada uno de los ministerios a través

---

27 *Vid.* Cálix Rodríguez, J. A.: «La importancia de la prospectiva estratégica para la gestión pública: situación y condiciones para su institucionalización», *Colección Desarrollo Humano para la Transformación*, PNUD, 2023, pp. 23-25, donde se puede ver un gráfico con la evolución de la prospectiva en este país, uno de los más avanzados a nivel mundial.

28 Koskimaa, V. y Raunio, T.: «Encouraging a longer time horizon: the Committee for the Future in the Finnish Eduskunta», *The Journal of Legislative Studies*, 26 (2), 2020. DOI:10.1080/13572334.2020.1738670, p. 165.

29 Hietanen, O., *Science and political decision-making – the Parliament of Finland's Committee for the Future*, 2018. Disponible en: https://vastuullinentiede.fi/en/reuse/sci-ence-and-poli-tical-decision-making-parliament-finlands-committee-future

de departamentos específicos con el fin de dotar de una entidad propia a la prospectiva en toda actuación pública[30].

2. Países Bajos

En los Países Bajos existe, al igual que en Finlandia, una gran tradición en prospectiva que se remonta a mediados del siglo XX. Nos encontramos con dos agencias u organismos de prospectiva que son, por un lado, la Oficina Central de Planificación (CPB) fundada en 1945 y por otro el Consejo Científico de los Países Bajos para la Política Gubernamental (WRR) establecido en 1972[31]. La primera de ella, la CPB, está financiada por el gobierno, aunque es autónoma en el desarrollo de sus funciones centradas sobre todo en análisis y previsiones de tipo económicas, ampliamente influenciado por comités científicos y de expertos y hoy en día recibe el nombre de CPB Netherlands Bureau for Economic Policy Analysis[32]. Asesoran de ese modo al gobierno de los Países Bajos en la configuración de las políticas públicas y en la gestión económico-financiera de los fondos públicos, a través de una subdivisión interna en el marco de la oficina[33].

En segundo lugar, el WWR asesora en cuestiones intersectoriales y estratégicas en el largo plazo, que se consideran de relevancia política y social y todos sus informes son públicos, pudiendo realizarse bajo demanda del gobierno o del poder legislativo. En general, se aprecia una gran colaboración y esfuerzo por conseguir el consenso entre las diferentes instancias, poder ejecutivo y poder legislativo, con gran peso, y se pretende configurar estrategias a largo plazo que se sostengan aun cuando se produzca un cambio de gobierno.

No obstante, los Países Bajos también se han centrado tradicionalmente en agencias independientes (aunque financiadas con fondos públicos) de

---

30   Tapio, P. y Heinonen, S., «Focused Futures from Finland», *World Futures Review* 10 (2), 2018. DOI: 10.1177/1946756718754847, p. 120.

31   Heo, K. y Seo, Y., «Anticipatory governance for newcomers: lessons learned from the UK, the Netherlands, Finland, and Korea», *European Journal Futures*, 9 (1), 2021. DOI: 10.1186/s40309-021-00179-y, p. 7.
      Vid. WRR The Netherlands Scientific Council for Government Policy, *Publications.* Disponible en: https://english.wrr.nl/

32   CPB Netherlands Bureau for Economic Policy Analysis, *Forecast,* donde se pueden consultar los últimos informes hechos públicos sobre previsiones en materia económica y acerca de las estrategias a seguir ante las mismas. Disponible en: https://www.cpb.nl/en/forecasts

33   School of International Futures: *Features of effective systemic foresight in governments around the world*, 2021, pp. 65-68. Disponible en: https://assets.publishing.ser-vice.gov.uk/government/uploads/system/uploads/attachment_data/file/985279/effective-sys-te-mic-foresight-governments-report.pdf

prospectiva de tipo sectorial como organismos especializados en análisis de políticas estratégicas como la Agencia de Evaluación Ambiental de los Países Bajos (PBL) que realiza estudios e informes a demanda del gobierno o de los representantes de las cámaras legislativas. Añadido a esto, si por algo destacan las agencias de prospectiva estratégica en los Países Bajos es por su alta especialización, multidisciplinariedad y diversidad en cuanto a la formación de sus integrantes, entre los que se encuentran generaciones jóvenes, mujeres, inmigrantes y otros perfiles con diferentes perspectivas respecto a las políticas y regulaciones necesarias para afrontar los posibles escenarios futuros[34].

3. Suecia

En Suecia se ha intentado institucionalizar de alguna manera la prospectiva y la previsión en la normativa y en las políticas públicas, sin embargo, su escasa tradición legislativa en este sentido ha derivado en un fracaso en términos de consolidación de organismos de prospectiva propiamente dichos[35]. Si bien es cierto, y no se puede obviar, que se aprobó un proyecto, *Misión: El Futuro,* impulsado por el gobierno sueco (en concreto por el Ministerio de Desarrollo Energético y Cooperación Nórdica) para desarrollar y elaborar ideas y planificación de programas políticos en el medio-largo plazo (en particular en ámbitos como la transición energética, la cooperación global o el empleo y la estructura productiva), pero su recorrido fue escaso, pues se inició en 2015 y finalizó en 2016, cuando se presenta el informe final al gobierno. En este caso, no se renovó el proyecto ni los esfuerzos legislativos o gubernamentales fueron en esta dirección fue el proyecto del Gobierno para el desarrollo de ideas y políticas a largo plazo para enfrentar los desafíos del futuro. El proyecto se inició en febrero de 2015 y concluyó en abril de 2016, cuando se presentó el informe final al Gobierno.

4. Estonia

Estonia es un país que se ve influenciado por Finlandia y a partir de dicha experiencia aprueban la denominada Ley de Prospectiva *(Foresight Act*[36]*)* que dota de base jurídica e institucionaliza la política de prospectiva en este país, creando, entre otros organismos, el Consejo de Prospectiva, integrado por

---

34   HEO, K. y SEO, Y.: «Anticipatory governance for newcomers: lessons learned from the UK, the Netherlands, Finland, and Korea», *European Journal Futures*, 9 (1), 2021. DOI: 10.1186/s40309-021-00179-y, p. 10.

35   *Vid.* KREIBICH, R.: *Zukunftsforschung und Politik in Deutschland, Frankreich, Schweden und der Schweiz*, Weinheim: Beltz (ZukunftsStudien, 3), 1991.

36   RIIGI TEATAJA, *Foresight Act*, 01/03/2018. Disponible en: https://www.riigiteataja.ee/en/eli/509022018003/consolide

expertos del mundo empresarial, investigadores, científicos y economistas, siendo este un organismo integrado en el Parlamento estonio. Dicho Consejo es el encargado de dar el visto bueno a las actividades de otro órgano, el Centro de Prospectiva que se encarga de la elaboración de políticas alternativas que puedan dar respuesta a los retos y desafíos del futuro[37].

Por otro lado, la Ley de Prospectiva mencionada incluye como obligatorio el hecho de que el público en general, es decir, los ciudadanos individuales y la sociedad civil organizada participe en los procesos de previsión y prospectiva estratégica, lo cual es en opinión de los expertos, una buena práctica a seguir por otros países interesados en desarrollar de manera clara y transversal una política de prospectiva seria y a largo plazo. Así mismo, una vez aprobadas las estrategias de futuro el Centro lleva a cabo una evaluación ex post del trabajo realizado, después de un periodo de tiempo relativo que permita comparar las previsiones con los escenarios reales. Esto último dota de valor a la labor de los integrantes del Consejo, lo que permite que su trabajo sea más confiable para los políticos tanto del poder ejecutivo como legislativo.

5. Portugal

En Portugal, la institucionalización de la evaluación de políticas públicas en general, y de la prospectiva en su implementación en particular, se encuentra aún en sus etapas iniciales, lo que provoca que en la práctica aún siga confundiéndose con monitoreo de políticas públicas o evaluaciones de impacto de las regulaciones particulares. Es en el año 2021 cuando se impulsa un organismo de planificación estratégica a través del Decreto-Ley n.º 21/2021 por el que se crea el Centro de Competencia en Planificación, Políticas y Prospectiva de la Administración Pública (más conocido como PlanAPP)[38]. En este centro trabaja un equipo de especialistas, como en el resto de los ya mencionados, encargados de evaluar líneas específicas de actuación, prioridades estratégicas y objetivos de política pública que se adecúen a las demandas del futuro, realizando en última instancia estudios de prospectiva. Algunas de las funciones concretas del PlanAPP son las siguientes: coordinar la elaboración de la propuesta de ley de Grandes Opciones y Plan Nacional de Reforma; apoyar y asesorar al gobierno luso en planificación estratégica,

---

37   REPUBLIC OF ESTONIA GOVERNMENT. *Foresight Center: An independent Think Tank at the Riigikogu. Latest reports.* Disponible en: https://arenguseire.ee/en/about/ Uno de los últimos informes publicados se relaciona con el impacto de la transición ecológica que lleva como título «Green transition trends and scenarios in Estonia».

38   «Centro de Competências de Planeamento, de Políticas e de Prospetiva da Administração Pública – PlanAPP», *Diário Da República* núm. 151/2024, Série I Disponible en: https://bussola.gov.pt/SitePages/Centro-de-Compet%C3%AAncias-de-Planeamento,-de-Pol%C3%ADticas-e-de-Prospetiva-da-Administra%C3%A7%C3%A3o-P%C3%BAblica-%E2%80%93-PlanAPP.aspx?web=1

en definición y desarrollo de políticas públicas, en la implementación de instrumentos de planificación presupuestaria, etc. Además, también realiza informes sobre planes o estrategias sectoriales o transversales en un determinado momento y coordina los procesos de evaluación del impacto económico, ambiental y social de las políticas públicas y normativas aprobadas[39].

Igualmente, existe una red de colaboración y coordinación intersectorial en planificación estratégica que permite, en concreto, el desarrollo de planes de prospectiva nacionales, el impulso y fomento de las capacidades de prospectiva, el desarrollo de trabajo intersectorial y la creación de proyectos comunes en las distintas áreas gubernamentales, esta red se denomina Equipo Multidisciplinar de Planeamiento Estratégico que es un subgrupo de los cuatro que integran el PlanAPP (Equipo Multidisciplinar de Planeamiento Estratégico, Equipo Multisectorial de Prospectiva, Equipo Multisectorial de Evaluación de Políticas Públicas y Equipo Multisectorial para el Acceso a los datos)[40]. Por otro lado, con carácter sectorial, es importante mencionar la denominada Oficina de Estrategia y Planificación (GEP) integrada en el Ministerio de Trabajo, Solidaridad y Seguridad Social (MTSSS), la cual se constituye como una agencia sectorial, perteneciente a la administración del Estado, pero dotada de autonomía administrativa (Decreto-Ley n.° 14/2015, de 26 de enero). Esta oficina se vale de diferentes herramientas de gestión con el fin de conseguir los objetivos en el ámbito concreto que le compete, por ejemplo, realizando estudios prospectivos sobre el mercado de trabajo del futuro, la estructura productiva, la previsible reconversión profesional de los trabajadores y, en definitiva, la adaptación de las políticas públicas y la normativa a los nuevos escenarios futuros alternativos que se presenten. Todas estas estrategias se enmarcan en los objetivos, metas y líneas de actuación del Plan Estratégico 2019-2023 de Portugal aprobado por el GEP[41].

6. Bélgica

En Bélgica contamos con la Oficina Federal de Planificación (FPB) fundada el 14 de octubre de 1959, en su momento bajo el nombre de «Oficina de Programación», como agencia encargada, como su nombre indica, de la

---

39 REPÚBLICA PORTUGUESA. XXIV GOVERNO: *Plan APP: Parlamento, Políticas, Prospectiva*. Disponible en: https://www.planapp.gov.pt/

40 GOVERNO DA REPÚBLICA, *PlanAPP, Equipo Multidisciplinar de Planeamiento Estratégico*. Disponible en: https://www.planapp.gov.pt/equipas-multissetoriais-replan/

41 MINISTÉRIO DE TRABALHO, SOLIDARIDADE E SEGURANÇA SOCIAL. *Gabinete de Estratégia e Planeamento: Plano Estratégico 2019-2023*. Disponible en: https://www.gep.mtsss.gov.pt/inicio En concreto, para el periodo en el que nos encontramos, el planeamiento estratégico aparece reflejado en una ley, la Ley n.° 38/2023 de 2 de agosto. Cada planificación estratégica se ha aprobado a través de norma con rango de ley, las cuales pueden consultarse íntegramente en el siguiente enlace: https://www.gep.mtsss.gov.pt/planeamento-estrategico

previsión estratégica y de la prospectiva en políticas públicas. Su misión fundamental es de previsión económica, de anticipación a la evolución económica de los diferentes sectores productivos del país y al establecimiento de posibles reacciones en términos de modificación normativa o programación política estratégica. De esta manera, presenta propuestas al Comité Ministerial de Coordinación Económica y Social, quien las evalúa e integra, en su caso, en su planificación. En los años 70 del siglo XX, además de producirse un cambio en su nomenclatura, como hemos mencionado, se sustituyen los programas económicos por planes económicos, más centrados en un enfoque más formalizado y de tipo regional. No obstante, este organismo aún sufrirá más modificaciones y es que en 1994, como consecuencia de la cuarta reforma del Estado, la nomenclatura de la Oficina de fue cambiada una vez más, por el nombre que ostenta actualmente, «Oficina Federal de Planificación»[42].

Así, se trata de una agencia pública de tipo independiente encargada de realizar previsiones y de investigar medidas de política pública adecuada, en última instancia, se trata de apoyar el proceso legislativo. Por ello, está en contacto continuo con el Gobierno y con el poder legislativos, así como con los agentes sociales y otras instituciones. Aunque otras agencias y organismos de los analizados se centran en realizar previsiones en el ámbito económico, esta no se ciñe solo a este ámbito ya que abarca también cuestiones sociales y medioambientales, todo ello dirigido hacia la configuración de políticas y de un futuro en clave de desarrollo sostenible[43].

Así mismo, una cuestión enormemente positiva es que la mayoría de las actuaciones o competencias de la FPB es definen legalmente, cuestión que no ocurre en otros países. Esto es importante porque las funciones quedan acotadas, regladas y, por tanto, definidas y delimitadas, lo que impulsa su efectividad y eficiencia en el medio largo plazo. Esto no obsta para que se desarrollen actividades no previstas, a petición del Gobierno o del Parlamento. En todo caso este organismo publica todos sus estudios o al menos el resultado final de los mismos, lo que es un ejercicio de transparencia y democracia que refuerza su reputación y poner en valor la labor de la agencia[44].

---

42 OECD. *The Strategic Foresight System of the Government of Flanders*, Belgium, OECD Public Governance Reviews, OECD Publishing, Paris, 2024, pp. 27-55. Disponible en: https://doi.org/10.1787/e55125c5-en.

43 Tal y como se reconoce en el último informe del año 2022 de la Comisión Europea, donde se recoge lo necesario que es incorporar políticas prospectivas en esta línea. EUROPEAN COMMISSION. *Communication from the commission to the European Parliament and the council: Strategic Foresight Report Twinning the green and digital transitions in the new geopolitical context*, COM/2022/289 final, p. 1.

44 OECD. *The Strategic Foresight System of the Government of Flanders*, Belgium, OECD Public Governance Reviews, OECD Publishing, Paris, 2024, p. 30. Disponible en: https://doi.org/10.1787/e55125c5-en.

7. Alemania

Alemania también es un país que se caracteriza por su amplio recorrido en términos de prospectiva y previsión estratégica, tanto es así que se considera que esta política o «la evaluación de sostenibilidad» como es denominada por muchos autores si hacemos la traducción literal, se ha institucionalizado desde su inicial implementación en la década de los 60 del siglo XX, aunque en diferente grado en función del ministerio[45]. Igualmente, se distingue entre tres tipos de institucionalización de la prospectiva o anticipación regulatoria, institucionalización organizativa, cultural o cognitiva y regulatoria estrictamente.

En el caso de la primera de ellas, la institucionalización organizativa de la prospectiva en Alemania, existen grandes diferencias entre ministerios y entre cada una de las regiones al tratarse de un estado federal. Sin embargo, en el gobierno central sí existen unidades dedicadas a esta cuestión como por ejemplo organismos particulares integrados en el Ministerio de Asuntos Exteriores o en el Ministerio Federal de Defensa (BMVg), al igual que existe un departamento encargado de esta cuestión en el Ministerio Federal de Educación e Investigación (BMBF) y en la Cancillería (BKAmt). Cabe destacar que en ocasiones estos órganos y sus actuaciones están interconectados con aquellos dedicados a la planificación ordinaria de las políticas públicas, compartiendo en ocasiones personal e infraestructura.

En cuanto a la metodología empleada, se utilizan ampliamente enfoques cualitativos, como en el resto de las agencias de otros EM, tales como talleres en los que se simulen escenarios futuros, utilizados para la identificación de nuevas tendencias y para el desarrollo de estrategias más transversales a largo plazo, fundamentalmente. No obstante, también se realizan análisis de datos actuales y pasados, empleándose, por tanto, técnicas cuantitativas que se complementan con las cualitativas.

En cuanto a la temática en la que se focaliza las políticas de prospectiva en el gobierno alemán, podemos deducir, si vemos en qué ministerios se han desarrollado agencias específicas dedicadas a ello, que se centra en política de seguridad y defensa y en educación e investigación, y no tanto en economía como ocurre en los países nórdicos. Igualmente, también se abordan temas interconectados y transversales a estos dos ámbitos prioritarios como son la sostenibilidad, la digitalización y le gestión de emergencias y crisis, quizá influenciados por las tendencias o indicaciones de las instituciones europeas al respecto[46].

---

45 FRAUNHOFER-INSTITUT FÜR SYSTEM- UND INNOVATIONSFORSCHUNG ISI: *Studie zur Institutionalisierung von Strategischer Vorausschau als Prozess und Methode in der deutschen Bundesregierung*, Berlín, pp. 50-63, 2022.

46 FRAUNHOFER-INSTITUT FÜR SYSTEM- UND INNOVATIONSFORSCHUNG ISI: *Studie zur Institutionalisierung von Strategischer Vorausschau als Prozess und Methode in der deutschen Bundesregierung*, Berlín, pp. 86-89, 2022.

Además, toda medida organizativa debe incluir, para ser exitosa la definición de responsabilidades y facultades de cada agencia u órgano, así como debe estar correctamente financiada en términos de recursos materiales y personales. Por otro lado, el gobierno federal alemán prevé formación en términos de prospectiva y planificación estratégica a todos sus empleados públicos, parlamentarios u personas integrantes del poder ejecutivo, que se canaliza a través del denominado BAKS (Seminario metodológico de previsión estratégica) y se puesta igualmente por una política de mayor interconexión, colaboración y coordinación entre los departamentos ministeriales y entre estos y el resto de instituciones o agencias de cada estado federal[47].

Así, como podemos ver, en Alemania se produce una consolidación de la previsión estratégica dispersa o distribuida entre los diferentes niveles gubernamentales, con amplio desarrollo de competencias en los ministerios y en los niveles departamentales regionales, en coordinación con el ejecutivo central, con la Cancillería Federal, cuyo papel en no pocas ocasiones queda reducido a una mera coordinación de las actuaciones de otros departamentos, a través, por ejemplo de acuerdos intergubernamentales u otros instrumentos. En concreto, la Unidad de Perspectivas Estratégicas, integrada en la Cancillería Federal se encarga de dicha tarea de coordinación y consultoría y se encuentra a disposición de los diferentes gobiernos federales, a la vez que organiza intercambios y procesos de coordinación interdepartamental en el seno del gobierno central desde un punto de vista interdisciplinar.

Igualmente, dicha Unidad impulsa proyectos piloto con el fin de probar diferentes estrategias o enfoques de anticipación o planificación estratégica en un contexto de simulación, al igual que otros países europeos, basándose en no pocos casos en análisis basados en IA o automatizados, aunque sea parcialmente. De esta manera, todos los resultados extraídos de estas simulaciones, así como el listado de riesgos y vulnerabilidades existentes, así como de temas tendencia que marcarán el futuro de la actuación gubernamental se comunican continuamente por parte de esta Unidad a la Cancillería Federal[48].

Como decíamos existen otros dos tipos de institucionalización de la prospectiva estratégica como política pública seria en el ámbito de las actuaciones gubernamentales, estos son la cultural o cognitiva y la normativa o regulatoria. Estas dos últimas son decisivas para consolidar la primera, la que acabamos de relatar, que es la institucionalización organizativa, es decir, el culmen de la incorporación de las políticas de prospectiva. Parece lógico pensar que, si

---

47   Fraunhofer-Institut für System- und Innovationsforschung ISI: *Studie zur Institutionalisierung von Strategischer Vorausschau als Prozess und Methode in der deutschen Bundesregierung*, Berlín, p. 61, 2022.

48   Fraunhofer-Institut für System- und Innovationsforschung ISI: *Studie zur Institutionalisierung von Strategischer Vorausschau als Prozess und Methode in der deutschen Bundesregierung*, Berlín, p. 79, 2022.

existe una aceptación cultural o cognitiva, una conciencia de que debe producirse esta anticipación ante los riesgos y posibles escenarios futuros y se regula al respecto (institucionalización regulatoria) se llegará en última instancia a una institucionalización organizativa plena. Es interesante ver como en Alemania se establece claramente esta distinción, cuestión que no ocurre en otros países donde se intenta imponer la institucionalización organizativa sin tener en cuenta estos otros aspectos de tan elevada relevancia.

En ese sentido, la institucionalización cultural o cognitiva es muy importante para el gobierno federal quien insta a los responsables de los diferentes departamentos a que promuevan y fomenten de manera activa la cultura de la previsión y planificación estratégica, a través de formaciones específicas (la Academia Federal de Administración Pública, BAKOV[49], ha comenzado a desarrollar actuaciones en este sentido) y otras actividades de difusión que pongan en valor la prospectiva y su necesaria implementación. Es decir, la formación debe comenzar por una concienciación de los empleados de la importancia de esta materia, para pasar posteriormente a cuestiones metodológicas y de otra índole (habilidades de negociación, gestión de conflictos etc.) muy importantes en el caso de descentralización de estas políticas donde se antoja necesaria una coordinación eficaz y comunicación fluida entre los diversos agentes.

La institucionalización regulatoria, por su parte, es importante en tanto en cuanto dota de un status jurídico a los organismos encargados de la prospectiva en la actuación pública, establece un procedimiento de actuación y fija unas facultades o competencias concretas, lo cual dota de seguridad jurídica y de un encuadre normativo a esta planificación estratégica, lo que permite en última instancia un refuerzo de su legitimidad y de la eficacia de sus actuaciones.

No obstante, a pesar de la fuerte descentralización que existe en Alemania, existen algunas cuestiones transversales y holísticas de las cuales se encarga de manera activa la Cancillería Federal tales como lo que tiene que ver con el desarrollo sostenible, la reducción de la burocracia o la transformación digital de la sociedad y economía alemana en clave anticipatoria. En concreto, la Unidad de Prospectiva lleva a cabo análisis y evaluaciones a futuro en estos ámbitos en el propio BKAmt y se elevan los resultados a discusión y debate en el consejo de ministros alemán, finalizando con la incorporación y reporte de los riesgos y amenazas futuras (y estrategias para afrontarlos) al Consejo Federal de Seguridad[50].

---

49 FRAUNHOFER-INSTITUT FÜR SYSTEM- UND INNOVATIONSFORSCHUNG ISI: *Studie zur Institutionalisierung von Strategischer Vorausschau als Prozess und Methode in der deutschen Bundesregierung*, Berlín, pp. 99-104, 2022.

50 FRAUNHOFER-INSTITUT FÜR SYSTEM- UND INNOVATIONSFORSCHUNG ISI: *Studie zur Institutionalisierung von Strategischer Vorausschau als Prozess und Methode in der deutschen Bundesregierung,* Berlín, p. 108, 2022.

Finalmente, debemos mencionar el denominado Laboratorio del Futuro del Gobierno Federal, que es un organismo encargado de la prospectiva estratégica gubernamental desde el Gobierno Federal, siendo el núcleo del establecimiento de soluciones creativas y alternativas a escenarios futuros y cuyo fin fundamental es servir de base y apoyo a los gobiernos regionales, así como erigirse igualmente como herramienta de coordinación y cooperación en actuaciones en el ámbito de la prospectiva. Como su nombre indica, se trata de un laboratorio de experimentación o simulación de estrategias o planificación de políticas públicas que puedan responder a desafíos o riesgos futuros previamente identificados. Los diferentes departamentos del gobierno federal, así como las instancias regionales se valen de su criterio para poder desarrollar sus políticas públicas de manera estratégica. Digamos que es una agencia que consigue integrar las virtudes de ambos enfoques, el más descentralizado y el centralizado con el fin de conseguir las metas y objetivos comunes que tiene Alemania como federación. El Laboratorio del Futuro del Gobierno Federal está integrado por unos 20-40 empleados procedentes de los ministerios y cada uno de ellos elige a uno o dos altos funcionarios públicos con el fin de que les asesoren en su labor en este organismo durante 1 a 3 años, en función de las circunstancias[51].

IV. Conclusiones

Como consecuencia de este análisis podemos resaltar las siguientes ideas clave. La primera de ellas es que Finlandia, Países Bajos, Bélgica y Alemania son los países con mayor recorrido e implementación de políticas de prospectiva en el seno de sus instituciones, tanto en el poder ejecutivo como en el legislativo. Todos ellos, aunque destacando Finlandia especialmente, comenzaron a mediados del siglo pasado a incorporar el concepto de manera incipiente y transversal en sus políticas públicas y continuaron en esta senda hasta el momento actual. De ello da cuenta los numerosos organismos, agencias e instituciones presentes en estos países, así como los planes estratégicos que dirigen y orientan su actuación.

En segundo lugar, es destacable comprobar cómo en todos los países europeos pioneros en esta cuestión se comienza a abordar una prospectiva y planificación en un ámbito muy concreto, la economía, para después transitar hacia otras líneas o prioridades como las medioambientales, socioeconómicas o vinculadas al mercado de trabajo, sin perjuicio de una conceptualización transversal de la misma en otras esferas de la política pública.

---

51 FRAUNHOFER-INSTITUT FÜR SYSTEM- UND INNOVATIONSFORSCHUNG ISI: *Studie zur Institutionalisierung von Strategischer Vorausschau als Prozess und Methode in der deutschen Bundesregierung*, Berlín, pp. 122-130, 2022.

En tercer lugar, entre los estados analizados encontramos otros más rezagados, como Portugal, Estonia y Suecia, los cuales han diseñado estrategias de planificación y evaluación prospectiva posteriormente, y en muchas ocasiones empujados por las previsiones normativas y programáticas de la Unión Europea. Se caracterizan sobre todo por tener estrategias de prospectiva coyunturales y no se atisba una integración real de manera transversal u holística de la gobernanza anticipatoria, ya que, además, se centran más en ámbitos sectoriales (como en el caso de Portugal donde hay una gran planificación en el ámbito de la estructura productiva y el empleo a través de una agencia integrada en el Ministerio de Trabajo y Seguridad Social). Además, se da la característica común en este grupo de estados, de que existe siempre una norma con rango de ley que crea instituciones de prospectiva, que fija un procedimiento a seguir claro, así como atribuye una serie de potestades o facultades regladas a dichos órganos, en un intento quizá de institucionalizar organizativamente la prospectiva siendo conscientes de una carencia de la institucionalización desde el punto de vista cultural o cognitivo.

En definitiva, se aprecian dos grupos de estados que avanzan a dos velocidades y que utilizan técnicas diferentes para incorporar la prospectiva en su acción gubernamental aunque con puntos en común muy importantes tales como agencias especificas transversales que se encuentran en el ejecutivo, en el legislativo o en ambos, planes o directrices que orientan la acción gubernamental y agencias independientes formadas por expertos o investigadores que de manera más o menos autónoma ofrecen su apoyo y asesoramiento a cada uno de los gobiernos. Así, el avance en términos de prospectiva regulatoria ha sido muy importante en las últimas décadas y se prevé un gran impulso en el futuro próximo, tal y como atestiguan los esfuerzos de la UE por poner en valor la gobernanza anticipatoria minimizando así el impacto de crisis venideras.

Bibliografía

CÁLIX RODRÍGUEZ, J. A., «La importancia de la prospectiva estratégica para la gestión pública: situación y condiciones para su institucionalización», *Colección Desarrollo Humano para la Transformación*, PNUD, 2023.

«Centro de Competências de Planeamento, de Políticas e de Prospetiva da Administração Pública – PlanAPP», *Diário Da República núm. 151/2024*, Série I Disponible en: https://bussola.gov.pt/SitePages/Centro-de-Compet%C3%AAncias-de-Planeamento,-de-Pol%C3%ADticas-e-de-Prospetiva-da-Administra%C3%A7%C3%A3o-P%C3%BAblica-%E2%80%93-PlanAPP.aspx?web=1

EUROPEAN COMISSION:

- *Better regulation toolbox*, 2023. Disponible en: https://commission.europa.eu/law/law-making-process/planning-and-proposing-law/better-regulation/better-regulation-guidelines-and-toolbox_en

- *Communication from the Commission to the European Parliament and the Council: Commission Staff Working Document: Better regulation guidelines*, SWD (2021) 305 final.

- *Communication from the commission to the European Parliament and the council: Strategic Foresight Report Twinning the green and digital transitions in the new geopolitical context*, COM/2022/289 final.

- *Communication from the Commission to the European Parliament, the Council, the European Economic and Social Committee and the Committee of the Regions: Better regulation: Joining forces to make better laws,* COM/2021/219 final.

FRAUNHOFER-INSTITUT FÜR SYSTEM- UND INNOVATIONSFORSCHUNG ISI, *Studie zur Institutionalisierung von Strategischer Vorausschau als Prozess und Methode in der deutschen Bundesregierung*, Berlín, 2022.

GAVIGÁN, J. P., «Panorama de la prospectiva en Europa. Principios y visión general por países», *Economía Industrial*, 342, pp. 107-115, 2001.

HEO, K. & SEO, Y., «Anticipatory governance for newcomers: lessons learned from the UK, the Netherlands, Finland, and Korea», *European Journal Futures*, 9 (1), pp. 1–14, 2021. DOI: 10.1186/s40309-021-00179-y

HIETANEN, O., *Science and political decision-making – the Parliament of Finland's Committee for the Future*, 2018. Disponible en: https://vastuullinentiede.fi/en/reuse/sci-ence-and-political-decision-making-parliament-finlands-committee-future

JANN. W.: «Praktische Fragen und theoretische Antworten: 50 Jahre Policy-Analyse und Verwaltungsforschung», *Politische Vierteljahresschrift* 50 (3), pp. 476–505, 2009.

KOSKIMAA, V. y RAUNIO, T.: «Encouraging a longer time horizon: the Committee for the Future in the Finnish Eduskunta», *The Journal of Legislative Studies*, 26 (2), pp. 159–179, 2020. DOI: 10.1080/13572334.2020.1738670.

KREIBICH, R.: *Zukunftsforschung und Politik in Deutschland, Frankreich, Schweden und der Schweiz.* Weinheim: Beltz (ZukunftsStudien, 3), 1991.

MILLER, R.: *Transforming the future. Anticipation in the 21st century*. London, New York: Routledge Taylor & Francis Group, 2018. Disponible online en: https://doi.org/10.4324/9781351048002

MINISTÉRIO DE TRABALHO, SOLIDARIDADE E SEGURANÇA SOCIAL. *Gabinete de Estratégia e Planeamento: Plano Estratégico 2019-2023.* Disponible en: https://www.gep.mtsss.gov.pt/inicio

NACIONES UNIDAS (CEPAL), «Planificación, prospectiva y gestión pública: reflexiones para el desarrollo», *Colección Planificación para el Desarrollo*, 2014.

OECD.

- *Better regulation Practices across the European Union 2022,* OECD publishing, París, 2022.

- *The Strategic Foresight System of the Government of Flanders,* Belgium, OECD Public Governance Reviews, OECD Publishing, Paris, 2024. Disponible en: https://doi.org/10.1787/e55125c5-en.

- *Strategic Foresight for Better Policies. Building Effective Governance in the Face of Uncertain Futures.* Unter Mitarbeit von Joshua Polchar. Paris, 2019.

REPUBLIC OF ESTONIA GOVERNMENT, *Foresight Center: An independent Think Tank at the Riigikogu. Latest reports*. Disponible en: https://arenguseire.ee/en/about/

REPUBLICA PORTUGUESA. XXIV GOVERNO, *Plan APP: Parlamento, Políticas, Prospectiva.* Disponible en: https://www.planapp.gov.pt/

RIIGI TEATAJA, *Foresight Act,* 01/03/2018. Disponible en: https://www.riigi-teataja.ee/en/eli/509022018003/consolide

RUCK, M., «Planung - Prosperität - Partizipation. Planende Politikgestaltung in der Bundesrepublik Deutschland», *INDES - Zeitschrift für Politik und Gesellschaft* (3), pp. 77–88, 2020.

SÁNCHEZ SÁNCHEZ, Z. (Dir.), **EIROS BACHILLER, M.** (Coord.), *Regulación con prospectiva de futuro y de consenso. Gobernanza anticipatoria y prospectiva administrativa*, Aranzadi, Pamplona, 2023.

SCHOOL OF INTERNATIONAL FUTURES, *Features of effective systemic foresight in governments around the world*, 2021. Disponible en: https://assets.publishing.ser-vice.gov.uk/government/uploads/system/uploads/attachment_data/file/985279/effective-sys-temic-foresight-governments-report.pdf

STEINMÜLLER, K., «Zukunftsforschung in Deutschland - Versuch eines historischen Abrisses (Teil 1)», *Zeitschrift für Zukunftsforschung* 1 (1), pp. 6–19, 2012. Disponible en: http://nbn-resolving.de/urn:nbn:-de:0009-32-34116

TAPIO, P. & **HEINONEN, S.**, «Focused Futures from Finland», *World Futures Review* 10 (2), pp. 111–135, 2018. DOI: 10.1177/1946756718754847.

LA PROTECCIÓN DEL FUTURO EN EL ORDENAMIENTO CONSTITUCIONAL ITALIANO

Giacomo Palombino

Investigador García-Pelayo, Centro de Estudios Políticos y Constitucionales

SUMARIO: I. Introducción. II. El futuro en la formulación originaria de la Constitución italiana y el papel de la Corte Constitucional. III. El equilibrio presupuestario y su valor intergeneracional en la perspectiva de la jurisprudencia constitucional. IV. Los intereses de las futuras generaciones a través la reforma del art. 9 de la Constitución. V. Conclusiones.

I. Introducción

El vocabulario del debate público de los últimos años se ha caracterizado (y sigue caracterizándose) por términos que, aunque no le eran desconocidos hasta hace poco, constituyen mínimos comunes denominadores de una nueva fase del proceso de integración europea[1]. Las crisis que la Unión (y no sólo la Unión) ha tenido y tiene que afrontar, desde la crisis sanitaria a la crisis social y económica, pasando por la crisis climática y energética, han abierto, o eso parece, las perspectivas de los responsables públicos hacia horizontes más amplios que los que han marcado su actuación hasta ahora[2]. O más bien, el responsable político parece enfrentarse ahora a la necesidad de expresar, en sus decisiones, una mayor atención al futuro y a la protección de aquellos que, aunque todavía no existan, existirán.

---

1   BILANCIA, P., «Il grave impatto del Covid-19 sull'esercizio dei diritti sociali», in DE MINICO, G. y VILLONE, M. (a cura di), *Stato di diritto, emergenza, tecnologia*, en consulta *online*, 2020.

2   BILANCIA, P. (a cura di), *Diritti culturali e nuovi modelli di sviluppo. La nascita dell'Osservatorio sulla sostenibilità culturale*, Napoli, ESI, 2016.

Es precisamente esto, de hecho, lo que parece desprenderse del recurso cada vez más consistente a los conceptos de *futuro*, *resiliencia* o *transición*, que, en cierto modo, y *más adelante* trataremos de explicar por qué, están adquiriendo una relevancia propia y plenamente jurídica. Y no es casualidad, además, que esto ocurra siempre que (y esto vale para la fase histórica más reciente, pero no sólo) nos enfrentamos a contextos de emergencia. Las crisis, en efecto, parecen ampliar el horizonte temporal del decisor político[3] en la medida en que no se resuelven en acontecimientos autónomos, sino que corresponden al resultado final de múltiples elementos que se han ido asentando a lo largo del tiempo[4]. Hacerles frente, por lo tanto, requiere cambios, transiciones, de hecho, que se basen en la adopción de instrumentos y soluciones que puedan prevenir, en el futuro, la reaparición de los mismos factores que generaron situaciones de emergencia en el pasado. Es en este sentido, entonces, que las transiciones no son más que ventanas a un futuro próximo y pasos hacia quienes lo vivirán[5].

También a nivel constitucional, la preocupación del futuro ha encontrado una traducción textual siempre a raíz de momentos de crisis, aunque de distinta naturaleza. El principio de sostenibilidad, por ejemplo, entró en la Constitución italiana tras la crisis financiera de 2008, que condujo, como sabemos, primero a la adopción del Pacto Fiscal y luego a la revisión de 2012. Y siguiendo con el tema de la sostenibilidad, una referencia expresa al «interés de las generaciones futuras» compone ahora el texto del artículo 9 de la Constitución italiana.

Estas páginas quieren ofrecer una reconstrucción de todos estos elementos, en el intento de demostrar como la equidad generacional se haya convertido, en el ordenamiento italiano, en un verdadero principio constitucional. Para hacer esto, se ofrecerán reflexiones complementarias entre el dato constitucional, sobre todo a la luz de las reformas que se han aprobado en esta dirección, y la jurisprudencia constitucional.

II. El futuro en la formulación originaria de la Constitución italiana y el papel de la Corte Constitucional

A diferencia de otras Constituciones[6], la italiana, en su formulación original, no contenía ninguna referencia expresa ni a las generaciones futuras ni

---

3   PAPA, A., *La rappresentanza politica. Forme attuali di esercizio del potere*, Napoli, Editoriale scientifica, 1998.

4   BALAGUER CALLEJÓN, F. (dir.), *Manual de Derecho Constitucional*, vol. I, Madrid, Tecnos, 2022.

5   D'ALOIA, A., «Generazioni future (diritto costituzionale)», en *Enciclopedia del diritto*, Annali IX, Milano, 2016.

6   HÄBERLE, P., *Un derecho constitucional para las futuras generaciones. La otra forma del contrato social: el contrato generacional*, en *Lecciones y Ensayos*, n.º 87/2009, 17-37.

al principio de sostenibilidad. También carecía de una referencia expresa a la protección del medio ambiente, un ámbito normativo construido de manera paralela a la configuración del principio de sostenibilidad y que, por tanto, en cierto modo habría ayudado más, en el plano interpretativo, a trazar una tensión hacia el futuro[7] de la Ley fundamental[8].

Sin embargo, es cierto que la ausencia de una referencia expresa no pueda entenderse como una falta de perspectiva de la Carta Constitucional. Por el contrario, debe considerarse que el pacto social que subyace a una Constitución debe entenderse también como un pacto generacional, es decir, intrínsecamente dirigido a los tiempos venideros[9].

Esta consideración puede explorarse desde múltiples perspectivas. La tensión hacia el futuro de la Carta Constitucional parece deducirse, por ejemplo, en aquellos artículos en los que la República promueve su tarea de alcanzar un objetivo específico. En este sentido, léase, por ejemplo, el artículo 3 de la Constitución, según el cual «corresponde a la República remover los obstáculos de orden económico y social (...)»; el artículo 4 de la Constitución, según el cual la República «promueve las condiciones que hacen efectivo el derecho al trabajo»; el artículo 5 de la Constitución, según el cual la República se compromete a «promover» la autonomía local; y el artículo 9 de la Constitución, que declara el compromiso de la República de promover «el desarrollo de la cultura y de la investigación científica y técnica». Sobre este último artículo volveremos más adelante en función de la revisión de 2022.

---

7   Esta consideración puede desarrollarse como consecuencia de varios elementos, todos ellos relacionados con la naturaleza de los instrumentos destinados a salvaguardar el medio ambiente, así como con su eficacia, esperada o deseada. En este sentido, cabe destacar que el buen estado de las condiciones ambientales sólo puede corresponder al resultado de políticas a largo plazo, traduciéndose en un proceso que debe persistir y reproducirse, ininterrumpidamente, a lo largo del tiempo. Por lo tanto, los beneficios resultantes sólo podrán beneficiar a quienes disfruten de las decisiones virtuosas tomadas en los años anteriores. Por el contrario, son sobre todo las generaciones futuras las que disfrutarán de los efectos favorables producidos por las políticas adoptadas en la materia, teniendo en cuenta que los daños medioambientales o la mala salud de los ecosistemas no se manifiestan normalmente a corto plazo, sino que son consecuencia de modelos económico- productivos perseguidos durante largos periodos de tiempo en la falsa creencia de que benefician al individuo. Por poner un ejemplo, la explotación irracional de recursos energéticos no renovables, si a corto plazo otorga una ventaja a la generación que se beneficia de ella, a largo plazo traslada un perjuicio, la escasa disponibilidad, por parte de las generaciones futuras, de esos mismos recursos. De ahí que se constatara la insostenibilidad de las políticas adoptadas hasta un determinado momento de la historia y, por consiguiente, la necesidad de promover un desarrollo que sea sostenible. En general, cfr. CARAVITA, B., CASSETTI, L. y MORRONE, A. (a cura di), Diritto dell'ambiente, Bologna, Il Mulino, 2016.

8   BIFULCO, R. y D'ALOIA,A. (coord.), Un diritto per il futuro. Teorie e modelli dello sviluppo sostenibile e della responsabilità intergenerazionale, Napoli, Jovene, 2008.

9   HÄBERLE, P., «Un derecho constitucional para las futuras generaciones. La otra forma del contrato social: el contrato generacional», en Lecciones y Ensayos, n.° 87/2009, 17-37.

Pues bien, cada vez que los Constituyentes han configurado normas capaces de sugerir una dirección de prospectiva, especialmente recurriendo a los términos *promoción* y *desarrollo*, no hacen más que sancionar la tensión de la Carta hacia el futuro y demostrar, de este modo, cómo el poder constituyente no sólo se dirige a la declaración de valores, principios y derechos destinados a garantizar al individuo también en el futuro, sino que también consigna su aplicación al futuro.

Precisamente en esta dirección, entre otras cosas, es interesante reflexionar sobre cómo esta tensión hacia el futuro está garantizada por el carácter rígido de la Constitución. Contrariamente a la idea según la cual la rigidez podría constituir una limitación impuesta a las generaciones futuras[10], de hecho, la intención aquí es tratar de sostener cómo la inmodificabilidad de la forma republicana e, implícitamente, de todos los elementos que la componen, no pretende impedir el movimiento de la Carta hacia el futuro, sino más bien, al contrario, obstaculizar su regreso al pasado. Por esta razón, el carácter rígido de la Constitución debe considerarse como una garantía para el futuro desde el pasado (más que como un límite del pasado sobre el futuro), constituyendo un «escudo» entregado por los Constituyentes a las generaciones futuras contra cualquier amenaza a los valores de la democracia.

Dentro de este perímetro, hay una consideración adicional, es decir, que, en el tejido de los principios de la Ley Fundamental, la Corte Constitucional ha determinado a menudo, a través de su función interpretativa, una apertura de la Carta a los tiempos venideros. Esto ha ocurrido en varias ocasiones, como las veces en que la Corte ha declarado la inconstitucionalidad de leyes valorando las costumbres cambiantes de la sociedad[11] y exhortando así a

---

10   De esta opinión era Thomas Jefferson, quien, en una carta escrita el 6 de septiembre de 1789 y dirigida a James Madison, explicaba sus temores sobre los riesgos de adoptar una constitución inmodificable. Dado que «la tierra», argumentaba Jefferson, «es dada en usufructo a los vivos, y los muertos no tienen poderes ni derechos sobre ella (...) ninguna generación tiene derecho a someter a sus leyes a las generaciones futuras». Este es el riesgo que habría resultado, según Jefferson, de la adopción de la Constitución en ausencia de un mecanismo que permitiera a los ciudadanos «del mañana» expresar una nueva voluntad constituyente y abolir así una Ley Fundamental que no habían contribuido a promulgar. De hecho, el tercer presidente de los Estados Unidos de América creía que era necesario crear una nueva Constitución cada vez que se produjera un relevo generacional, basado en la convicción de que impulsar una especie de revolución perenne, marcada por el paso del tiempo, era la única opción para proteger el futuro. De este modo, cada generación podría tener «su» Constitución sin invadir ni restringir el derecho de las generaciones posteriores a expresar una voluntad diferente. De este modo, una Constitución se habría extinguido al morir la generación que la promulgó, dejando espacio para una nueva Constitución, cuya validez, a su vez, habría estado limitada en el tiempo. *Cfr.* Barbato, M., *Thomas Jefferson o della felicità*, Palermo, Sellerio, 1999, 48; Bifulco, R., «Jefferson, Madison e il momento costituzionale dell'Unione. A proposito della riforma costituzionale sull'equilibrio di bilancio», in *Rivista Aic*, 2/2012, 1.

11   A. Barbera, *Costituzione della Repubblica italiana*, Milano, Giuffrè, 2016, 357; A. Morrone, *Bilanciamento (giustizia costituzionale)*, en *Enciclopedia del Diritto*, Milano, Giuffrè, 2008,

una evolución paralela también en el plano legislativo (más recientemente, véase la sentencia sobre la atribución del apellido materno[12]).

Pero en la perspectiva más específica que aquí nos interesa, no puede dejar de subrayarse cómo la Corte ha identificado desde hace tiempo el art. 9 de la Constitución como la cobertura constitucional de la protección del medio ambiente. Entre otras cosas, aprovechando aquella «presbicia» del Constituyente que, según Calamandrei, encontraría en el art. 9 de la Constitución su máxima expresión, en varios pronunciamientos se lee cómo una lectura evolutiva del término «paisaje», dirigida precisamente a incluir en él una referencia al medio ambiente, estaría destinada a promover intereses de carácter intergeneracional[13].

III. El equilibrio presupuestario y su valor intergeneracional en la perspectiva de la jurisprudencia constitucional

El principio de sostenibilidad encontró una referencia expresa dentro de la Carta Constitucional gracias a la reforma de 2012, a raíz de la crisis económica y según las modalidades sugeridas por el proceso de integración europea[14]. Más concretamente, esto pasó en relación con el equilibrio presupuestario, estableciéndose que la producción de la deuda pública debe

---

pp. 185 ss.; S. Bartole, *Interpretazioni e trasformazioni della Costituzione repubblicana*, Bologna, Il Mulino, 2004, p. 409; A. Pertici, *Controllo di costituzionalità, «forza di legge», accesso alla giustizia*, en AA.VV., *I rapporti civilistici nell'interpretazione della Corte costituzionale nel decennio 2006-2016*, Napoli, ESI, 2018. M. P. Iadicicco, *Settant'ani di rigidità costituzionale. Il limite del testo fra modifiche tacite ed interpretazioni creative*, en *Rivista del Gruppo di Pisa*, «Alla prova della revisione. Settanta anni di rigidità costituzionale», 2018, 30; PATRONI GRIFFI, A., *Le regole della bioetica tra legislatore e giudici*, Napoli, Editoriale Scientifica, 2016.

12   Palombino, G., «Si scrive identità personale, si legge identità familiare: l'attribuzione del cognome in Italia e in Spagna, tra falsi miti e alcune certezze», in *DPCE*, n. 3/2023, pp. 832-870.

13   De hecho, parece desprenderse de la jurisprudencia constitucional en materia de protección del medio ambiente cómo la Corte ha captado ese «proceso evolutivo encaminado a reconocer una nueva relación entre la comunidad territorial y el medio que la rodea, dentro del cual se ha consolidado la conciencia del suelo como recurso natural ecosistémico no renovable, esencial a efectos del equilibrio ambiental, capaz de expresar una función social e incorporar una pluralidad de intereses y utilidades colectivas, también de carácter intergeneracional», Sentencia de la Corte Constitucional N.º 179 de 2019. En el mismo sentido, ver también Sentencia de la Corte Constitucional No. 71 de 2020.

14   FERRARO, L., *Il principio democratico e lo Stato sociale alla prova delle riforme costituzionali in tema di stabilità di bilancio: le esperienze spagnola e italiana*, en DE FIORES, C. (coord.), «Giurisdizioni e Unione europea di fronte alla crisi», en *Rassegna di diritto pubblico europeo*, n. 1, 2014, pp. 18-61.

ser sostenible en el tiempo (artículos 81 y 97 de la Constitución italiana). Es evidente, en efecto, cómo decisiones de gasto capaces de generar amplios márgenes de déficit en las arcas del Estado pueden determinar un coste que se traslada a las generaciones futuras y que, al menos potencialmente, podría limitar sus oportunidades de crecimiento y, por tanto, la posibilidad de acceder a aquellos servicios cuya debida prestación caracteriza la fisonomía del Estado social[15].

No obstante, parece oportuno subrayar desde el principio cómo la producción de deuda no constituye en sí misma un defecto de las políticas seguidas por el decisor público, donde su verdadera magnitud, y por tanto su posible componente negativo, debe valorarse teniendo en cuenta tanto los instrumentos que la ley prevé para su recuperación como los gastos que se pretenden financiar. La sostenibilidad de la deuda, por tanto, no debe medirse únicamente en función de su alcance «numérico», ya que la deuda contraída en relación con gastos de inversión también debe considerarse sostenible, especialmente si se destina a financiar la mayor protección de un derecho fundamental. Por el contrario, la deuda no es sostenible cuando, al circunscribir sus efectos beneficiosos a un periodo de tiempo especialmente limitado, traslada la carga a las generaciones futuras.

Ésta es precisamente la posición que parece desprenderse de la jurisprudencia más reciente de la Corte Constitucional italiana, que ha censurado, en el plano de la legitimidad constitucional, varias disposiciones legislativas capaces, por una parte, de despojar al decisor de su responsabilidad política frente a los futuros electores y, al mismo tiempo, de cargar al futuro representante con los efectos negativos de una elección que éste no había contribuido a realizar.

En concreto, todo esto se hizo sobre la base de dos argumentos distintos. Uno se refiere a las decisiones de la Corte en materia de previdencia social[16] y otro al sistema de pensiones promovido por el legislador ordinario, siendo evidente cómo en la regulación de esta materia el principio de sostenibilidad adquiere «un valor incluso caracterizador»[17]. La necesidad expresada por el

---

15   LUCIANI, M., *Generazioni future, distribuzione temporale della spesa pubblica e vincoli costituzionali*, en BIFULCO,R. y D'ALOIA, A. (coord.), *Un diritto per il futuro. Teorie e modelli dello sviluppo sostenibile e della responsabilità intergenerazionale, cit.*, p. 423-441.

16   BOERI, T., «Pensioni e divisione del rischio fra generazioni», en BIFULCO, R. e D'ALOIA, A (a cura di), *Un diritto per il futuro. Teorie e modelli dello sviluppo sostenibile e della responsabilità intergenerazionale*, Napoli, Jovene, 2008, 471 ss.

17   PORENA D., *Il principio di sostenibilità, cit.*, 219: «non vi è dubbio, difatti, che più di altre la disciplina della previdenza ponga a diretto confronto interessi, spesso contrapposti, coltivati da differenti generazioni di individui. E non vi è dubbio, ancora, che i profili di attrito tra interessi in competizione ben possano, sul terreno della previdenza, manifestarsi in modo sincronico, ossia tra differenti generazioni venute a «sovrapporsi» tra loro e non soltanto, dunque, in relazione ad interessi ed aspettative in qualche modo riconducibili a generazioni di individui tra loro non venute a coesistere».

ordenamiento jurídico de acompañar al individuo durante las últimas etapas de su vida, de hecho, se caracteriza por un carácter intrínsecamente generacional, destacando los perfiles de un pacto tanto intrag7eneracional (población «jubilada» y población «activa») como intergeneracional (generaciones presentes y generaciones futuras).

En este sentido, no puede dejar de señalarse cómo los mecanismos adoptados en la legislación ordinaria no pueden dejar de ser evaluados a la luz de los principios introducidos en la revisión de 2012, a la luz de su impacto en las cuentas públicas y también en consideración de fenómenos registrados en los últimos años, como la baja natalidad y el alto nivel de desempleo[18]. Prueba de ello son los numerosos pronunciamientos en los que los magistrados de la Corte, interviniendo en materia de previdencia social, se han referido a la solidaridad generacional como argumento indispensable en la arquitectura de los sistemas de pensiones[19].

El otro ámbito en el que se ha desarrollado la orientación de la Corte en materia de protección de las generaciones futuras, también de acuerdo con los principios de equilibrio presupuestario y sostenibilidad de la deuda, se refiere a aquellos mecanismos previstos por el legislador ordinario para permitir a las entidades locales adoptar decisiones de endeudamiento. Más concretamente, los magistrados han interceptado el riesgo de transferencia de perjuicios a las generaciones futuras a través de aquellos planes plurianuales capaces de diluir el endeudamiento de las entidades en lapsos de tiempo especialmente largos.

Sin embargo, hay que señalar que la Corte «nunca ha fijado un límite temporal a la duración del plan de reequilibrio, también es cierto que en varias ocasiones se ha advertido al legislador estatal sobre las posibles consecuencias negativas de las excepciones a la situación fisiológica de equilibrio presupuestario, que normalmente debería ser restablecida de forma inmediata por la Administración durante cuyo mandato se generó el déficit»[20]. Es decir, los magistrados no consideran ilegítima en sí misma la duración de los planes de reequilibrio, sino el incumplimiento de los criterios de sostenibilidad

---

18   Valenti, V., *Diritto alla pensione e questione intergenerazionale: modello costituzionale e decisioni politiche*, Torino, 2013.

19   Medico, F., *Il legislatore nel letto di Procuste delle pensioni: nota a Corte cost. 2010/2017*, en *federalismi.it*, 4, 2018; Grasso, G. «Giudicato costituzionale, discrezionalità del legislatore e modulazione retroattiva della perequazione dei trattamenti pensionistici nella sentenza n. 250 del 2017 della Corte costituzionale. Qualche spunto di riflessione critica», en *Osservatorio AIC*, 1, 2018; Massa Pinto, I., «Il giudicato costituzionale non comporta un "esproprio" della potestà legislativa: il principio di (non ir)ragionevolezza come tutela del contenuto essenziale dei diritti (e non come ricerca dell'ottima proporzione) nel bilanciamento tra diritti ed esigenze finanziarie (nota alla sent. n. 250 del 2017 della Corte costituzionale)», en *Osservatorio AIC*, 2, 2018.

20   Traducción mía de la sentencia de la Corte Constitucional n. 115 del 2020.

económico-financiera. El perjuicio que ello supone para las generaciones futuras, por tanto, no debe valorarse atendiendo únicamente a la carga económica que se traslada en el futuro, sino también a la ausencia de beneficio útil que justifique el coste, por ser el resultado de un gasto que no está destinado, de hecho, a financiar una inversión.

La sentencia n.º 88 de 2014 parece avanzar en esta dirección[21], por ejemplo, en relación con la cuestión de constitucionalidad planteada por la Región Friuli-Venezia Giulia y la Provincia Autónoma de Trento en relación con la Ley n.º 243 de 2012. En dicha sentencia, ante la impugnación del escaso margen de maniobra concedido a las autonomías locales en materia de endeudamiento y gasto, la Corte señaló cómo la sostenibilidad de la deuda pública implica «una responsabilidad que (...) no es sólo de las instituciones, sino también de cada ciudadano para los demás, incluidas las generaciones futuras»[22]. Similares conclusiones se sugieren en la Sentencia n.º 49 de 2018[23], en la que los magistrados, declarando la inconstitucionalidad de la Ley n.º 16 de 2017 de la Región Abruzzo, que lleva por título «Rendiconto generale per l'esercizio 2013», declararon que un plan de endeudamiento plurianual es capaz de afectar negativamente a las perspectivas de crecimiento de las generaciones futuras. Sin embargo, en las sentencias mencionadas, la protección del futuro fue evocada por la Corte «principalmente como argumento coadyuvante para valorar la razonabilidad de las opciones legislativas»[24]. Esto también se percibe en el tenor estrictamente lingüístico de los pronunciamientos del Tribunal, donde la transferencia de una desventaja en tiempos futuros parece ser entendida por los jueces como un *quid plus* respecto a la constatación de un daño «principal», es decir, aquel que se manifiesta y recae ya en el tiempo presente. En otras palabras, la protección de las generaciones futuras no era más que un reflejo de la protección concedida, esencialmente, a las ya existentes.

Interesantes elementos novedosos, en cambio, se desprenden de la Sentencia n.º 18 de 2019, en la que la Corte parece deducir la equidad intergeneracional como objeto de un auténtico principio, y entonces como parámetro de constitucionalidad. En particular, la Corte Constitucional sostuvo que

---

21 GRIMALDI, L., «La Corte accoglie solo parzialmente alcune istanze regionaliste, ma conferma, nella sostanza, la disciplina di attuazione del principio di equilibrio dei bilanci pubblici (note a margine della sentenza Corte cost., n. 88 del 2014)», in www.amministrazioneincammino.it

22 Nardini, M., «Il principio di «equilibrio» di bilancio per le autonomie speciali (nota alla sentenza del 7 aprile 2014, n. 88)», en *federalismi.it*., n. 22/2014.

23 FERRO, G. A., «*Chiarezza dei conti pubblici e democrazia rappresentativa (Osservazioni a prima lettura su C. cost. n. 49 del 2018)*», en *www.ambientediritto.it*

24 Traducción mía de Arconzo, G., «La sostenibilità delle prestazioni previdenziali e la prospettiva della solidarietà intergenerazionale. Al crocevia tra gli art. 38, 81 e 97 Cost.», en *Rivista AIC*, 3/2018, p. 644.

permitir un diferimiento prolongado en el tiempo del déficit termina siendo contrario a principios elementales de equidad intergeneracional. Los jueces señalaron, en efecto, cómo la perpetuación del déficit estructural en el tiempo acaba socavando tanto el principio de equidad intragracional como el de equidad intergeneracional[25], ya que las decisiones de hoy colocan a los futuros administradores en la poco propicia condición de tener que proveer no sólo a la cobertura de un déficit pasado, sino también el reembolso de los préstamos autorizados por la norma censurada en el curso del procedimiento de recuperación (además de tener que comparecer ante los electores lastrados por las consecuencias de la mala gestión financiera llevada a cabo por sus predecesores).

IV. Los intereses de las futuras generaciones a través la reforma del art. 9 de la Constitución

Siempre en la dirección de trazar las evoluciones que acompañaron a los criterios de sostenibilidad en la Constitución italiana, conviene ahora prestar atención a la revisión de su artículo 9[26]. Como ya se ha señalado, el Parlamento italiano modificó este último con la Ley Constitucional n.° 1 de 11 de febrero de 2022, insertando específicamente un tercer párrafo según el cual la República «protege el medio ambiente, la biodiversidad y los ecosistemas, también en los intereses de las generaciones futuras. La ley del Estado regulará los modos y las formas de protección de los animales»[27].

El primer dato que se desprende es que el revisor constitucional parece confirmar, cristalizándolas, todas aquellas interpretaciones, especialmente de la jurisprudencia constitucional, que ya habían destacado el carácter intergeneracional del artículo en cuestión, recurriendo a él para trazar la cobertura constitucional de la protección del medio ambiente. Sin embargo, más allá del interés, por así decirlo, textual que la nueva formulación suscita en el

---

25   La distinción entre equidad intragracional y equidad intergeneracional se basa en la forma en que se produce la sucesión generacional; es decir, por «solapamiento» o por «sustitución». Por «solapamiento» (equidad «intragracional») se entiende la coexistencia de generaciones diferentes: los individuos pertenecientes a generaciones distintas pueden «coexistir» en la medida en que «viven» en el mismo lapso de tiempo (a modo de ejemplo, piénsese en el solapamiento entre la generación de los padres y la de los hijos). Por el contrario, por «sustitución» («equidad intergeneracional») se entiende la alternancia entre generaciones distantes en el tiempo, es decir, compuestas por individuos que no cruzan sus respectivas existencias. En este sentido, por «generación actual» debe entenderse el conjunto de individuos existentes en el momento en que se vive, mientras que por «generaciones futuras» debe entenderse el conjunto de individuos que aún no existen.

26   CASSETTI, L., «Riformare l'art. 41 della Costituzione: alla ricerca di «nuovi» equilibri tra iniziativa economica privata e ambiente?», en *Il costituzionalismo multilivello nel terzo millennio: scritti in onore di Paola Bilancia*, en *federalismi.it*, n. 4, 2022.

27   Traducción mía.

contexto de esta reflexión, hay varias consideraciones que parece oportuno exponer aquí.

En este sentido, comencemos por el aspecto procedimental, es decir, reflexionando sobre la posibilidad de utilizar el procedimiento del artículo 138 de la Constitución para modificar el texto de los principios fundamentales. Sobre este punto, la Corte Constitucional se ha pronunciado en el pasado sobre la configurabilidad de límites implícitos a la potestad de revisión, que deben situarse junto al único explícito, correspondiente a la forma republicana y previsto en el artículo 139 de la Constitución. Sobre este punto, el Tribunal Constitucional, en particular, ha afirmado que aquellos principios que «pertenecen a la esencia de los valores supremos en los que se basa la Constitución italiana», que «no pueden ser subvertidos o modificados en su contenido esencial», no pueden ser modificados[28].

Pues bien, la revisión del artículo 9 de la Constitución, aprobada por el Parlamento italiano, no parece «subversiva» del contenido esencial de los principios fundamentales, y ello por dos razones. La primera es que la que nos ocupa se entendería como una revisión de balance, es decir, dirigida no a añadir o modificar garantías dentro de la Carta, sino a cristalizar, como se ha destacado, una evolución de estas que ya ha sido registrada y consolidada a través de la jurisprudencia constitucional[29]. La segunda es que el revisor constitucional tuvo el cuidado de no intervenir directamente sobre el texto original del artículo (los dos primeros incisos, para ser claros), sino que optó por agregar un tercer apartado *ex novo*, no desvirtuando así la trayectoria diseñada[30] por el Constituyente en torno a los bienes originalmente protegidos por el mismo artículo.

Entre otras cosas, precisamente sobre la base de estos elementos, se puede confirmar la intención meliorativa de la revisión, no sólo en cuanto dirigida a ampliar las garantías de la Carta, sino también porque es idónea para reconducir la interpretación del texto original del artículo a las vías trazadas por el Constituyente. En efecto, dirigir las protecciones del art. 9 Const. también expresamente al medioambiente anula la necesidad de practicar

---

28 En particular, la Corte Constitucional ha declarado en el pasado que el artículo 138 de la Constitución no puede utilizarse para modificar principios supremos, que como tales «no pueden ser subvertidos ni modificados en su contenido esencial». Al mismo tiempo, según el Tribunal, estos últimos deben considerarse tanto «los principios que la propia Constitución prevé explícitamente como límites absolutos al poder de revisión constitucional, como la forma republicana (art. 139 Const.), como los principios que, aunque no se mencionen expresamente entre los que no pueden ser objeto del procedimiento de revisión constitucional, pertenecen a la esencia de los valores supremos en los que se funda la Constitución italiana». Véase la Sentencia n.º 1146 de 1988.

29 CECCHETTI, M., «La revisione degli articoli 9 e 41 della Costituzione e il valore costituzionale dell'ambiente: tra rischi scongiurati, qualche virtuosità (anche) innovativa e molte lacune», en *Forum di Quaderni Costituzionali*, n. 3, 2021, p. 298.

30 AINIS, M. e FIORILLO, M.,*L'ordinamento della cultura, cit.*

un esfuerzo interpretativo ante el concepto de paisaje, que recobra su valor visual, para ser leído (como indicó la Asamblea Constituyente y en virtud de un perfil sistemático) de manera estrictamente conectada con la referencia al patrimonio cultural de la Nación.

A la luz de estos elementos, por tanto, parece posible suponer que no existen obstáculos a la admisibilidad de la revisión de un principio fundamental, al menos en los términos aquí esbozados. Y es que, entre otras cosas, no es la primera vez que el legislador italiano intenta modificar lo dispuesto en el artículo 9 de la Constitución, intento realizado, siempre en la dirección de reconocer cobertura constitucional al medio ambiente, en varias ocasiones, y en ninguna de ellas la no conclusión de la revisión dependió del relieve de límites implícitos a la misma, sino siempre de razones, por así decirlo, «políticas»[31].

Precisamente este aspecto lleva a reflexionar sobre las razones por las que, en esta ocasión, el Parlamento logró la mayoría cualificada necesaria, entre otras cosas al término de un debate poco animado en las dos Cámaras. La razón parece resumirse en la voluntad de dar continuidad a las políticas europeas que en los dos últimos años han situado en el centro de sus objetivos la protección del medioambiente y cuestiones específicas relacionadas, sobre todo la lucha contra el cambio climático. La referencia, como es evidente, es al *Green New Deal*, pero aún más al *Next Generation EU*, que ha destinado gran parte de los fondos que financian proyectos europeos de recuperación precisamente a la transición ecológica. El principal objetivo de la revisión constitucional, en este sentido, parece confirmar y hacer evidente

---

31   En otras palabras, la no aprobación de una revisión del artículo 9 de la Constitución ha sido, en el pasado, consecuencia de razones relacionadas con las mayorías parlamentarias. En 2004, por ejemplo, se intentó añadir un tercer párrafo al artículo, que pretendía afirmar que la República «protege el medio ambiente y los ecosistemas, también en interés de las generaciones futuras. Protege la biodiversidad y promueve el respeto a los animales» (A.C. 4307, 23 de octubre de 2004). Más tarde, en 2008, se propuso combinar los dos párrafos del artículo actual y añadir un nuevo segundo párrafo en el que se afirmara que la República «reconoce el ecosistema como un bien inviolable de la nación y del planeta, perteneciente a todo el género humano, y fomenta su protección frente a la alteración y contaminación ambiental. Garantiza el respeto a los animales y a la biodiversidad» (propuesta de Ley Constitucional n.º 228 de 2008). Más articulada fue la propuesta de revisión de 2012, encaminada a añadir cuatro párrafos al art. 9, en los que se pretendía especificar qué se perseguía con la protección del medio ambiente (conservación, gestión racional y condiciones del aire, el agua y el suelo) y afirmar los deberes de los ciudadanos para con las generaciones futuras. En la propuesta de Ley Constitucional No. 5660 de 2012, se propuso agregar los siguientes cuatro párrafos al Artículo 9: «Reconoce el derecho de todos los ciudadanos a la protección del medio ambiente y promueve las condiciones para que este derecho sea efectivo. El derecho a la protección del medio ambiente se ejercerá individual o colectivamente en el marco de las leyes que lo regulan. Todo ciudadano tiene el deber de respetar y preservar los recursos culturales y naturales, en cumplimiento del principio de solidaridad social, así como de proteger el derecho a la protección del medio ambiente de las generaciones futuras. El derecho a la protección del medio ambiente se entiende como el derecho a la preservación, la gestión racional y la mejora de las condiciones naturales del aire, el agua y el suelo».

el compromiso de Italia con estas cuestiones, como puede verse en el Plan Nacional de Recuperación y Resiliencia[32].

Ahora bien, sin perjuicio de que considerar la revisión como una mera opción política no resta mérito al hecho de haber cristalizado orientaciones jurisprudenciales que ya habían caracterizado la interpretación del artículo 9 de la Constitución durante algún tiempo, cabe preguntarse si los términos a los que recurrió el revisor responden a la necesidad (suponiendo que la hubiera) de dedicar una referencia expresa en la Constitución al medioambiente y a las generaciones futuras y si ello se hizo en armonía con las políticas europeas y, más en general, con la construcción que los temas en cuestión están experimentando en Europa. En este sentido, existe en primer lugar una confusión básica en el plano estrictamente lexical, debida a la elección del legislador constitucional de referirse expresamente a tres bienes diferentes, es decir, el medioambiente, la biodiversidad y los ecosistemas. De hecho, tanto desde el punto de vista del lenguaje de las ciencias ecológicas y biológicas como desde el del derecho y la jurisprudencia, tal elección resulta, al menos parcialmente, injustificada. A este respecto, como señalan algunos, «el lema "medioambiente" (...) suele considerarse adecuado en sí mismo para englobar (...) también la pluralidad de todos los "ecosistemas", dentro de los cuales se desarrollan los elementos de la "biodiversidad", que son el resultado (además de un factor) de los equilibrios de coexistencia entre las distintas especies bióticas, en relación con el clima y los recursos naturales abióticos»[33].

Pero más allá de la cuestión estrictamente terminológica, desde un punto de vista de derecho constitucional, esta superposición lexical (a la que se añaden, entre otras cosas, otros cortocircuitos debidos a la referencia a los animales) es potencialmente capaz de generar criticidades en términos de equilibrio, ya que no puede darse por supuesto, en concreto, que exista una plena coincidencia entre la protección del medio ambiente, en su conjunto, y sus especificaciones.

Tal vez hubiera resuelto estas cuestiones, devolviendo homogeneidad a la nueva redacción del artículo 9 de la Constitución, la referencia expresa al principio de sostenibilidad, que de hecho aparecía en la propuesta originalmente presentada en el Senado. Además, declinar la necesidad de dar cobertura constitucional textual a la protección del medio ambiente en términos de sostenibilidad habría, por un lado, justificado aún más la intención de la revisión, considerando que hasta la fecha el concepto de sostenibilidad sólo puede leerse en el artículo 97 de la Constitución, y, por otro, habría demos-

---

32   L. Salvemini, *Dal cambiamento climatico alla modifica della Costituzione*, en *federalismi.it*, n. 20, 2021, pp. 81 ss.

33   Traducción mía de CECCHETTI, M., «La revisione degli articoli 9 e 41 della Costituzione e il valore costituzionale dell'ambiente: tra rischi scongiurati, qualche virtuosità (anche) innovativa e molte lacune», in *Forum di Quaderni Costituzionali*, n. 3, 2021, p. 299.

trado una mayor sintonía con la dimensión europea de la tutela. Esta última, de hecho, ve en los criterios de la sostenibilidad el medio, y no el fruto, que ha llevado a la configuración de una mayor atención a las cuestiones ambientales.

Esta consideración podría contrarrestarse con la idea de que, en realidad, el principio de sostenibilidad debería considerarse absorbido por la referencia al interés de las generaciones futuras. Sin embargo, el uso del concepto de interés genera perplejidad, ya que no queda claro si se hace referencia a él en un sentido técnico, es decir, refiriéndose a una situación jurídica subjetiva real, o en un sentido a-técnico, es decir, como un mero elemento lexical dentro de la construcción de la disposición.

Pues bien, aunque en la fase deliberativa probablemente prevaleció la segunda de las dos opciones propuestas, no puede negarse que, sobre todo dentro de una Constitución, y más aún dentro de sus principios fundamentales, los términos deben leerse (y utilizarse) a la luz de un vocabulario específico, del que la Carta es la principal expresión. La referencia hecha por el legislador podría ser, por tanto, al interés legítimo, pero, aún más específicamente, al interés generalizado que precisamente en materia de protección del medio ambiente traza gran parte de su construcción[34].

Tal elección genera, sin embargo, varias consecuencias: el legislador admitiría la posibilidad de referirse a quienes aún no existen en términos de sujetos, considerándolos titulares de una determinada situación subjetiva, lo que coincide con una interpretación interesante pero indudablemente problemática; en esta misma dirección, excluiría la posibilidad, tampoco fácilmente accesible, de dirigirse al futuro en términos de derechos, interpretación que, aunque igualmente problemática, ha sido considerada practicable por la jurisprudencia de otros Tribunales europeos[35]; y finalmente, al mismo tiempo, excluiría la posibilidad de considerar la protección del medioambiente como subyacente a la garantía de los derechos en general, es decir,

---

34 GIANNINI, M. S., *La tutela degli interessi collettivi nei procedimenti amministrativi,* in *Le azioni a tutela degli interessi collettivi*, Padova, CEDAM, 1976; NIGRO, M., *«Le due facce dell'interesse diffuso: ambiguità di una formula»*, en Foro it., 1987, V, p. 7. En particular, debe recordarse que los intereses difusos son aquellas «posiciones subjetivas jurídicamente relevantes, cuya peculiaridad viene dada por el hecho de que su titularidad es reivindicada por organizaciones de tipo asociativo, legitimadas para actuar en tutela no de los intereses particularistas de los miembros individuales, sino de intereses comunes de los miembros, referibles al ámbito categorial en su conjunto y unitariamente considerados», traducción mía de F. Caringella, Manuale di diritto amministrativo, Roma, DIKE, 2022, 28. Bien mirado, una configuración de este tipo, que, entre otras cosas, encuentra su principal declinación en materia medioambiental, como señala el propio autor (vid. op. cit., 36), podría ser interesante en función de que se dirige precisamente a la deducibilidad en juicio de intereses supraindividuales.

35 PALOMBINO, G. y SÁNCHEZ BARRILAO, J. F., *La protección del medio ambiente en Europa ante la Sentencia del Tribunal Constitucional Alemán de 24 de marzo de 2021*, en *Revista de Derecho Constitucional Europeo*, n. 36, 2021.

teniendo en cuenta también a las generaciones presentes. Lo que crea este último malentendido, en particular, es precisamente el adverbio «también», que parece vincular la protección de los bienes hoy contemplados en el apartado 3 del artículo 9 de la Constitución a los intereses tanto de los que ya existen como de los que existirán. Pero la protección del medioambiente se dirige a la protección de una esfera de situaciones más compleja y articulada, que implica a la persona (del presente y del futuro) en todas sus dimensiones.

En definitiva, por lo tanto, la intervención de revisión no carece, por muchos motivos, de aspectos críticos. Una revisión que, si bien tiene el mérito de expresar una necesidad e intentar, al menos, configurar una dimensión de protección también para las generaciones futuras, no da lugar a un instrumento novedoso. De hecho, a pesar de que en el Comunicado presentado en el Senado el 2 de abril de 2019 se lee que la revisión introduce garantías que hasta ahora han encontrado respaldo «sólo» en la jurisprudencia, se ha observado cómo la Corte Constitucional ha interceptado una protección de los bienes que ahora son objeto del artículo al margen de referencias expresas, demostrando precisamente la «presbicia» del Constituyente y la elasticidad de la Carta con respecto al paso del tiempo.

Más allá de la referencia a los objetos específicos de las «nuevas» garantías, sin embargo, todavía emerge cómo la atención al futuro y a la protección de aquellos que lo vivirán no puede traducirse sólo a nivel textual, sino más bien, a diferencia de lo que parece desprenderse del citado Comunicado, principalmente en términos jurisprudenciales. La referencia expresa a las generaciones futuras en el texto del artículo 9 de la Constitución, por lo tanto, reafirma su carácter intrínseco al tejido constitucional, pero con la perspectiva de que la Corte Constitucional pueda imponer su aplicación siempre que las decisiones políticas del presente puedan trasladar daños al futuro[36].

---

36 En esta dirección, sin embargo, también nos gustaría intentar ofrecer una visión alternativa. En particular, considerando que en estas páginas ya hemos recordado la importancia de una ponderación dinámica y, por tanto, de una jurisprudencia constitucional que evoluciona con el tiempo, cambiando incluso completamente de orientación pocos años después, nos preguntamos si la elección de cristalizar la protección del medio ambiente y el interés de las generaciones futuras en el art. 9 de la Constitución anula de algún modo el riesgo de que, en el futuro, puedan prevalecer interpretaciones jurisprudenciales distintas de las conocidas hasta ahora. En efecto, sin perjuicio de la idea de que la atención al futuro en el plano constitucional es independiente de las referencias textuales, es evidente que «la presencia de referencias a las generaciones futuras dentro de disposiciones constitucionales que pretenden regular un objeto determinado refuerza la obligación de los destinatarios de esa disposición de tener en cuenta, a la hora de ponderar, los intereses de los hombres que vendrán», traducción mía de BIFULCO, R., *Derecho y generaciones futuras, cit.*, p. 127. Al mismo tiempo, sin embargo, y sin olvidar que las obligaciones de la República en materia de salvaguardia del medio ambiente y de protección de las generaciones futuras ya están consagradas en los Tratados de la UE, cabe preguntarse cómo seguirá siendo la dinámica de la ponderación incluso en presencia de una disposición expresa. Lo que ésta garantiza entonces, en última instancia, no es la prevalencia de los bienes a pro-

V. Conclusiones

Rastreando la evolución dentro de la Constitución de las referencias expresadas a la preocupación para el futuro, surge cómo las revisiones comentadas se caracterizan por dos denominadores comunes: el estado de crisis y el proceso de integración europea. Con respecto al primero de estos dos elementos, parece oportuno observar cómo es precisamente en función de los contextos de emergencia[37] (aunque nos refiramos a fenómenos muy diferentes) cuando el decisor público se ve en la necesidad de ampliar el horizonte temporal de sus elecciones[38]. Ello depende de una necesidad a la que el Derecho, como otros ámbitos científicos, también está llamado a responder, ósea la de anular el riesgo de que situaciones críticas, a veces desastrosas en sus consecuencias, sean de la naturaleza que sean, puedan repetirse en el tiempo. Así ocurrió en 2012, cuando, a raíz de la crisis financiera, la constitucionalización del equilibrio presupuestario condujo a la entrada del principio de sostenibilidad en el dictado de la Carta; y después, en 2022, cuando la revisión del artículo 9 de la Constitución debe leerse de forma estrechamente vinculada a la emergencia pandémica y a los instrumentos adoptados para hacerle frente.

Esta última consideración depende del hecho de que la transición verde, ya en el centro del proceso de integración europea en los últimos años gracias al Green New Deal, constituye uno de los ejes principales del Next Generation EU y, por extensión, del PNRR. De hecho, aunque está claro que la revisión del artículo 9 de la Constitución, que ya se intentó varias veces en el pasado, no puede leerse como una traducción del proceso de integración (a diferencia de la revisión de 2012, que en cierta medida fue «sugerida» por la Unión), no parece casualidad que sea precisamente en el contexto histórico actual en el que el Parlamento ha logrado alcanzar la mayoría necesaria.

En definitiva, las crisis generan transiciones y las transiciones abren los ojos de los responsables públicos al futuro[39]. La transición verde, en con-

---

teger sobre los ya previstos por el texto constitucional (puesto que, naturalmente, siempre se pretende deducirlos en la fórmula de ponderación), sino el hecho de que el intérprete, y en primer lugar el Tribunal Constitucional, siempre estará llamado a tener en cuenta el medio ambiente y las generaciones futuras a la hora de ponderarlos con otros bienes constitucionalmente protegidos. En otras palabras, lo que se garantiza con la revisión es la propia ponderación de las protecciones ya previstas por el texto constitucional con las contenidas en el apartado 3 del artículo 9 de la Constitución.

[37] STAIANO, S., «Né modello né sistema. La produzione del diritto al cospetto della pandemia», en *Rivista AIC*, 2, 2020, pp. 531 ss.; LUCARELLI, A., «Costituzione, fonti del diritto ed emergenza sanitaria», en *Rivista AIC*, n.º 2, 2020.

[38] PALOMBINO, G., *Il principio di equità generazionale. La tutela costituzionale del futuro*, Milano, Mondadori-Le Monnier, 2022.

[39] THOMPSON, D. F., «Representing future generations: political presentism and democratic trusteeship», in *Critical review of international and political philosophy*, 2010.

creto, está caracterizando y seguirá caracterizando inevitablemente la evolución del proceso de integración en los próximos años, también en virtud de las múltiples implicaciones de la protección del medio ambiente.

En este sentido, no cabe duda de que la revisión del artículo 9 de la Constitución se presta a muchas observaciones críticas, además de que ciertamente no puede considerarse decisiva para la promoción de modelos de desarrollo sostenible (teniendo en cuenta, además, que la Corte Constitucional ya había interpretado el artículo en cuestión en la configuración que hoy se ha cristalizado). Sin embargo, el nuevo apartado del artículo 9 de la Constitución tiene el mérito de poner de relieve esta necesidad, en plena sintonía con las políticas europeas de los últimos años y, en concreto, con las formuladas a raíz de la pandemia. Una Europa más unida, tal vez, siga construyéndose también en torno a la preocupación por el futuro y por los que están por venir, que no debe entenderse como una entidad extraña, sino como una continuación natural y deseable de las que ya existen[40].

---

40   Papa, A., «Le prospettive di un cambio di paradigma nella definizione del patrimonio culturale "europeo"», en *federalismi.it*, n.º 4, 2022, pp. 732-745; P. Bilancia, P., «Lo Stato di diritto come valore in una dimensione spaziale», en *Nomos*, n.º 1, 2012, pp. 1-8; Bilancia, P. (a cura di), *Diritti culturali e nuovi modelli di sviluppo. La nascita dell'Osservatorio sulla sostenibilità culturale*, Napoli, ESI, 2016; Palombino, G., «La solidarietà tra le generazioni nella Carta di Nizza», en *Rivista AIC*, n.º 3/2021, pp. 73-93.

MODELOS PRÁCTICOS DE PROSPECTIVA DE GOBERNANZA ANTICIPATORIA CHILENA ANTE EL LITIO PROCEDENTE DE TIERRAS INDÍGENAS

Carolina Ferro Trigueiro de Sousa
Doctora en Administración, Hacienda y Justicia en el Estado Social
Universidad de Salamanca

SUMARIO: I. Introducción. II. Entendimiento sobre la prospección de la gobernanza pública anticipatoria. III. Consideraciones generales sobre el problema objeto de estudio. IV. El uso del método predictivo en los estudios de impacto ambiental. V. Análisis de la sostenibilidad asociada al uso del litio según el método anticipatorio. VI. Mejoramiento de la realización de la consulta previa mediante el método normativo. VII. Consideraciones finales. Bibliografía.

I. Introducción

La globalización ha contribuido al avance de las normas de derechos humanos, a la concienciación sobre la necesidad de proteger el medio ambiente y a la creación de nuevas tecnologías compatibles con estas dos ramas del derecho, manteniendo al mismo tiempo la preocupación por promover el desarrollo económico nacional y el bienestar de su población. Para acompañar este movimiento, los estados han buscado nuevas técnicas de gobernanza para poder responder a los problemas que se plantean en el presente y en el futuro. De este modo, con una visión prospectiva, son capaces de prever lo que puede venir y estipular estrategias para hacerle frente, cumpliendo con sus obligaciones hacia sus ciudadanos y la comunidad internacional y reduciendo la probabilidad de daños contra los derechos que deben garantizar.

A pesar de que los países han promulgado leyes interna y externamente sobre derechos indígenas y medioambientales, éstos siguen amenazados por la depredación de la naturaleza. Algunas empresas mineras, deseosas de explotar recursos minerales en tierras indígenas, justifican sus acciones asociando el uso de baterías de litio, como se estudia en este capítulo, con ideas positivas relacionadas con la sostenibilidad de su producto final comercializado. En la misma línea, los estados han defendido este desarrollo económico basándose en los beneficios sociales que esa actividad podría aportar. Ante esta dicotomía, este texto se dedica a analizar la importancia de que las autoridades públicas se adelanten a los daños que puedan producirse a la hora de estipular sus planes de gobierno y aplicar su procedimiento administrativo de licencia ambiental para la explotación minera en tierras indígenas.

Por medio del método deductivo y de una investigación cualitativa, se ha llevado a cabo una revisión bibliográfica jurídico-administrativa para comprender la teoría de la gobernanza prospectiva y cómo puede ejemplificarse en la práctica. Esto permitió presentar este tema central en un primer momento, seguido de una profundización del contexto en que se aplica, para luego comprender sus métodos predictivo, anticipatorio y normativo desde el punto de vista de su observancia en el estudio de impacto ambiental para la concesión de licencias ambientales a proyectos mineros en tierras indígenas, en la estrategia nacional chilena sobre el uso del litio y en la promoción del derecho a la consulta previa, libre e informada de la población afectada por dicha minería. Estos tres enfoques estatales permiten evaluar su capacidad para utilizar los instrumentos disponibles y desarrollar su estructura normativa e institucional para que se hagan realidad los derechos fundamentales que sustentan su constitución.

II. Entendimiento sobre la prospección de la gobernanza pública anticipatoria

La gobernanza anticipatoria es una estrategia para conjeturar en los planes de gobierno lo que puede ocurrir en el futuro, aportando eficiencia a la respuesta del estado y seguridad jurídica a su población. Para ello, se desarrolla una visión a largo plazo en temas como los derechos humanos, el medio ambiente y la economía, utilizando técnicas de predicción para estipular normas y acciones a seguir dentro de la estructura administrativa, de forma que ya exista una estrategia a seguir ante acontecimientos creados por situaciones de riesgo que obliguen al estado a ser proactivo[1], como se verá en el caso de la minería del litio en tierras indígenas. La sorpresa es inherente a la vida, pero existen procedimientos administrativos que permiten reducirla y así garantizar mejor los derechos básicos de los ciudadanos.

La actividad estatal no puede estar orientada únicamente a responder a actos que ya se han producido; debe preocuparse principalmente de la pre-

---

[1] Sánchez Sánchez, Z., «Capítulo I. Administración, previsión y regulación resistente al futuro» *Regulación con prospectiva de futuro y de consenso. Gobernanza anticipatoria y prospectiva administrativa*, Aranzadi 2022.

vención de daños a quienes tutela. Aunque esto por sí solo no pueda evitar situaciones como las pandemias y el cambio climático, puede minimizar sus efectos negativos dejando al estado preparado para ayudar a su población a su debido tiempo. Sin embargo, el poder público, tal y como está organizado, tiene dificultades para hacerlo. Ello se observa, por ejemplo, en su estructura burocrática que consume tiempo y energía a lo largo de sus etapas, a dificultar el seguimiento de las rápidas transformaciones que se producen en la sociedad. Además, el pensamiento político, orientado hacia las elecciones, se limita a los periodos de sus mandatos para que los resultados de sus acciones sean cosechados por sus partidarios[2].

Para superar estas adversidades, es necesario pensar en técnicas de predicción con una visión multidisciplinar, que implique conocimientos de, por ejemplo, sociología, ciencias políticas, derecho, ciencias medioambientales y economía[3]. De este modo, se dispone de una base para una comprensión más amplia de las tendencias que se han observado a lo largo del tiempo, indicando posibles escenarios futuros y las correspondientes respuestas que ya han demostrado su eficacia y ya han sido objeto de debate público para su aceptación[4]. Esto es útil a la hora de pensar en propuestas innovadoras dirigidas a un cambio positivo en la acción del estado, como se ve en la estrategia nacional del litio estudiada más adelante. Existe un límite de incertidumbre en la vida de los seres humanos y de la naturaleza, que no permite preverlo todo estrictamente. Sin embargo, la buena gobernanza administrativa indica que, al margen de estas situaciones de total imprevisibilidad, es necesario diseñar planes que tengan en cuenta los acontecimientos futuros y que se entiendan prioritarios en la agenda pública[5], como es el caso del estudio de impacto ambiental. No todo lo previsible se ajusta al presupuesto público y a las restricciones de la estructura administrativa, y tampoco satisface necesariamente los deseos de la población en un momento dado[6], por eso ella debe ser consultada en el proceso de decisión que repercute sobre sus intereses.

---

2   Fiorillo, C., *Curso de Direito Ambiental Brasileiro*, 20.ª edición, Saraiva Educação 2020.

3   Terence Trennepohl, *Manual de Direito Ambiental*, 8.º edición, Saraiva Educação 2020.

4   Sánchez Sánchez, Z., «Regulación para la recuperación económica: comparada, prospectiva y de consenso»,Revista de Derecho Administrativo 11, 2021.

5   Martoncheles Borges de Souza, *Compensação ambiental ou indenização por dano ambiental? Imprecisões no processo de licenciamento à luz da economia ambiental: um estudo sobre as interfaces entre terras indígenas e projetos de infraestrutura de transporte*, Tesis de máster, Faculdade de Economia, Administração e Contabilidade da Universidade de Brasília 2017.

6   Consejo Indigenista Misionario, *Violência contra os povos indígenas no Brasil*, 2021, <https://cimi.org.br/wp-content/uploads/2022/08/relatorio-violencia-povos-indigenas-2021-cimi.pdf> recuperado el 28 de noviembre de 2022.

De acuerdo con los principios rectores de la prospectiva presentados por Sánchez[7], la reflexión debe dirigirse hacia el futuro, basada en el conocimiento desarrollado hasta ahora, y alimentada por el tamiz de la participación ciudadana, para que la administración pública pueda crear normas y políticas públicas que reflejen las conclusiones alcanzadas durante este proceso de información y discusión. No se trata de repetir lo que ya se ha hecho, sino de aprovecharlo y de ahí concebir cambios innovadores con nuevos actores y nuevas propuestas de acción. Para ello, se desarrollaron los siguientes métodos de prospectiva: predictivo, anticipatorio y normativo, que se profundizarán a continuación con el estudio de los respectivos ejemplos, a propósito de la búsqueda de soluciones a ciertos problemas relacionados con la minería en tierras indígenas.

III. Consideraciones generales sobre el problema objeto de estudio

Para un mejor entendimiento del contexto general, es importante considerar, en primer lugar, los principales aspectos involucrados en la explotación de recursos minerales en zonas especialmente protegidas, como son los territorios indígenas. Por tratarse de un tema complejo, su comprensión involucra diversas áreas del conocimiento, cuyo entrecruzamiento permite optimizar la respuesta estatal necesaria para resolver problemas futuros. Los estudios de derecho indígena, ambiental y económico, desde una perspectiva administrativa, constitucional e internacional, son esenciales para que el estado pueda elaborar planes que tengan en cuenta todos los principales ángulos de las cuestiones surgidas en tierras indígenas. A pesar de que lamentablemente se han encontrado violaciones a los derechos humanos en varios de estos lugares en toda América Latina, esto debe ser abordado con propuestas que tengan el potencial de transformar esta realidad, a través de innovaciones en la técnica seguida por la administración pública.

En estas zonas viven grupos tradicionales desde antes de la colonización del continente latinoamericano, cuyos derechos han sido históricamente desafiados por la ambición del estado o de terceros sobre el uso de estas tierras y sus recursos. Existe un gran atractivo por utilizarlas para la agricultura y la ganadería, la explotación maderera, la producción de electricidad, la promoción del turismo y la obtención de recursos minerales[8]. Para que el razonamiento desarrollado en este texto sea conciso, se centra en la problemática minera, que es capaz de ofrecer ejemplos de buenas prácticas de

---

7 SÁNCHEZ SÁNCHEZ, Z. y LEITE, D., «O direito de participação e sua relevância para a democracia, administração pública e cidadania», en PAULA, M. A. y MAGRINI, R. (eds.), *Estudos de Direito Público*, CEPEJUS, 2009.

8 PAULO B., *Antunes, Direito Ambiental*,12.ª edición, Lumen Juris.2010.

prospección administrativa a ser implementadas para mejorar el escenario observado.

Especialmente en épocas de gran demanda de minerales estratégicos para el mercado internacional, las empresas multinacionales invierten en proyectos mineros que les reportan una gran rentabilidad, lo que promete ganancias para la población del país en cuyo territorio se realizan estas actividades, a través de la recaudación del estado, la creación de empleo, las actividades asistenciales de las empresas y la mejora de la infraestructura existente, como su red de transportes. Sin embargo, estas iniciativas no sólo generan beneficios, sobre todo teniendo en cuenta que han coincidido con áreas donde viven pueblos indígenas[9]. Al mismo tiempo que se han encontrado allí grandes reservas de minerales, éstas se han solapado con lugares donde se reconoce la necesaria protección medioambiental y donde se ejercen la supervivencia, las tradiciones y las prácticas espirituales de los pueblos nativos. Esto lleva al cuestionamiento sobre lo que debería permitir la administración pública y qué derechos deberían priorizarse a la hora de tomar su decisión.

A la luz del principio administrativo de legalidad, el poder público debe orientar sus acciones con base en la legislación vigente y analizar su conveniencia y oportunidad motivado por el interés público, ponderando los valores asumidos por la sociedad que gobierna para cumplir con sus fines estatales[10]. Así, se debe fomentar la actividad económica para que su crecimiento signifique mejoras en las condiciones de vida de su población, salvaguardando un mínimo de derechos fundamentales para alcanzar una vida digna. Así lo prevén la gran mayoría de las Constituciones de los países democráticos y de los estados sociales, en las que existen preceptos que protegen el crecimiento económico, que deben equilibrarse con los derechos individuales, colectivos y sociales que guían todo el ordenamiento jurídico[11]. Junto a las normas nacionales están los compromisos adquiridos por los países ante la comunidad internacional, plasmados en acuerdos que posteriormente se interiorizan en su jurisdicción[12].

Las constituciones son la expresión última de un conjunto de valores e ideologías asumidos por una sociedad en un momento determinado y con

---

9   Barbara Göbel, «La minería de litio en Atacama: disputas sociales alrededor de un nuevo mineral estratégico», en Barbara Göbel y Astrid Ulloa (eds), *Extractivismo minero en Colombia y América* Latina (Universidad Nacional de Colombia 2014).

10 Santiago M. Machado, *Tratado de Derecho Administrativo y Derecho Público General - Tomo III: Los principios de constitucionalidad y legalidad*, 4.ª edición, Boletín Oficial del Estado, 2015.

11 Celso Fiorillo, *Curso de Direito Ambiental Brasileiro*, 20 edición, Saraiva Educação 2020.

12 Maria Elizabeth Rocha, «O controle de convencionalidade e sua projeção no ordenamento jurídico brasileiro. Uma mirada sobre a eficácia dos tratados de direitos humanos na positividade nacional») 1 *Revista Pan-Americana de Direito* 01, 2021.

la estabilidad suficiente para perdurar en el tiempo. En general, estas cartas constitucionales latinoamericanas han sido influenciadas, en mayor o menor medida, por la Constitución de los Estados Unidos, que asume la importancia de la intersección de cuestiones económicas y políticas y la limitación de la acción del gobierno en el mercado para garantizar la libertad de propiedad y de contratación. La conciencia social de las consecuencias negativas de este estado liberal, especialmente en una región con los mayores niveles de desigualdad social en el mundo, llevó a su posterior contrapeso con la introducción de normas programáticas orientadas a los derechos socioeconómicos, lo que se tiene como referencia las constituciones sociales de México, de 1917, y de Chile, de 1925[13].

Este movimiento fue impulsado por el derecho internacional, que se hizo más expresivo tras el período de las dos grandes guerras, cuando los países se vieron impelidos a crear normas que iban más allá de los límites territoriales con el fin de proteger un mínimo de condiciones para la vida humana[14]. De ahí surgieron la Declaración Universal de Derechos Humanos y la Convención Americana sobre Derechos Humanos y, más concretamente, la Declaración de las Naciones Unidas sobre los Derechos de los Pueblos Indígenas, el Convenio 169 de la OIT y la Declaración Americana sobre los Derechos de los Pueblos Indígenas. De manera más general, al tratarse de seres humanos, o más específicamente sobre los intereses de comunidades indígenas, estos instrumentos normativos se refieren a derechos como la vida, la diferencia, la libertad de seguir el propio proyecto de vida y, especialmente para los fines de este texto, el derecho a la participación popular, directa o indirecta, en las decisiones públicas que afecten sus intereses.

A pesar de los avances a nivel constitucional, Couso[15] afirma que los resultados prácticos del constitucionalismo social se han dejado en manos de las normas de procedimiento administrativo que perfilan cómo actúa realmente el estado en favor de estos derechos. La constitución establece directrices generales que deben cumplirse, y esto adquiere dimensiones más concretas a través del derecho administrativo. Éste se encarga de dar respuesta a los casos concretos, respetando los preceptos fijados en la constitución, pero adaptándolos a las contingencias de la realidad. Surge así la exigencia a las empresas mineras de presentar un estudio de impacto ambiental en el procedimiento de licencia ambiental para que la administración pública valore la

---

13   Javier Couso, «Las "Constituciones económicas" de América Latina: la tensión permanente entre libre mercado y derechos socioeconómicos», 6 *Revista Culturas Jurídicas* 225, 2019.

14   Pedro Nikken, «El derecho internacional de los derechos humanos en el derecho interno», *Revista IIDH* 11, 2013.

15   Javier Couso, «Las "Constituciones económicas" de América Latina: la tensión permanente entre libre mercado y derechos socioeconómicos» 6 *Revista Culturas Jurídicas* 225, 2019.

posibilidad de permitir la explotación de recursos naturales en territorios indígenas. Siguiendo los parámetros legales, las empresas informan sobre las actividades que pretenden realizar y sus consecuencias socioambientales, se consulta a las personas afectadas para defender sus derechos y las autoridades públicas analizan cómo se encajan los aspectos fácticos y los intereses implicados con lo permitido por la legislación. Tanto ese estudio como la participación popular están previstos en normas materiales, al mismo tiempo que se acercan a la realidad del caso examinado por medio de su respectivo procedimiento.

No basta con que haya normas para que el sistema construido funcione según lo previsto. Para ello debe existir una estructura que supervise el debido cumplimiento de las normas. Para ello está el poder judicial, cuando el juez promueve el control de constitucionalidad y convencionalidad, y los tribunales internacionales, órgano que refuerza la obligación del estado de respetar sus compromisos. Eso es observado, por ejemplo, en el caso «El Morro», profundizado en el siguiente apartado, cuando la corte suprema chilena no permitió el andamiento del proceso de licencia ambiental que no ha respetado preceptos normativos nacionales e internacionales en cuanto al estudio de impacto ambiental para la explotación minera en tierras indígenas. Además, la participación social es un medio de control externo de la actividad administrativa, al reclamar el cumplimiento de sus derechos por parte de personas públicas o privadas, llamar la atención de entidades de dentro y fuera de su país sobre la violación de sus derechos humanos y pedir ayuda para que esto deje de ocurrir[16]. Ese derecho es corroborado por la sentencia de la Corte Suprema chilena 85957/2021, del 14 de febrero de 2022, y por la solicitud de opinión consultiva «Emergencia climática y derechos humanos» de Chile y Colombia ante la Corte Interamericana de Derechos Humanos.

Existe una creciente preocupación por la protección de los derechos de los pueblos indígenas, que se ha visto reflejada en el desarrollo de la legislación respectiva en los países latinoamericanos y en la jurisprudencia subsecuente[17]. Esto ha ido de la mano del fortalecimiento de la organización del movimiento indígena y del derecho ambiental, con el fin de encontrar soluciones compatibles con la protección de los derechos humanos y ambientales[18]. Las sociedades y los estados han tomado mayor conciencia de la cuestión de la sostenibilidad, que está en el centro de los objetivos de desarrollo sostenible de las Naciones Unidas. Una de las formas en que esto se expresa es la búsqueda de la creación de tecnologías consideradas «verdes», es decir, aquellas que tienen un menor impacto en el medio ambiente en el

---

16   Eduardo Enterría y Tomás-Ramón Fernández, *Curso de Derecho Administrativo I*, 17 edición, Civitas y Thomson Reuters, 2015.

17   Luiz Henrique Amado, «Terra indígena e legislação indigenista no Brasil», *7 Povos Indígenas*, 2017

18   Blanca Cutanda, *Derecho Ambiental Administrativo*, Dykkinson S.L. 2009.

que se producen o utilizan. El aumento de la presión de la sociedad y de la comunidad internacional por la defensa de los derechos socioambientales alimenta el conflicto de estos temas con los intereses económicos de las empresas mineras. Esto lleva a la inversión en los citados avances tecnológicos, lo que repercute positivamente en la imagen empresarial ante proveedores y clientes, pero plantea dudas sobre la sostenibilidad real asociada al uso de las baterías de litio[19], ejemplo que se analiza con más profundidad a continuación.

Dada esta breve descripción del panorama general relacionado con la minería en tierras indígenas, a continuación, se examinan tres asuntos cruciales a esa temática, desde el punto de vista de los métodos prospectivos de gobernanza anticipatoria, analizados por medio de ejemplos prácticos, para la obtención de un entendimiento dirigido a lo que se puede hacer en la realidad. Ello se examina con el fin de formular posibles recomendaciones ante hechos futuros previsibles, cuya prevención es responsabilidad legal de las autoridades públicas.

IV. El uso del método predictivo en los estudios de impacto ambiental

El método predictivo se ocupa de una única situación que puede producirse, es decir, cuál de todos los escenarios que pueden plantearse es el que tiene más probabilidades de suceder realmente, teniendo en cuenta todos los elementos que influyen en ello[20]. Esto se observa en el estudio de impacto ambiental, cuando la empresa interesada en explotar recursos minerales en tierras indígenas demuestra que ha cumplido con los requisitos legales y que ha tenido en cuenta todos los factores más relevantes relacionados con su solicitud de licencia ambiental a la hora de elaborar su plan de contingencia para situaciones previsibles, en caso de que la administración pública le permita desarrollar su actividad[21].

El estudio de impacto ambiental es el resultado de un complejo procedimiento administrativo. A lo largo de sus etapas, la empresa debe dejar claro lo que pretende hacer y las posibles consecuencias, especificando las comunidades afectadas y los daños ambientales asumidos. En este punto, se calcula el riesgo de sus actividades de causar daños medioambientales y

---

19   Annie DUFEY, *Iniciativas para transparentar los aspectos ambientales y sociales en las cadenas de abastecimiento de la minería. Tendencias internacionales y desafíos para los países andinos* (Comisión Económica para América Latina y el Caribe 2020).

20   SÁNCHEZ SÁNCHEZ, Z., «Capítulo I. Administración, previsión y regulación resistente al futuro» en Zulima S Sánchez (Dir.), *Regulación con prospectiva de futuro y de consenso. Gobernanza anticipatoria y prospectiva administrativa*, Aranzadi, 2022.

21   Paulo ANTUNES, *Direito Ambiental* (12.ª edición, Lumen Juris 2010).

sociales, de modo que se tenga una idea de la magnitud de su impacto en la localidad. Una vez recopilada la información sobre los efectos que podrían sufrir la población y la naturaleza, y la medida en que es probable que esto ocurra, se procede a su análisis para determinar hasta qué punto es arriesgado llevar a cabo la actividad prevista. Esto conduce a la clasificación de la empresa en función de su grado de riesgo, aclarando al destinatario del informe correspondiente el futuro que puede preverse. Según las normas de auditoría, este cálculo nunca puede ser igual a cero, porque es inherente a la extracción de minerales que el medio ambiente se modifique y esto tenga un efecto negativo sobre el ecosistema o los habitantes locales, además de que la ciencia aún no es capaz de predecir completamente la naturaleza[22]. Ante este escenario, también se exige a las empresas que presenten un plan que incluya acciones capaces de minimizar estos daños en caso de que se produzcan[23], como el pago de compensaciones, la capacitación de la población local ante una eventual catástrofe medioambiental, la asistencia a las víctimas y el restablecimiento del *statu quo ante* en la medida de lo posible. Así, el solicitante debe demostrar que hará todo lo que esté en su poder para evitar daños calculables y que dispone de la capacidad financiera, técnica y operativa para contener las contingencias que puedan surgir[24].

Como parte del procedimiento administrativo para la obtención del permiso ambiental, se debe contar con la ayuda de personal especializado en las áreas relacionadas con la actividad solicitada, tanto por parte del solicitante, que produce la información necesaria con su propio personal o a través de una empresa auditora, como por parte de la administración pública, que debe ser capaz de verificar e interpretar los documentos que recibe. Estos profesionales deben poder actuar de forma independiente para que los destinatarios de estos informes tengan un mayor nivel de confianza en lo que se afirma. Este proceso también se controla externamente mediante la participación de la población durante el proceso de obtención de los datos recogidos y su discusión en el ámbito público de toma de decisiones[25]. En otras palabras, hay un recorrido que lleva a la adopción de prácticas preocupadas por la realización de los derechos sociales y ambientales y el menor riesgo de que sean perjudicados, en el ámbito de lo que puede hacer la empresa y de acuerdo con la manifestación previa de lo que es aceptable para el estado y la población.

---

22   Terence TRENNEPOHL, *Manual de Direito Ambiental* (8.ª edición, Saraiva Educação, 2020.

23   Lucas CARVALHO, Rose HOFMANN y Wagner TAVARES, *Mineração em terras indígenas: principais controvérsias jurídicas*. Nota técnica, Consultoria Legislativa 2022.

24   Melissa CURI, «Aspectos legais da mineração em terras indígenas» (2007) 4 *Revista de Estudos e Pesquisas* 221.

25   Corte Interamericana de Derechos Humanos, *Opinión Consultiva OC-23/17* (2017) ítems 153, 156 y siguientes.

Debe haber una comprensión profunda de los beneficios y las desventajas en relación con los aspectos económicos, sociales y medioambientales, y lo que se planea debe ser capaz de hacer frente a estos eventos. Para ejercer adecuadamente esta capacidad de predicción, es necesario garantizar la participación de la población para que se conozcan mejor sus expectativas, sus dificultades y lo que se puede hacer para proteger sus derechos individuales, colectivos y sociales, para tenerlo en cuenta a la hora de analizar los posibles daños sociales y la propuesta para gestionarlos. El contenido de estos planes de compensación y de emergencia debe remitirse a la administración pública para que ésta verifique la veracidad de las alegaciones, su adecuación a los requisitos legales para la obtención del requerido consentimiento, y la conveniencia de su implantación en atención al interés público de su realización. Los datos generados deben servir también para orientar a las personas cuyos derechos se vean afectados por el proyecto, de forma que puedan reflexionar sobre la postura a adoptar cuando se celebre la consulta previa organizada para debatir si debe o no ser ejecutado el proyecto propuesto y, en caso afirmativo, en qué términos puede realizarse para que las personas afectadas también se vean beneficiadas[26].

Estas etapas de estudio, participación y evaluación fueron examinadas por la Corte Suprema chilena al analizar el caso «El Morro», relativo a una solicitud de explotación minera en territorio que afectaría a pueblos indígenas. El tribunal analizó la discrecionalidad técnica de la administración pública en el procedimiento de concesión de licencia ambiental en la región de Atacama. Se sostuvo que cuando la calificación ambiental se hizo dentro del estudio de impacto ambiental del proyecto, no se respetó debidamente el derecho a la consulta previa, especialmente cuando uno de los grupos indígenas afectados no fue incluido en la planificación presentada. Además, al referirse a los grupos nativos, el plan se centró en las medidas de compensación de la actividad prevista, cuando el enfoque debería ser el de la prevención de los daños sociales y ambientales. La decisión del magistrado destacó que el lugar es esencial para el ejercicio de prácticas culturales y de subsistencia, lo que debe tenerse en cuenta en el estudio en cuestión. A la vista de estos factores, el tribunal se pronunció por la inadmisibilidad en seguir adelante con el proyecto previsto, basándose en las irregularidades encontradas en el estudio de impacto ambiental y en su deficiencia predictiva sobre los efectos que podrían ser causados a la población originaria[27]. Eso enseña el importante rol que el estudio en comento tiene para la precaución debida en los planes empresariales y estatales para la defensa de derechos humanos.

---

26 Maria Mônica MORAES y Camila AMORIM, *Procedimentos de licenciamento ambiental do Brasil*, Ministério do Meio Ambiente, 2016.

27 Jorge SOTO y Dominique ESPEJO, «La jurisprudencia ambiental reciente: tendencia al reconocimiento de principios y garantismo con los pueblos indígenas» en Javier COUSO (ed.), *Anuario de Derecho Público*, Universidad Diego Portales, 2013.

Una vez que se conozcan las pretensiones de la empresa solicitante y los deseos de todas las personas implicadas, el poder público deberá elaborar escenarios para visualizar la mejor decisión a adoptar, teniendo en cuenta los límites legales que pueden ser cuestionados judicialmente, como se ha visto en el caso «El Morro». Así, contempla las posibles consecuencias de denegar la solicitud, acceder plenamente a ella o permitir que la actividad se desarrolle bajo determinadas condiciones[28]. Al final, resulta en la toma de una única decisión, sobre la que se desplegarán las consecuencias correspondientes a los términos en los que se dio respuesta a la petición inicial. Ante todas las posibles situaciones que se pueden prever y teniendo en cuenta los diversos factores que influyen en la toma de decisiones en un caso concreto, sólo se sigue un camino, que es el establecido en la resolución dictada por la administración pública, mediante su capacidad de predecir lo que se debe hacer ante las situaciones que se produzcan a partir de ese momento[29].

V. Análisis de la sostenibilidad asociada al uso del litio según el método anticipatorio

El método anticipatorio se dedica a esbozar varios escenarios posibles, de modo que el estado pueda adelantarse estudiando los factores conocidos que se sabe que causarán impactos futuros. No se trata de dar una respuesta solo a un caso concreto, sino de comprender la multiplicidad de elementos que influyen en la creación de un contexto premeditado[30]. Esto se puede ver en la política centrada en la extracción y comercialización del litio, que se encuentra principalmente en el «Triángulo del Litio» de América Latina, es decir, Bolivia, Argentina y Chile, donde aquí nos centraremos en este último país para ejemplificar el método en comento. El principal atractivo cuestionable del uso de este metal es su asociación con la idea de sostenibilidad, que se contradice con el procedimiento adoptado para extraerlo de la naturaleza[31]. Cuando el gobierno se estructura política y administrativamente para viabilizar la obtención de este mineral, como en la Estrategia Nacional del Litio del estado chileno, debe ser consciente de los efectos que esto implica

---

28   Maria Mônica MORAES y Camila AMORIM, *Procedimentos de licenciamento ambiental do Brasil*, Ministério do Meio Ambiente, 2016.

29   SÁNCHEZ SÁNCHEZ, Z., «Regulación para la recuperación económica: comparada, prospectiva y de consenso», *Revista de Derecho Administrativo* 11, 2021.

30   SÁNCHEZ SÁNCHEZ, Z., «Capítulo I. Administración, previsión y regulación resistente al futuro», *Regulación con prospectiva de futuro y de consenso. Gobernanza anticipatoria y prospectiva administrativa*, Aranzadi, 2022.

31   Barbara GÖBEL, «La minería de litio en Atacama: disputas sociales alrededor de un nuevo mineral estratégico» en Barbara GÖBEL y Astrid ULLOA (eds.), *Extractivismo minero en Colombia y América Latina*, Universidad Nacional de Colombia, 2014.

desde lo local a lo global, no sólo en términos económicos sino también sobre el medio ambiente y los grupos sociales afectados.

Chile es uno de los mayores proveedores de litio en el mercado internacional, con el 34,5 % del metal que se consume en el mundo. Además, el país cuenta con su segunda mayor reserva conocida en la actualidad, según las prospecciones geológicas. Ello se encuentra principalmente en la región de los salares, lo que abarata su proceso de producción. Esas características atraen la atención de grandes empresas multinacionales interesadas en acceder a este recurso, cada vez más demandado en todo el mundo[32]. Esto se debe a que sea uno de los insumos más utilizados en la fabricación de baterías, utilizadas en diversos aparatos electrónicos básicos de la economía mundial, como teléfonos móviles, ordenadores y coches eléctricos. Su consumo se relaciona a la idea de sostenibilidad, ya que se supone que causa menos daño al medio ambiente en comparación con otras fuentes de energía, como los hidrocarburos, pues lleva a una menor emisión de dióxido de carbono a la atmósfera y una mayor eficiencia en el uso de esta energía denominada «verde»[33].

Como consecuencia, el uso del litio repercute positivamente en la imagen de las empresas que comercializan productos considerados más respetuosos con el medio ambiente, lo que os anima a invertir en la obtención de este metal. Sin embargo, el proceso de extraerlo de la naturaleza no va en la misma dirección que esta publicitada sostenibilidad. Como se ha visto, es inherente a la actividad que se causen daños al medio ambiente, lo que repercute negativamente en la vida de los habitantes locales y regionales. Esto es agravado cuando se considera su superposición con tierras indígenas, comunidades que tienen una relación diferenciada con su territorio, lo que significa que su desplazamiento no es necesariamente la mejor respuesta al problema. Sus prácticas tradicionales, culturales y religiosas están vinculadas a su territorio, donde están enterrados sus antepasados, elementos que están en el centro de varios derechos protegidos[34]. Su reubicación contradice el ejercicio de estos derechos, colocando a estos grupos sociales en una situación de vulnerabilidad aún mayor, lo que se hace cuestionar sobre las promesas beneficiosas que se les han sido hechas. Además, la minería supone un aumento de la demanda de agua para el desarrollo de esta actividad, lo que provoca su contaminación y escasez para el consumo humano,

32 Amanda ROMERO, José AYLWIN y Marcel DIDIER, *Globalización de las empresas de energía renovable: Extracción de litio y derechos de los pueblos indígenas en Argentina, Bolivia y Chile («Triángulo del Litio»)*, Centro de Información sobre Empresas y Derechos Humanos y Observatorio Ciudadano 2019.

33 Annie DUFEY, *Iniciativas para transparentar los aspectos ambientales y sociales en las cadenas de abastecimiento de la minería. Tendencias internacionales y desafíos para los países andinos*, Comisión Económica para América Latina y el Caribe, 2020.

34 Paulo ANTUNES, *Direito Ambiental* (12.ª edición, Lumen Juris, 2010).

la agricultura y la ganadería. A ello se suma la degradación del paisaje, que reduce el flujo turístico[35].

Todos estos efectos negativos deben ser contrabalanceados por los beneficios de la minería para la población y el estado. La principal oferta para las personas es la mejora de su calidad de vida, sobre todo con el impulso del mercado laboral y la economía. Esto es debatible, ya que el alto uso de tecnología por parte de la industria minera implica que muchos puestos de trabajo no sean creados porque se han automatizado, y los que existen generalmente requieren altos niveles de formación técnica, un requisito que difícilmente pueden cumplir los indígenas locales[36]. Es más, en lugar de traducirse en mejores índices económicos, termina siendo uno de sus mayores obstáculos, dado lo que se ha dicho sobre su impacto en la agricultura, la ganadería y el turismo. Incluso se pone en peligro la subsistencia básica de las comunidades originarias, ya que su ciclo alimentario está directamente relacionado con el conocimiento que tienen de sus tierras y no de otras donde son reasentados[37]. En cuanto al estado, tiene un gran interés en los ingresos correspondientes, que supondría que se destinarían a inversiones sociales, pero no necesariamente es lo que sucede[38].

Frente a todos los elementos que se encuentran en el centro de esta controversia, el gobierno chileno creó la Estrategia Nacional del Litio, en un intento por equilibrar todos los intereses involucrados en el desarrollo asociado a la explotación del metal en cuestión. Así, con una visión anticipatoria y un abordaje amplio que se preocupa por diversos escenarios entrelazados que incluyen temas ambientales, sociales y económicos, se propone establecer procedimientos administrativos y fortalecer la estructura estatal capaz de atender los diversos aspectos enredados. Conforme informado por el gobierno chileno[39], se prevé que las acciones vayan desde la creación de reglamentos y áreas pertinentes para la protección de los salares, pasando por la inversión en mejoras sociales y avances tecnológicos para que el país pueda mejor aprovechar los beneficios del insumo, hasta la fiscalización del correcto cumplimiento de las normas vigentes por parte de las empresas mineras. La idea es promover la innovación tecnológica y agregar valor a la cadena productiva del país, cui-

---

35   Barbara Göbel, «La minería de litio en Atacama: disputas sociales alrededor de un nuevo mineral estratégico» en Barbara Göbel y Astrid Ulloa (eds.), *Extractivismo minero en Colombia y América Latina*, Universidad Nacional de Colombia, 2014.

36   Barbara Göbel, «La minería de litio en Atacama: disputas sociales alrededor de un nuevo mineral estratégico» en Barbara Göbel y Astrid Ulloa (eds), *Extractivismo minero en Colombia y América Latina*, Universidad Nacional de Colombia, 2014.

37   Melissa Curi, «Aspectos legais da mineração em terras indígenas» 4 *Revista de Estudos e Pesquisas* 221, 2007.

38   Celso Fiorillo, *Curso de Direito Ambiental Brasileiro*, 20.ª edición, Saraiva Educação, 2020.

39   Gobierno de Chile, *Estrategia Nacional del Litio* (2023).

dando al mismo tiempo el cumplimiento de los derechos sociales y ambientales, mediante el fortalecimiento de las instituciones del país y la cooperación con empresas internacionales. Esto tiene el potencial de romper con lo que históricamente se ha observado en cuanto a la falta de percepción de beneficios sociales relacionados con el desarrollo económico del país, lo cual, en definitiva, puede representar una herramienta importante para la transformación de la realidad de su población[40]. Así, el método anticipatorio se manifiesta por medio del intento gubernamental de crear una política aplicable no solo a un caso concreto, sino que a varios relacionados al tema central.

VI. Mejoramiento de la realización de la consulta previa mediante el método normativo

Una buena práctica gubernamental debe estar preparada para un escenario (método predictivo) y para un contexto de múltiples escenarios (método anticipatorio), lo que requiere la existencia de instrumentos suficientes para el éxito de estos planes. Una de las formas de conseguirlo es mediante la creación de normas capaces de predecir respuestas y procedimientos para casos futuros, que conduzcan a la construcción de la realidad de la sociedad que gobierna para que alcance sus objetivos estatales y ayude a realizar los valores deseados por sus ciudadanos. Para cumplir con este método normativo, se deben analizar los escenarios que podrían darse y, con ello, crear un camino a través de las leyes para que se obtenga el resultado más preferible[41]. Esto se establece estudiando lo que la sociedad prioriza y las tendencias que actualmente muestran las acciones públicas y privadas, desde la perspectiva del principio de legalidad que rige a la administración pública. Un ejemplo de ello es el derecho a la participación, cuya importancia ha sido cada vez más reconocida[42], al mismo tiempo que se ha puesto de manifiesto la necesidad de una regulación procedimental que mejore su aplicación[43].

---

40   Stella JUSTE y Mariano ÁLVAREZ, «Pensar el litio en Argentina y Chile. Oportunidades transfronterizas para el desarrollo de una cadena de valor», en María Cecilia SANMARTÍN (et al.), *Nuevas perspectivas de integración, cooperación y multilateralismo para América del Sur*, CLACSO, 2024.

41   SÁNCHEZ SÁNCHEZ, Z., «Capítulo I. Administración, previsión y regulación resistente al futuro», *Regulación con prospectiva de futuro y de consenso. Gobernanza anticipatoria y prospectiva administrativa*, Aranzadi, 2022.

42   Adriana LIZAMA, «Autodesarrollo y buen vivir: el papel de los pueblos indígenas latinoamericanos en la resignificación del desarrollo», *Revista Electrónica Iberoamericana*, 2014.   <https://www.urjc.es/images/ceib/revista_electronica/vol_8_2014_2/REIB_08_02_Adriana_Sanchez.pdf> recuperado el 11 de noviembre de 2022.

43   Tom PERREAULT, «Participación y poder: la consulta previa y sus descontentos en el sector minero de Bolivia» en Barbara GÖBEL y Astrid ULLOA (eds.), *Extractivismo minero en Colombia y América Latina*, Universidad Nacional de Colombia, 2014.

El ejercicio del derecho a la participación permite a la población influir en el proceso de toma de decisiones sobre las futuras acciones a implementar, adecuando los planes gubernamentales a las expectativas de las empresas y de los ciudadanos. Este derecho está contemplado en las constituciones democráticas, ya que es uno de sus pilares fundamentales. También está respaldado por el derecho internacional, que lo garantiza para que no se violen los derechos humanos. Ejemplos de ello se encuentran en el artículo 1 de la constitución chilena, el artículo 23, 1, «a» de la Convención Americana sobre Derechos Humanos, el artículo 25, «a» del Pacto Internacional de Derechos Civiles y Políticos y, más concretamente, los artículos 5 y 23 de la Declaración de las Naciones Unidas sobre los Derechos de los Pueblos Indígenas. Esto puede ocurrir de forma representativa, cuando los electores eligen a quien quieren que actúe en su nombre en los espacios políticos, o de forma directa, cuando la propia población es proactiva en la defensa de sus legítimos intereses[44].

La administración pública debe promover un espacio público propicio al diálogo entre todos los interesados y afectados por la actividad, que permita la construcción de un consenso que tenga en cuenta los derechos ya conquistados y las previsiones existentes sobre las consecuencias de las acciones proyectadas en el momento[45]. Para ello, es fundamental que todas las partes estén bien informadas para que puedan desarrollar una posición crítica sobre las cuestiones debatidas[46]. Los datos sobre la realidad actual y los planes futuros pueden facilitarse, por ejemplo, con la publicación del estudio de impacto ambiental presentado por el solicitante de la licencia ambiental y con las acciones emprendidas por el estado dentro de sus estrategias de gobernanza sobre la actividad a licenciar. Además, las manifestaciones deben tenerse en cuenta para que puedan influir efectivamente en la decisión que se adopte[47]. Para que todo esto funcione, las partes deben estar debidamente representadas, directa o indirectamente, y deben existir normas de procedimiento que conduzcan al respeto de los derechos materiales implicados.

En cuanto a la representación popular, en Chile se ha producido un crecimiento del movimiento indígena, fomentado por su gobierno[48]. La formación

44   Zulima Sánchez y David Leite, «O direito de participação e sua relevância para a democracia, administração pública e cidadania», en Marco Paula y Rachel Magrini (eds.), *Estudos de Direito Público*, CEPEJUS, 2009.

45   Gloria Rodríguez y Alexandra Cumbe-Figueroa, «Conflictos ambientales en el Complejo de Páramos de Chingaza», en Gloria Rodríguez (ed.), *Identificación de problemáticas para el tratamiento de los conflictos ambientales*, Escuela de Derecho Ambiental Sembrando Conocimiento, 2021.

46   Blanca Cutanda, *Derecho Ambiental Administrativo*, Dykkinson S.L., 2009.

47   Lucas Carvalho, Rose Hofmann y Wagner Tavares, *Mineração em terras indígenas: principais controvérsias jurídicas*, Nota técnica, Consultoria Legislativa, 2022.

48   Barbara Göbel, «La minería de litio en Atacama: disputas sociales alrededor de un nuevo mineral estratégico» en Barbara Göbel y Astrid Ulloa (eds), *Extractivismo minero en Colombia y América Latina*, Universidad Nacional de Colombia, 2014.

de líderes comunitarios, la sensibilización de los miembros de estos grupos sobre sus derechos y su organización para actuar ante los poderes públicos son factores que refuerzan su participación en las esferas política, administrativa y jurídica que repercuten en sus vidas. Esto les ayuda a percibir lo que ocurre en la actualidad, a expresar sobre su realidad y sus deseos y a proponer lo que se puede hacer para mejorar su calidad de vida y respetar sus derechos. Antes de que la solución a los problemas sociales y medioambientales se base en su compensación, la prioridad debe ser prevenir los daños que pueden ser previstos. Para efectivar esa precaución, hay que conocer en profundidad el alcance de los efectos positivos o negativos de una actividad, por medio del diálogo necesario con las comunidades nativas[49].

El derecho a la participación indígena está en la esencia del Convenio 169 de la OIT, que se ocupa de promover la consulta previa en el ámbito de la toma de decisiones públicas. Su observancia depende de las normas procedimentales, que a su vez deben ser revisadas para que se ajusten a los principios jurídicos aplicables en el momento en que se analiza la solicitud de permiso ambiental. Esto se observa en la situación chilena, donde la legislación requería acreditar la magnitud de los efectos de la actividad sobre las comunidades nativas, capaz de demostrar en qué medida tenía una conexión directa, significativa y específica con el daño examinado, para que fuera exigible esta consulta previa. Estos requisitos han sido reevaluados por la justicia chilena, dado su discrepancia con el principio de prevención que rige el estudio de impacto ambiental y su falta de correspondencia normativa con el citado convenio de la OIT. Se exigían pruebas técnicas, muchas veces producidas por terceros que desconocían la realidad indígena, cuyo informe era condición para ejercer un derecho sobre el cual no existían condiciones originalmente. La jurisprudencia del país pasó a analizar la afectación potencial sobre estos grupos por los proyectos de explotación de sus tierras, lo que se vio por primera vez en el fallo de la Corte Suprema 85957/2021, del 14 de febrero de 2022[50]. Esto resalta la importancia de las normas procesales sobre la participación indígena como una forma de prevenir daños potenciales y no sólo de remediar los causados a sus derechos fundamentales.

En una solicitud de opinión consultiva de Chile y Colombia a la Corte Interamericana de Derechos Humanos sobre el derecho de acceso a la información, se resalta la importancia del procedimiento para hacer efectivo el derecho a la participación, así como la necesidad de educar a la población sobre cómo proceder en ese procedimiento. Con especial atención a las cuestiones relacionadas con el cambio climático, la petición pone de relieve el papel central de la información para prevenir daños previsibles a los derechos humanos

---

49 Paulo ANTUNES, *Direito Ambiental*, 12.ª edición, Lumen Juris 2010.

50 GONZALO SANDOVAL, «Las consecuencias jurídicas de la susceptibilidad de afectación directa a pueblos indígenas en el sistema de evaluación de impacto ambiental chileno», 18 *Revista de Derecho Ambiental* 253, 2022

y dar así una respuesta eficaz a las situaciones de emergencia relacionadas con el derecho ambiental, papel que se atribuye al estado como garante. Para tanto, se reconoce la importancia de la creación de estándares jurídico-normativos para, en última instancia, tener las herramientas necesarias para luchar contra el cambio climático[51]. El acceso a la información orienta el ejercicio del derecho a la participación, pues solo así los afectados comprendan los efectos positivos y negativos del proyecto objeto de licencia, y el nivel informativo se amplía en estas reuniones, cuando las poblaciones indígenas exponen sobre su realidad y aportan sus conocimientos tradicionales sobre aspectos sociales y ambientales relacionados con la actividad empresarial pretendida. Hasta la fecha, la Corte Interamericana aún no ha adoptado una posición definitiva en respuesta a la solicitud.

Para que el derecho a la participación alcance sus objetivos, debe contar con normas de procedimiento que garanticen la instauración de la consulta previa, libre e informada, además de la igualdad entre las partes implicadas, de la disponibilidad de medios para defender sus derechos, de la forma en que se desarrollará el debate y de cómo ello influirá en la decisión[52]. En otras palabras, deben existir garantías normativas que conduzcan a la equidad, enfrentando los problemas de asimetría de poder entre las partes, y que hagan efectivo el procedimiento participativo, para que no sea un mero trámite para la obtención de la licencia ambiental[53]. Es así como, en el caso de la minería de litio en tierras indígenas, el posicionamiento del judiciario chileno sobre la afectación potencial de indígenas por emprendimientos económicos en su territorio y la solicitud de opinión consultiva sobre el ejercicio del derecho de acceso a la información, el modelo normativo demuestra su capacidad para incluir las diversas perspectivas involucradas al momento de evaluar el cumplimiento de los requisitos legales y contribuye al análisis sobre la conveniencia de expedir una licencia ambiental para la explotación del metal en cuestión, dados todos los intereses y efectos locales, regionales y nacionales que pueden ser previstos por la administración pública por medio de los métodos de prospección.

VII. Consideraciones finales

La gobernanza anticipatoria es una estrategia importante en el escenario de la minería del litio en tierras indígenas chilenas, lo que se puede concluir

51   Estados de Chile y Colombia, *Solicitud de opinión consultiva «Emergencia Climática y Derechos Humanos»*, Corte Interamericana de Derechos Humanos, 2023.

52   José Ramón Lázaro y Carmen García, «Estudio sobre la potestad sancionadora (1.ª parte)», *Revista Jurídica de la Comunidad de Madrid* 11, 2023<https://www.comunidad.madrid/sites/default/files/revista_juridica_agosto_2023_0.pdf> recuperado el 22 de abril de 2024.

53   Diego Rodrigues, Vivianny Kelly Galvão y Robiane Karoline Menezes, «Consulta prévia, accountability social e conflitos no licenciamento ambiental em mineração no Brasil e na Colômbia», 12 *Revista de Estudos e Pesquisas sobre as Américas* 196, 2018.

desde los datos recolectados de los casos aquí analizados. Esa actitud permite ver lo que pueden hacer el estado, la empresa explotadora de recursos naturales y la población cuyos intereses se ven afectados, aunando esfuerzos para minimizar los daños sociales y ambientales que puedan producirse. Esto demuestra la precaución del gobierno frente a la información obtenida que apunta a posibles escenarios relacionados con la actividad estudiada, previniendo violaciones a los derechos humanos mediante la aplicación de procedimientos administrativos que verifican la situación actual y proyectan sus consecuencias hacia el futuro. De esta manera, se puede elegir el mejor curso de acción, capaz de dar una respuesta oportuna en el ejercicio de su función estatal de garantizar la realización de su ordenamiento jurídico.

El estudio de impacto ambiental es fundamental para que el estado conozca lo que se pretende realizar específicamente en las tierras indígenas de protección ambiental, como se ha visto en el caso «El Morro». Por otro lado, hay que examinar el contexto más amplio de las respectivas políticas públicas para que el gobierno pueda alinear las diversas cuestiones y trazar caminos para los escenarios que puedan ocurrir a mediano y largo plazo, a ejemplo de la Estrategia Nacional del Litio de Chile. Las consultas previas tienen la capacidad de dinamizar la rigidez de la legislación para construir respuestas más eficientes a los problemas que exigen una postura estatal, además de valorar el conocimiento de los pueblos indígenas sobre su propia realidad, aunque las reglas para realizarlas todavía necesiten ser mejoradas para que se alcancen estos objetivos, como discutido en la jurisprudencia chilena y cuestionado al tribunal interamericano. La sinergia de estos instrumentos y planes de acción a disposición de las iniciativas públicas y privadas es importante para que la sostenibilidad sea de hecho vivida y, así, efectivar una vida digna para todas las personas, de acuerdo con los preceptos jurídicos asumidos nacional e internacionalmente.

Bibliografía

AMADO, L. H., «Terra indígena e legislação indigenista no Brasil» *Povos Indígenas*, 2017

ANTUNES, P. B., *Direito Ambiental*, 12.ª edición, Lumen Juris, 2010.

BORGES DE SOUZA, M., *Compensação ambiental ou indenização por dano ambiental? Imprecisões no processo de licenciamento à luz da economia ambiental: um estudo sobre as interfaces entre terras indígenas e projetos de infraestrutura de transporte*. Tesis de máster, Faculdade de Economia, Administração e Contabilidade da Universidade de Brasília, 2017.

CARVALHO, L. A., HOFMANN, R. y TAVARES, W., *Mineração em terras indígenas: principais controvérsias jurídicas*, Nota técnica, Consultoria Legislativa, 2022.

CONSEJO INDIGENISTA MISIONARIO, *Violência contra os povos indígenas no Brasil*, 2021, <https://cimi.org.br/wp-content/uploads/2022/08/relatorio-violencia-povos-indigenas-2021-cimi.pdf> recuperado el 28 de noviembre de 2022.

Constitución Política de la República de Chile 2005.

Convención Americana sobre Derechos Humanos (Pacto de San José), 1978.

Corte Interamericana de Derechos Humanos, Opinión Consultiva OC-23/17, 2017.

COUSO, J., «Las "Constituciones económicas" de América Latina: la tensión permanente entre libre mercado y derechos socioeconómicos», *Revista Culturas Jurídicas* 6(14), 2019.

CURI, M., «Aspectos legais da mineração em terras indígenas», *Revista de Estudos e Pesquisas*, vol. 4, 2007

CUTANDA, B. L., *Derecho Ambiental Administrativo*, Dykkinson S. L., 2009.

Declaración de las Naciones Unidas sobre los derechos de los pueblos indígenas 2007.

DUFEY, A., *Iniciativas para transparentar los aspectos ambientales y sociales en las cadenas de abastecimiento de la minería. Tendencias internacionales y desafíos para los países andinos*, Comisión Económica para América Latina y el Caribe 2020.

ENTERRÍA E. G. y FERNÁNDEZ T. R., *Curso de Derecho Administrativo I*, 17.ª edición, Civitas y Thomson Reuters, 2015.

ESTADOS DE CHILE Y COLOMBIA, *Solicitud de opinión consultiva «Emergencia Climática y Derechos Humanos»*, Corte Interamericana de Derechos Humanos 2023.

FIORILLO, C. A., *Curso de Direito Ambiental Brasileiro*, 20.ª edición, Saraiva Educação, 2020.

GÖBEL, B., «La minería de litio en Atacama: disputas sociales alrededor de un nuevo mineral estratégico» en GÖBEL, G. y ULLOA, A. (eds.), *Extractivismo minero en Colombia y América Latina*, Universidad Nacional de Colombia, 2014.

GOBIERNO DE CHILE, *Estrategia Nacional del Litio*, 2023.

JUSTE, S. M. y ÁLVAREZ, M., «Pensar el litio en Argentina y Chile. Oportunidades transfronterizas para el desarrollo de una cadena de valor», en SANMARTÍN, M. C. *et al.*, *Nuevas perspectivas de integración, cooperación y multilateralismo para América del Sur*, CLACSO, 2024.

LÁZARO, J. R. y GARCÍA, C., «Estudio sobre la potestad sancionadora (1.ª parte)» *Revista Jurídica de la Comunidad de Madrid* , N.º 2023, 2023. <https://www.comunidad.madrid/sites/default/files/revista_juridica_agosto_2023_0.pdf> recuperado el 22 de abril de 2024.

LIZAMA, A. S., «Autodesarrollo y buen vivir: el papel de los pueblos indígenas latinoamericanos en la resignificación del desarrollo» *Revista Electrónica Iberoamericana*, 2014. <https://www.urjc.es/images/ceib/revista_electronica/vol_8_2014_2/REIB_08_02_Adriana_Sanchez.pdf> recuperado el 11 de noviembre de 2022.

MACHADO, S. M., *Tratado de Derecho Administrativo y Derecho Público General - Tomo III: Los principios de constitucionalidad y legalidad*, 4.ª edición, Boletín Oficial del Estado, 2015.

MORAES, M. M. y AMORIM, C. C., *Procedimentos de licenciamento ambiental do Brasil*, Ministério do Meio Ambiente, 2016.

NIKKEN, P., «El derecho internacional de los derechos humanos en el derecho interno», *Revista IIDH* 11, 2013.

Pacto Internacional de Derechos Civiles y Políticos 1976.

PERREAULT, T., «Participación y poder: la consulta previa y sus descontentos en el sector minero de Bolivia» en GÖBEL, B. y ULLOA, A. (eds), *Extractivismo minero en Colombia y América Latina*, Universidad Nacional de Colombia, 2014.

ROCHA, M. E., «O controle de convencionalidade e sua projeção no ordenamento jurídico brasileiro. Uma mirada sobre a eficácia dos tratados de direitos humanos na positividade nacional», *Revista Pan-Americana de Direito* 01, 2021.

RODRIGUES, D. F., GALVÃO, V. K. y MENEZES, R. K., «Consulta prévia, accountability social e conflitos no licenciamento ambiental em mineração no Brasil e na Colômbia», *Revista de Estudos e Pesquisas sobre as Américas* 12 (1).

RODRÍGUEZ, G. A. y CUMBE-FIGUEROA, A., «Conflictos ambientales en el Complejo de Páramos de Chingaza» en RODRÍGUEZ, G. A. (ed.), *Identificación de problemáticas para el tratamiento de los conflictos ambientales*, Escuela de Derecho Ambiental Sembrando Conocimiento, 2021.

ROMERO, A., AYLWIN, J. y DIDIER, M., «Globalización de las empresas de energía renovable: Extracción de litio y derechos de los pueblos indígenas en Argentina, Bolivia y Chile ("Triángulo del Litio")», *Centro de Información sobre Empresas y Derechos Humanos y Observatorio Ciudadano*, 2019.

SÁNCHEZ, Z. S.:

- «Regulación para la recuperación económica: comparada, prospectiva y de consenso», *Revista de Derecho Administrativo* 11, 2021.

- «Capítulo I. Administración, previsión y regulación resistente al futuro», *Regulación con prospectiva de futuro y de consenso. Gobernanza anticipatoria y prospectiva administrativa*, Aranzadi, 2022.

SÁNCHEZ, Z. S. y **LEITE, D.**, «O direito de participação e sua relevância para a democracia, administração pública e cidadania», en PAULA, M. A. y MAGRINI, R. (eds.), *Estudos de Direito Público*, CEPEJUS, 2009.

SANDOVAL, G. S., «Las consecuencias jurídicas de la susceptibilidad de afectación directa a pueblos indígenas en el sistema de evaluación de impacto ambiental chileno», *Revista de Derecho Ambiental* 18, 2022.

SOTO, J. B. y **ESPEJO, D. H.**, «La jurisprudencia ambiental reciente: tendencia al reconocimiento de principios y garantismo con los pueblos indígenas», en COUSO, J. (ed.), *Anuario de Derecho Público*, Universidad Diego Portales, 2013.

TRENNEPOHL, T., *Manual de Direito Ambiental*, 8.ª edición, Saraiva Educação, 2020.

GUÍA DE BUENAS PRÁCTICAS EN MATERIA DE PROSPECTIVA. DICTAMEN DEL COMITÉ DE DERECHOS HUMANOS

Cristina María Zamora-Gómez
Daniel Billy y Ors. contra Australia
Torres Strait Islanders 2019

I. Introducción

La motivación principal de seleccionar este caso de estudio para contribuir en la guía de buenas prácticas en materia de prospectiva radica en tres razones principales.

La primera de ella está relacionada con las directrices que, el marco del proyecto PROFUTURE nos ha encomendado y que tiene que ver con la esencia misma del proyecto, con su fundamentación vertebradora: conocer los avances del Derecho en materia de prospectiva. En ese sentido, la selección del Dictamen del Comité de Derechos Humanos ofrece una significativa fundamentación en materia de protección del medio ambiente para generaciones futuras. La segunda razón tiene que ver con el área de conocimiento (situado) que desarrollo: el Derecho Internacional Público, y, para esta contribución, el segmento del Derecho Internacional del Medio Ambiente. El Derecho Internacional del Medio Ambiente alude de manera paradigmática a la protección de las generaciones futuras. Y, en tercer lugar, la selección de este dictamen, que presentó el Comité de Derechos Humanos en 2019 permite cumplir con la exigencia de un escueto análisis en cuanto a los problemas de ejecución de este.

A continuación, se ofrece el análisis del Dictamen del Comité de Derechos Humanos (CDH) *Daniel Billy y Ors. contra Australia*[1], siguiendo la estructura propuesta en la guía.

II. Análisis

1. Resumen

El 13 de mayo de 2019, un grupo de ocho personas adultas pertenecientes a diversas comunidades indígenas australianas —*First Nations people*, de acuerdo con la autoridad australiana[2]—, que residen en las Islas Torres, acudieron en queja ante el Comité de Derechos Humanos (CDH) para reclamar la violación por parte de Australia de ciertas obligaciones derivadas del Pacto de Derechos Civiles y Políticos (PIDCP) en relación con la no adopción de medidas de mitigación y adaptación para combatir los efectos del cambio climático. El Protocolo Facultativo al Pacto de Derechos Civiles y Políticos, establece un mecanismo para que las personas presenten denuncias contra los Estados Parte, alegando ser víctimas de violaciones a los derechos reconocidos en el Pacto. Este Protocolo confiere al Comité la autoridad para examinar estas denuncias, conocidas como "comunicaciones", y para "transmitir sus opiniones" sobre si realmente ha habido una violación en relación con la persona y el Estado implicados (Steiner, 2000, p. 16). Este Protocolo, abierto a firma el 16 de diciembre de 1966 y en vigor desde el 23 de marzo de 1976, cuenta actualmente con la adhesión de 117 Estados. Esto convierte al CDH en la institución internacional más accesible para que las personas busquen justicia ante violaciones de derechos humanos. Además, resalta el papel fundamental de los órganos de tratados en la promoción y protección de estos derechos. En este contexto, el diálogo constructivo entre el Comité y los Estados debe servir como una herramienta clave para fortalecer la aplicación de sus compromisos a nivel nacional.

Las personas reclamantes son habitantes de cuatro islas australianas: Boigu, Poruma, Warraber y Masig, pertenecientes a un conjunto isleño denominado Islas Torres. Las islas son administradas parcialmente por la Autoridad Regional del Estrecho de Torres (TSRA), encargada de implementar programas para mejorar la calidad de vida y el bienestar de los habitantes. Es relevante señalar para este caso que la orografía de las islas del Estrecho de Torres está caracterizada por ser de tamaño pequeño y poco montañosas. Esta serie de islas se abarca en una longitud de aproximadamente 42 kilómetros. El pico más elevado de este conjunto es el monte Wonvara, alcanzando una altura de 366 metros, ubicado en la isla de Hiu. Estas características las hace especialmente

---

1 *Daniel Billy y Ors. contra Australia* CCPR/C/135/D/3624/2019.

2 Australian Institute of Health and Welfare, Profile of First Nations people, Aboriginal and Torres Strait Islander people.

susceptibles y vulnerables a los impactos del cambio climático a través del aumento del nivel del mar y los fenómenos meteorológicos.

En su queja ante el CDH los reclamantes afirmaron que los cambios en el clima y sus patrones tienen efectos directos perjudiciales en los modos de vida tradicionales de su comunidad, así como, por tanto, en su medio de subsistencia y en su cultura.

Entre la descripción de los hechos, las personas demandantes señalaron que Australia produce una cantidad excesiva de gases de efecto invernadero, lo que causa el aumento del nivel del mar y daña el entorno físico que es crucial para la supervivencia de las comunidades en el Estrecho de Torres, tanto en términos sociales, económicos como culturales.

Antes de entrar a dirimir el fondo, el Comité respondió sobre la admisibilidad de la reclamación reconociendo que había una conexión entre las acciones del gobierno australiano y la posible violación de sus obligaciones bajo los artículos 1 y 2 del Protocolo Facultativo del PIDCP: la responsabilidad de tomar medidas de mitigación y adaptación a los efectos del cambio climático recae en cada Estado. En este sentido, el Comité dispuso que dicha obligación devenida del PIDCP recae especialmente en aquellos Estados como Australia que emiten grandes cantidades de gases de efecto invernadero y tienen un alto nivel de desarrollo económico y humano. El Comité concluyó que los demandantes habían enfrentado dificultades debido al cambio climático y que tenían legitimidad para presentar su reclamo. Por lo tanto, el Comité tiene la autoridad para evaluar si las acciones o la falta de acción de un Estado para implementar estas medidas han afectado negativamente los derechos de las personas. Si bien, el Comité decidió no considerar posibles efectos futuros y se centró en los impactos actuales de las acciones y omisiones del Estado australiano en los derechos de los demandantes.

En su dictamen, el Comité dispuso que Australia violó los artículos 17 —derecho a la vida privada y familiar— y 27 —protección de las minorías— del PIDCP. Por ello, el Comité estableció que Australia tenía la obligación de: (1) indemnizar adecuadamente a los isleños por los daños sufridos; (2) llevar a cabo consultas con ellos para evaluar sus necesidades; (3) seguir implementando medidas de adaptación al cambio climático; (4) prevenir futuras violaciones similares. Australia tuvo un plazo de 180 días para informar al Comité sobre las medidas tomadas para cumplir con esta decisión.

2. Sujetos afectados y derechos reclamados

Los reclamantes fueron ocho personas adultas australianas perteneciente a diferentes comunidades indígenas que habitan las islas Torres[3]. Así como seis de sus hijos. Ese aspecto en el ejercicio de la legitimación activa es rese-

---

3   Los ocho autores de la comunicación son Daniel Billy, Ted Billy, Nazareth Fauid, Stanley Marama, Yessie Mosby, Keith Pabai, Kabay Tamu y Nazareth Warria, nacidos en 1983, 1957, 1965, 1967, 1982, 1964, 1991 y 1973, respectivamente. Son nacionales de Australia

ñable para el análisis en materia de protección de generaciones futuras. El argumento central para denunciar la violación del artículo 24.1 del PIDCP fue que Australia no implementó medidas suficientes para proteger los derechos de los niños de su comunidad, lo que aumentó la vulnerabilidad de las futuras generaciones ante el cambio climático. Por su parte, el Estado sostuvo que los impactos futuros de un cambio climático gradual no convertían a los demandantes en víctimas, ya que no representaban violaciones actuales o inminentes de derechos atribuibles a Australia. Sin embargo, el Comité determinó que existía una relación de causalidad entre las acciones del país y una posible violación de sus obligaciones, debido a sus altas emisiones de contaminantes y su modelo de desarrollo económico. Esto justificó la situación de vulnerabilidad de los reclamantes frente al cambio climático y les otorgó legitimidad para presentar su denuncia. Según la jurisprudencia, una persona solo podía ser considerada víctima si había sido realmente afectada, exigiéndose que el riesgo fuera más que una mera posibilidad teórica.

En relación con los derechos reclamados, solicitaban que se declarase la violación de sus derechos en virtud del artículo 2 del PIDCP (obligación de respetar y garantizar los derechos del Pacto, aislado y en conjunción con los artículos 6 —derecho a la vida—, 17 —prohibición de injerencias en la vida privada y de familia— y 27 —protección de las minorías—, y estos mismos artículos de forma separada.

También pedían que se reconociera la violación de los derechos de seis menores, hijos de dos de los demandantes, basándose en el artículo 24.1 del PIDCP, que protege a los menores sin discriminación, tanto por sí solo como en combinación con los artículos 6, 17 y 27 del PIDCP.

Al invocar el artículo 6, los habitantes de las islas argumentaron que las acciones y omisiones de Australia constituyeron una violación de su derecho a una vida digna. Sin embargo, el Comité determinó que, aunque enfrentan la degradación de sus tierras y fuentes de alimentos, no demostraron que exista un riesgo inminente y significativo para sus vidas. Además, el Comité se fundamentó en el hecho de que las islas continuarán siendo habitables en los siguientes 10 a 15 años y que, en este sentido, el Estado australiano ha tomado medidas preliminares para construir diques y otras infraestructuras para enfrentar el cambio climático. Por tanto, según el Comité hay tiempo suficiente para que Australia implemente medidas adicionales de protección y reubicación.

El artículo 17 salvaguarda el derecho a la intimidad, la familia y el hogar contra interferencias arbitrarias o ilegales. Según el Comité, los Estados parte del PIDCP deben prevenir intromisiones en estos ámbitos, incluso si provienen de acciones no estatales, si son previsibles y graves. Cuando el daño ambiental amenaza con afectar la privacidad, la familia y el hogar, los Estados deben evitar interferencias

---

y residen en la región del estrecho de Torres. Presentan la comunicación en nombre propio y en el de cinco de los hijos de Yessie Mosby y del hijo de Kabay Tamu.

significativas en estos aspectos de las personas bajo su jurisdicción. Por lo tanto, el Comité determinó que Australia está obligada a tomar medidas de adaptación para proteger los hogares, la vida privada y las familias de los habitantes de las islas del Estrecho de Torres. Al no responder adecuada y oportunamente a las solicitudes de medidas de adaptación y considerando el impacto directo del cambio climático en el modo de vida de estas comunidades indígenas, el Comité concluyó que Australia violó los derechos de los isleños según el artículo 17.

El artículo 27 protege los derechos de los grupos indígenas a preservar su cultura, religión e idioma. El Comité determinó que los isleños del Estrecho de Torres ya han sufrido la pérdida de tierras tradicionales, recursos naturales y sitios culturales debido al cambio climático, y que no podrían practicar su cultura en ningún otro lugar que no sean las propias islas. Además, si sus tierras continúan degradándose, no podrán transmitir su estilo de vida a las generaciones futuras. Por lo tanto, el Comité concluyó que la falta de acción oportuna por parte de Australia para implementar medidas de adaptación al cambio climático, que protegerían la capacidad de los isleños para preservar su cultura, viola el artículo 27 del Pacto.

3. Motivación de protección de generaciones futuras

Como se ha indicado, las partes demandantes, presentan la comunicación en representación de seis menores, hijos e hijas de dos de los denunciantes adultos. En este sentido, su principal fundamentación para denunciar la violación del artículo 24. 1 del PIDCP reside en entender que Australia no ha implementado medidas adecuadas para proteger los derechos de las futuras generaciones de la comunidad a la que pertenecen los demandantes. Por tanto, las generaciones venideras son las más vulnerables y afectadas por el cambio climático, con un futuro incierto para su supervivencia y su cultura. Es fundamental que las futuras generaciones tengan el derecho a un clima estable que garantice su vida y desarrollo, así como un entorno saludable. Los demandantes adultos temen que sus hijas e hijos se vean obligados a vivir en tierras extrañas y que su cultura desaparezca, dejándolos sin legado para ellos ni para las generaciones venideras[4].

Las partes también aluden, en respuesta al Estado australiano sobre la admisibilidad que, en referencia al artículo 24 del Pacto, el principio de equidad entre generaciones implica que las generaciones presentes deben ser responsables de proteger el planeta y garantizar que las futuras puedan satisfacer sus necesidades de desarrollo y medio ambiente. Las solicitudes de reparación presentadas por los demandantes son justas y adecuadas[5].

---

4   *Ibid.,* párr. 3.7.

5   *Ibid.,* párr. 5.8.

El Comité no evaluó las demandas de los isleños basadas en el artículo 24(1), que garantiza el derecho de los y las niñas a medidas de protección, ya que previamente había determinado que había violaciones de los artículos 17 y 27[6].

El Comité, sobre la violación del artículo 27 y su efecto en las generaciones futuras, dispuso que la falta de acciones oportunas y adecuadas por parte del Estado para proteger la capacidad de la comunidad para preservar su forma de vida tradicional y transmitir su cultura a las generaciones futuras, incluido el uso de recursos terrestres y marinos, constituye una violación de la obligación del Estado de proteger el derecho de la comunidad a disfrutar de su cultura minoritaria. Por lo tanto, el Comité determina que estos hechos constituyen una violación de los derechos garantizados en el artículo 27 del Pacto[7].

4. Relación de informes y pronunciamientos en los que se basa la motivación en prospectiva

La motivación en prospectiva en este dictamen se deriva de otros dictámenes previos del CDH.

En el asunto *Benito Oliveira y otros c. el Paraguay,* una cuestión sobre fumigaciones con agroquímicos y sus consecuencias en una comunidad indígena, el Comité destaca que, para los pueblos indígenas, la preservación de su cultura está estrechamente ligada a su conexión con la tierra y el uso de sus recursos naturales, como la pesca y la caza. Esto significa que proteger este derecho es crucial para mantener su identidad cultural y asegurar su desarrollo continuo. El reconocimiento y la protección de los valores culturales y los derechos de los pueblos indígenas sobre sus tierras ancestrales son fundamentales para evitar la pérdida de su forma de vida y recursos naturales. El Comité de Derechos Humanos, en ese caso, también subrayó que la relación de las comunidades indígenas con la tierra es esencial para su cultura, espiritualidad, integridad y sustento económico, y debe ser protegida para garantizar la preservación de su herencia cultural y su transmisión a las generaciones futuras, es decir, un requisito previo para «prevenir su extinción como pueblo»[8].

En este caso, el Comité determinó que el artículo 27 del PIDCP —protección de minorías—, en consonancia con la Declaración de las Naciones Unidas sobre los Derechos de los Pueblos Indígenas, reconoce el derecho fundamental e inalienable de los pueblos indígenas a acceder y utilizar los

---

6   *Ibid.,* párr. 10.

7   *Ibid.,* párr. 8.14

8   *Benito Oliveira y otros c. el Paraguay,* CCPR/C/132/D/2552/2015, párr. 8.6.

territorios y recursos naturales que han sido tradicionalmente fundamentales para su alimentación y preservación de su identidad cultural.

También sirve de motivación en prospectiva la Observación General número 23 de 1994 del CDH[9]. Esta Observación general preserva una metodología de futuro al disponer sobre el alcance del artículo 27 del PIDCP. El artículo 27 PIDCP establece que en los Estados donde existan minorías étnicas, religiosas o lingüísticas, se garantizará a las personas que pertenecen a estas minorías el derecho, junto con otros miembros de su grupo, a mantener y practicar su propia cultura, religión y lengua. El Comité reconoce que este artículo otorga un derecho específico a las personas pertenecientes a minorías, además de otros derechos que puedan tener, al igual que todos los demás ciudadanos, según las disposiciones del Pacto[10]. La misma observación, aclara que, aunque el artículo 27 del Pacto se redacta en términos negativos, reconoce explícitamente la existencia de un «derecho» y establece la obligación de no negarlo. Por lo tanto, cada Estado Parte tiene la responsabilidad de garantizar que este derecho se pueda ejercer y protegerlo contra cualquier forma de negación o violación. Esto implica que las medidas de protección positivas adoptadas por las autoridades legislativas, judiciales o administrativas del Estado Parte son aplicables no solo contra acciones del propio Estado, sino también contra cualquier acto realizado por personas dentro del territorio del Estado Parte[11].

5. Posibles problemas de ejecución

Sin duda, la principal problemática para la justicia internacional en materia climática es solventar la falta de ius standi o la condición de víctima de las generaciones futuras: sujetos aún no nacidos o inexistentes.

Esta problemática se superaría, al menos conceptualmente, que no procesalmente, a través del principio de equidad intergeneracional. Este principio establece que las generaciones presentes tienen la responsabilidad de preservar los recursos y condiciones necesarias para el bienestar de las generaciones futuras. Este principio ha sido reconocido en ámbitos como el derecho ambiental internacional y los derechos humanos, en los que se argumenta que las obligaciones de los Estados no solo deben responder a las necesidades actuales, sino también garantizar la sostenibilidad de los derechos y recursos para futuras generaciones. Sin embargo, la perspectiva positivista ortodoxa del derecho internacional, que limita la titularidad

---

9   Observación General No. 23, Comentarios generales adoptados por el Comité de los Derechos Humanos, Artículo 27 - Derecho de las minorías, 50.º período de sesiones, U.N. Doc. HRI/GEN/1/Rev.7 at 183 (1994).

10   *Ibid.,* párr.1

11   *Ibid.,* párr. 6.1.

de derechos y obligaciones a los Estados, puede dificultar la aplicación efectiva de este principio, ya que no reconoce a las generaciones futuras como sujetos con derechos en el ámbito internacional. En este sentido, la falta de un reconocimiento explícito de los individuos como actores jurídicos internacionales restringe su capacidad para exigir la protección de derechos que trasciendan el presente, como los relacionados con el medio ambiente o el desarrollo sostenible.

Es evidente que el enfoque jurídico tradicional sobre los sujetos de derecho, al excluir a las generaciones futuras, resulta insuficiente para enfrentar los desafíos derivados de la crisis climática. Malhotra ya había planteado la necesidad de reconocer a las generaciones futuras como sujetos de derecho en el ámbito internacional, lo que representaría un avance hacia la equidad intergeneracional. Este reconocimiento permitiría fortalecer la responsabilidad en la toma de decisiones, promoviendo un desarrollo más equitativo y sostenible con el medio ambiente (Malhotra, 1998, p. 43).

Esta misma idea se refleja en los Principios de Maastricht de 2023, que destacan la urgencia de innovar en el pensamiento jurídico. Según estos principios, garantizar los derechos de las generaciones futuras requiere una transformación profunda en los procesos de toma de decisiones, impulsando una evolución en la forma en que el derecho internacional aborda la protección del futuro.

Es crucial considerar cómo las decisiones de los órganos internacionales de derechos humanos pueden beneficiar a las víctimas de violaciones de derechos humanos relacionadas con el cambio climático y proporcionarles un recurso efectivo. En este caso, el Comité recordó a Australia su obligación de reparar a las víctimas (incluyendo a las menores), lo que incluiría indemnizaciones adecuadas, participación en consultas y medidas de adaptación eficaces. Australia debió informar sobre las medidas tomadas para aplicar la decisión en un plazo de 180 días. Australia cumplió con esta decisión del Comité.

La efectividad de estos resultados depende de la autoridad y la eficacia de las decisiones de los órganos internacionales de derechos humanos ya que las decisiones del Comité no son formalmente vinculantes y la reparación depende de la voluntad del Estado condenado.

Por lo anterior, es interesante concentrarnos en el momento anterior a la propia ejecución del dictamen del CDH. La mera presentación de una denuncia individual ante un órgano internacional del sistema de Naciones Unidas puede tener impactos indirectos positivos relacionados con el aumento de la conciencia pública y provocar cambios en el comportamiento de las autoridades públicas. En el caso estudiado, la denuncia de los isleños del Estrecho de Torres llevó a Australia a comprometerse a invertir en medidas de adaptación y aumentó el compromiso político con la lucha contra el cambio climático.

III. Conclusiones

Por vez primera, un organismo encargado de la protección de los derechos humanos determinó que la omisión de diligencia debida por parte de un Estado a la hora de tomar medidas preventivas contra los impactos del cambio climático constituye una violación de los derechos humanos reconocidos. El impacto de la decisión de un órgano de las Naciones Unidas que determine que un Estado ha violado el derecho internacional de los derechos humanos debido a políticas climáticas inadecuadas, estableciendo la aplicabilidad del derecho de los derechos humanos al daño climático, es en sí motivo de celebración.

Además, este dictamen del CDH fue la primera vez que se reconoce que la cultura de los pueblos indígenas está en peligro debido al cambio climático puesto en relación con una fundamentación en prospectiva, entendiendo que se está protegiendo también a las generaciones futuras. Si bien, como se ha indicado a lo largo del análisis del dictamen, el CDH no entró a dirimir cuestiones de fondo basadas en posibles hechos futuros, sino daños actuales.

Conviene también hacer mención, junto con la labor de litigio estratégico del dictamen de la CDI, los avances en la codificación y desarrollo progresivo que la Comisión de Derecho Internacional lleva a cabo sobre las consecuencias de la elevación del nivel del mar para el Derecho internacional, incluidas las que afligen a los derechos de la población de los Estados afectados, iniciada en 2019[12].

Si bien este dictamen supuso una decisión pionera en la esfera jurídica internacional creando un camino para la justicia climática, conviene destacar que las exigencias procedimentales requeridas para acudir a la jurisdicción del CDH es extraordinariamente compleja en relación con la admisibilidad (derecho aplicable; condición de víctima y nexo de causalidad; agotamiento de recursos internos)[13].

Si bien, los litigios estratégicos sobre cambio climático tienen como objetivo provocar cambios estructurales más amplios en la sociedad. Las decisiones progresistas de los órganos internacionales como el CDH, pueden influir en un mayor número de jurisdicciones y contribuir al avance de la acción climática a nivel mundial. Las decisiones de estos órganos pueden referirse en las sentencias de los tribunales nacionales, lo que demuestra su impacto en una escala más amplia *(bottom-up)*.

---

12   International Law Commission, Sea-level rise in relation to international law.

13   A este respecto véase el análisis de Giménez, Iraida A. y Petit de Gabriel, Eulalia «Cambio climático y derechos humanos: el caso de los Isleños del Estrecho de Torres» *Blog Aquiescencia,* octubre 2022. Luporini, Riccardo. «Climate Change Litigation before International Human Rights Bodies: Insights from Daniel Billy et al. v. Australia (Torres Strait Islanders Case)», *The Italian Review of International and Comparative Law* 3, 2 (2023): 238-259, DOI: https://doi.org/10.1163/27725650-03020005